은하수 속
나의
작은 별을
만나다

은하수 속 나의 작은 별을 만나다

발행일	2025년 12월 1일

지은이	강바다, 김민희, 한승용, 권지하, 조현주, 옥지영, 이연주, 김서영, 김현식, 노갑렬
그림	인스타툰 작가 노다지
펴낸이	백대현
펴낸곳	도서출판 정기획(Since 1996)
출판등록	2010년 8월 25일(제2010-000003호)
주소	경기도 시흥시 서촌상가4길 14
이메일	cad96@naver.com
전화번호	(031)498-8085　　　　　　　　　팩스　(031)498-8084

ISBN　979-11-93579-19-0 03800 (종이책)　　　　979-11-93579-14-5 05800 (전자책)

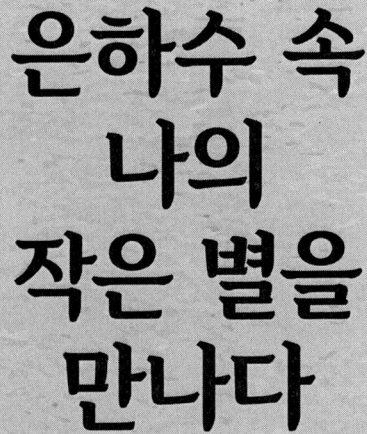

은하수 속 나의 작은 별을 만나다

강바다
김민희
한승용
권지하
조현주
옥지영
이연주
김서영
김현식
노갑렬

지음

글을 쓴다는 건 세상에 위로받을 또 하나의 동반자를 얻는 일.
두려움을 펜으로 바꾸고, 상처를 문장으로 어루만질 때
어느덧 글은 나를 바꾼다.

정기획

『은하수 속 나의 작은 별을 만나다』의 출간을 진심으로 축하드립니다.

'마음의 소리'라는 아름다운 언어로 시작된 인연입니다.

오래도록 반짝이던 눈빛과 진지함을 잊을 수가 없습니다.

글을 쓴다는 것은 세상에 태어나 위로받을 동반자가 하나 더 생겼다고 생각하면, 행복하게 글을 쓸 수 있습니다.

작가가 된다는 것은 단순한 작업이 아닌, 마음의 등불에 불을 지펴주는 시작이기도 합니다.

기쁨과 설렘, 고요한 눈물까지 담겨야 독자를 울리고 웃길 수 있는 작품들이 탄생할 수 있다고 생각합니다.

나의 고뇌가 지면으로 탄생한다는 것.

책을 여는 순간, 우리는 단순한 종이와 글자를 마주하는 것이 아니라 치열하게, 또 부드럽게 쌓아 온 영혼이 숨 쉬는 것을 느끼게 될 것입니다.

저 또한 바쁘고 치열하고 고단한 삶 속에서도, 펜만은 놓지 않았습니다.

사람들은 시간이 없다고 하지만, 제가 늘 강조하는 말은 "글은 배고프고, 시간 없고, 슬프고, 가난하고, 외로울 때 더 좋은 작품이 탄생한다."라는 사실입니다.

'마음의 소리'라는 프로그램을 통해 얻은 짙은 감성과 귀한 인연과 글쓰기 모임을 계속하다 보면 작가님들이 좋은 글을 쓰는 데 큰 도움이 될 거라 봅니다. 부디 건필하시길 진심으로 빌어봅니다.

글을 사랑하는 작가님들, 어쩌면 내 글이 또 다른 누군가에게는 새로운 희망이 될 것입니다. 이 책을 출간함으로써, 작가로서의 첫발은 이미 시작했습니다. 앞으로 더 자신이 갈망하는 마음을 아끼지 않고 글로 표현할 수 있는 한 분 한 분 고귀한, 가족에게도 같은 문인으로도 자랑스러운 작가가 되실 겁니다.

작가란 가벼운 길은 아니기에 때로는 자신이 가진 표현이 부족하게 느껴져 좌절할 때도 펜을 놓기 전까지는 늘 배우는 자세로 선후배를 찾아다니고 더 많은 경험과 배움에 열정을 담아 작가로 살아내는 일입니다.

여러분은 이미 마음속 이야기를 글로 펼칠 힘을 가진 열정 있는 작가입니다. 그 힘은 연습과 경험, 그리고 진심에서 나온다고 생각합니다.

이 책으로 세상과 첫인사를 나눈 여러분의 글 한줄 한줄 소중히 읽히길 바라며. 이 책의 출간은 시작이고 성취의 밑거름이 될 것입니다.

글을 사랑하고, 자신만의 목소리를 찾아가는 여러분이 있기에 우리 문학의 장래는 여전히 밝고, 따뜻하며 풍성할 것입니다.

다시 한번, 깊은 축하의 인사를 보내며 여러분의 글과 마음의 소리에 진심 어린 박수를 보냅니다.

2025년 11월

정명자(秀蘭)

사)한국문인협회 회원
시집, 『소금이 꿈꾸는 바다』외 다수

『은하수 속 나의 작은 별을 만나다』는 '나는 은하수(Galaxy) 속 수많은 이름 없는 작은 별 중 하나입니다.'라는 생각에서 시작되었습니다. 멀리서 보면 별 하나하나가 그저 작은 점에 불과하지만, 가까이 다가가 보면 모든 별은 저마다의 빛을 품은 소중한 존재입니다. 이 책의 저자들은 글쓰기를 통해 끊임없이 자신을 성찰하고 탐색하며 마침내 '나'를 만난 사람들입니다. 그들은 내면의 빛을 세상과 나누기 위해 조용히 기지개를 켠 별들이며 각자의 자리에서 은은히 빛나는 존재입니다.

"나는 누구일까? 나는 왜 글을 쓰고 싶어 할까? 왜 나는 책을 내겠다고 결심했을까? 평범한 내 이야기(글)로 책을 낸다는 것이 어떤 의미일까?"

수많은 별처럼, 글을 쓰는 많은 사람이 이 질문을 자신에게 던집니다. 그러다 대부분 턱을 괴고 생각과 고민에만 머물 뿐 시원스러운 답을 내지 못합니다. 글쓰기를 사랑하면서도 막상 책을 내는 일에는 주저하는 사람이 생각보다 많습니다. 저는 그들에게 자존감과 효능감을 동시에 선물해주고 싶었습니다. 그래서 작년에 우연히 접한 뉴스와 신문 기사 내용을 인용해서 글쓰기가 지닌 의미와 가능성을 전했습니다.

"지난해 우리나라 성인 종합독서율이 43.0%였습니다. 이는 성인 10명 중 약 6명이 1년 동안 단 한 권의 책도 읽지 않는다는 실제 통계입니다."

이 통계를 처음 접한 분들은 눈만 멀뚱멀뚱 뜬 채 믿지 않았습니다. 왜냐하면, 이 자리에 있는 분들은 일주일 내내 도서관을 찾아 책을 읽거나 독서동아리 활동을 하면서 읽은 책에 관해 독후감을 쓰거나 서평까지 하는 분들이기 때문입니다. 사실 이분들에게 1년에 한 권도 책을 읽지 않는다는 뉴스는 잘못된 정보로 생각할 수 있을 정도입니다.

"여러분처럼, 매년 수십 권에서 수백 권을 읽는 분들은 이해하기 어려운 통계지만 이미 이 뉴스와 기사는 많은 사람에게 전해졌습니다. 그렇다면, 성인 43.0%는 책을 읽는 목적이 무엇일까요? 통계를 보면 마음의 성장과 위로를 위해 책을 읽는 비율이 24.6%로 1위였고, 2위가 책 읽는 것이 재미있어서라는 이유가 22.5%입니다. 무려 47.1%가 마음 성장과 삶의 즐거움을 위해서 책을 읽는 셈입니다. 예상컨대, 여러분 중 대부분도 이 숫자 안에 속하는 분들이 아닐까 생각합니다."

이 정보를 접하면, 이들은 흐뭇함과 뿌듯함에 얼굴이 밝아집니다. 하지만 정작 전하고 싶은 말은 다음에 있습니다.

"우리나라 성인 인구의 43.0%가 책을 읽는다는 것은 인구수로 보면 대체로 2천만 명 이상일 겁니다. 여러분도 여기에 속합니다. 그러나 우리나라 출판계의 현실을 보면 매년 신간이 6만~8만 권 정도 나옵니다. 평균적으로 약 7만여 명 정도가 자신이 쓴 글로 책을 낸다는 의미입니다. 즉 2천만 명과 7만 명 사이에 있는 분들이 책을 낸다고 볼 수 있고 그 외는 책을 내지 못하고 있다는 말입니다."

이쯤 되면, 누구나 이런 생각이 스칩니다. '나 같은 평범한 사람이나 글쓰기 초보자가 책을 내는 건 거의 불가능에 가깝다.' 반대로 '내가 책을 낸다는 것은 7만 명 쪽에 가깝다는 것이고 그렇다면 자긍심을 가져도 되지 않을까?' 두 가지 길에서 갈팡질팡하는 사람들에게 이때를 놓치지 않고 목소리를 높입니다.

"여러분, 우리가 책을 읽는 이유는 마음을 성장시키고 치유와 위로를 얻기 위해서입니다. 물론 재미로 읽기도 하지만, 우리는 책을 통해 무형의 이익을 얻습니다. 또 읽는 책을 통해 저자와 교류하며 나아가 나 자신의 정체성을 찾아가는 과정이 이루어집니다. 책은 자아를 실현하는 수단이 되기도 합니다. 내 자아를 실현해 가는 수준에 따라, 우리 자신이 쌓아온 지식과 경험 등을 자식이나 후대에 전수하고 싶은 마음이 생깁니다. 여기서 '전수'란 내 재능으로 인류애를 실천하고 내 이름이 역사에 남으며 명예와 부도 얻을 기회를 의미합니다. 우리는 책을 통해, 선대의 가르침에서 배우고 자신만의 독특한 개성과 능력으로 글로 써서 책으로 남기게 됩니다. 그러므로 지금 이 순간 내 글로 책을 내겠다는 마음가짐은 엄청난 기적에 해당합니다. 누구나 시도할 수 있을 것 같지만, 아무나 할 수 없는 기적입니다. 그러니 자신감을 가져도 됩니다."

〈마음의 소리〉는 '무조건 써라! 그리고 내가 쓴 글을 타인에게 공개하라!'라는 슬로건을 내걸고 있습니다. 글쓰기를 잘하고 싶거나 배우고 싶어 하는 분들은, 두 문장 사이에 숨은 요소나 간격 때문에 힘들어하기도 합니다. 성인은 이미 학창 시절 국어 공부를 마친 상태입니다. 초등학교만 나와도 자음과 모음을 알고, 음운을 이해하면 단어의 분류, 형성, 의미 등을 배우게 됩니다. 중·고등학교에 다니면서 문장, 문단 등 문법적 요소를 이해하게 되면서 논리적인 글을 익히게 됩니다. 전문적으로 글쓰기를 배우지 않았더라도 어느 정도 의사소통하기 위한 글은 쓸 수 있습니다. 그러나 〈마음의 소리〉는 누구나 쓰는 글이 아닌 아무나 쓰지 못하는 글, 즉 '내 글'을 쓰는 것부터 시작합니다. 자신의 정체성을 탐색하고 내가 글을 쓰려는 이유와 목적을 명확히 하며 무엇보다 타인과 글을 동시에 사랑할 줄 알아야만 가능한 예술적·영적 분야를 조심스럽게 다룹니다. 이를 통해 수강생들은 글을 쓰며 새로운 도전에 나서게 됩니다.

글은 무서운 속성을 가지고 있습니다. 쓰기 전에 마음이 정화(淨化)되지 않은 상태에서 기능만으로 글을 쓴다면 오히려 그 글이 다른 영혼을 상하게 하는 길로 이어질 수 있기 때문입니다. 그렇다고 이 프로그램이 마음의 위로나 치유에만 무게를 두는 것도 아닙니다. 대상을 6가지 정도로 나눴습니다. 좋은 글을 쓰고 싶지만 잘 써지지 않는 분, 글을 통해 나 자신을 찾고 싶거나 학창 시절 문학 소년·소녀의 감성을 다시 한번 느껴보고 싶은 분, 내 글을 SNS나 블로그 등에 올리되 더 잘 써서 올리고 싶은 분, 자신의 이야기를 책으로 엮어 보고 싶거나 작가를 꿈꾸거나 등단을 준비하고 싶은 분입니다. 이렇게 여섯 부류의 대상자가 각자의 목표와 목적을 갖고 신청했습니다.

이 프로그램은 수강생을 대상으로 '생각 나누기, 회차별 강의, 기본적인 이론, 주제에 맞춘 글쓰기' 등 크게 4가지 순서로, 20회 동안 진행했습니다.

'생각 나누기'는 당일 화두와 다양한 질문 카드를 활용합니다. 목표는 각자 마음속에 있는 소리를 즉흥적으로 표현하는 것입니다. 성인 학습자는 대부분 페르소나(Persona)로 살아갑니다. 답할 시간을 길게 하면, 마음속에 있던 답이 생각으로 이동하면서 저울질하게 됩니다. 입을 통해 말할까 말까 잠시 고민하는 사이 대부분 솔직하지 않은 답이 나오게 됩니다. 왜냐하면, 처음 보는 사람들 앞에서 자신의 신상을 있는 그대로 표현하는 것은 부끄럽거나 수치스럽게 느껴지기 쉽습니다. 또는 굳이 할 필요가 없다고 생각하기도 합니다. 이 프로그램의 성패는 바로 이 부분에 달려 있습니다. 이 장벽을 극복하지 못하면 수업을 포기하는 경우가 많아집니다.

'회차별 강의'는, 생각 나누기의 연장선으로 철학·문학·역사 등 인문학적 내용을 담습니다. 그 이유는 글을 쓰는 참된 목적, 즉 글을 왜 쓰는지의 마음가짐을 제대로 갖추게 하기 위함입니다. 글쓰기는 단순히 나 자신을 위한 목적만이 되어서는 안 됩니다. 글은 타인을 살리기 위한 목적도 함께 가져야 합니다. 만약 내 내면이 거짓과 위선, 그리고 이기심으로 단단히 굳어 있는 상태에서 글을 쓴다면, 그 글을 읽는 미지의 사람에게도 그 혼탁함이 전달되어 영혼을 어둡게 할 수 있기 때문입니다.

'기본적인 이론'은 학창 시절 배웠던 문법을 말합니다. 대부분 성인 학습자는 국어의 문법적 요소인 품사, 문장 성분, 띄어쓰기, 맞춤법, 표준어 등을 모르는 것이 아니라 잊고 살아온 사람들입니다. 기초적인 내용을 다시 떠올리기만 해도 스스로 과거의 기억을 되살리거나 다양한 자료를 통해 자기 주도로 공부할 수 있습니다. 따라서 문법 시간은 최대한 줄였습니다.

'주제에 맞춰 글쓰기'는 시간 관계상 과제로 제시하고, 다음 강의 전까지 제출하도록 했습니다. 주제 핵심 키워드는 '나 중심'입니다. 나의 기억, 생각, 경험, 가치관, 현재 삶, 미래 상상하기 등 자신의 이야기에 집중하게 됩니다. 수업 시간에는 제출된 원고 중 해당 주제에 맞는 글을 몇 편 선정하여 직접 낭독하도록 합니다. 내가 쓴 글을 읽고, 듣고, 말하는 과정을 통해서 언어 영역을 직접 체험하게 되는 것입니다. 이를 통해 오랜 시간 잠자던 내 마음의 결이 움직이는 것을 알아차리게 됩니다.

쓰기와 오랜 시간 단절된 삶을 살다가 새로운 계기를 만나 쓰게 된 글은 미흡한 경우가 많습니다. 그래서 3~4회에 걸쳐 고쳐쓰기를 합니다. 수정과 퇴고 과정은 기존 작가들도 어렵고 힘들어하며, 하기 싫어하는 작업입니다. 그러나 글 쓰는 자들의 숙명(宿命)이기에 수강생들은 기꺼이 그 시간을 이겨냅니다. 특히 이제 막 출발한 분들은 기성 작가보다 몇 배 힘들어합니다. 이를 알기 때문에 고쳐쓰기에 들어가기 전에 초대 작가를 모시고 마음을 다시 한번 잡는 시간을 갖습니다. '작가와의 대화'는 글쓰기를 시작하는 사람들에게 꿈과 희망, 결단과 목표를 동시에 선물합니다. 작가가 입문 과정에서 어떻게 높고 어려운 벽을 넘고 이겨냈는지 생생하게 들으면서, '나도 할 수 있다! 또는 해 보자!'라는 마음을 외치게 됩니다. 이 외친 함성은 고쳐쓰기를 하는 동안 펜을 놓지 않게 하는 원동력이 됩니다.

　고쳐쓰기의 중요성은 몇 번을 반복해도 또 하고 싶을 정도로 글쓰는 데 매우 중요합니다. 어니스트 헤밍웨이(Ernest Hemingway)는 '모든 초고는 걸레다'라고 했습니다. 그는 『노인과 바다』로 노벨문학상을 받았지만, 초고를 거의 2백 번이나 수정했다고 알려져 있습니다. 베르나르 베르베르(Bernard Werner)도 『개미』를 무려 12년 동안이나 고쳐 세상에 내놓았다고 합니다. 대문호들도 이 정도인데, 이제 글쓰기를 시작하는 사람에게는 쓰는 것보다 고쳐쓰기가 훨씬 힘들 수 있습니다. 자신이 쓴 글을 다시 수정하는 과정은 처음 쓰는 과정보다 열 배는 더 힘들다고 할 수 있습니다. 실제 이 과정에서 많은 사람이 글쓰기를 포기합니다. 자신의 글을 평가하면서 실망하고 자신이 써 놓은 글을 보면서 자신을 비하하기도 합니다. 하지만 이 단계를 넘어야만 진짜 글 쓰는 사람이 될 수 있습니다. 이를 여러 번 강조하고 선배들이 이 과정을 어떻게 이겨냈는지 구체적인 사례를 제시하기도 합니다. 이를 이해한 분들은 직접 글, 단락, 문장, 단어를 역순으로 해서 고쳐쓰기에 들어갔습니다. 그 과정을 거치면서 자신의 원고 중에 세상에 내놓기 불편한 내용은 과감히 제외했습니다. 이렇게 해서 개인별로 5~10가지 원고를 선정하게 됩니다.

『은하수 속 나의 작은 별을 만나다』는 열 분의 마음의 소리를 담았습니다. 책은 여덟 가지 주제로 구성되어 있으며 각 주제는 작가 각자의 삶과 내면을 담았습니다. 순서는 다음과 같습니다.

첫 번째, 어린 시절 겪은 아픔, 슬픔, 무서움, 수치심 등 여러 감정 중 지금도 또렷이 남아 있는 기억입니다.

두 번째, 오늘 현재 지금의 나를 이루는 위치와 역할 중, 가장 중요한 우선순위입니다.

세 번째, 각각 살아오는 동안 삶의 방향이나 바뀐 결정적인 순간, 즉 내 인생의 터닝 포인트(Turning point)입니다.

네 번째, 열 살 더 먹은 자신을 상상하며 어떤 삶을 살고 있을지입니다.

다섯 번째, 내 성격(성향)의 장점(강점)과 단점(약점)을 먼저 쓰고, 내 삶에 어떤 방식, 즉 내 삶의 모토나 인생철학과 어떻게 연결되는지입니다.

여섯 번째, 다음 세대에게 사랑이 무엇인지 가르치고 전수(교육)할 내용을 편지 형식으로 쓰는 것입니다.

일곱 번째, 인생은 내 마음대로 되지 않는데 만약 내 맘대로 살 수 있다면 어떤 삶을 살 건지 상상해서 씁니다.

여덟 번째, 두 가지 중 하나를 선택합니다. 자살을 생각하는 사람에게 그 사람을 살릴 수 있는 글이나 내가 6개월 후에 죽는다는 판정을 받았다는 가정하에 가족과 지인에게 유서를 쓰는 것입니다.

모든 글은 과거에서 시작하여 현재와 미래를 넘나듭니다. 톨스토이(Tolstoy)는 '과거는 존재하지 않는다. 미래는 오지 않았다. 현재는 존재하지 않는 과거와 다가올 미래가 만나는 시간이다.'라고 했습니다. 이 말은 과거를 해결하지 않고 미래를 꿈꾸는 것은 위험하며 장래를 밝게 만들기 위해서는 현재 무언가를 통해 준비해야 한다는 의미를 동시에 담고 있습니다. 그 중심에 바로 글쓰기가 있습니다. 글쓰기는 내 과거의 굴레에서 벗어나 미래의 소망을 품게 하는 힘이 있습니다. 우리가 아무리 어두운 골목길에서 허우적거리더라도 꺼질 듯 말 듯 한 희미한 가로등만 있어도 제 길을 찾는 것처럼, 인생 또한 내일의 희망을 품을 때 당당히 일어설 수 있습니다. 이들의 이야기는 평범한 이야기로 들릴 수 있지만, 절대 평범하지 않은 자신만의 이야기입니다. 이 책 『은하수 속 나의 작은 별을 만나다』에는 이러한 평범하지 않은 그들의 이야기가 가득 담겨 있습니다. 또한 많은 사람의 마음에 큰 변화를 일으킬 미래 작가들의 꿈과 순수한 메시지도 담겨 있습니다. 이 책이 나오기까지 그동안 수고한 열 분의 작가에게 거듭 감사를 전하며, 앞으로도 글로 세상에 선한 향기와 사랑을 선물하는 작가로 더욱 전진하기를 진심으로 기원합니다.

　감사합니다.

2025년 11월

백대현

사)한국문인협회 회원
시집, 『내 마음에 피는 노래』외 다수

차례

김민희

한승용

권지하

조현주

옥지영

이연주

김서영

김현식

노갑렬

마음의 씨앗

. . . .

나의 어린 시절은 일반적인 가족 형태는 아니었다. 부모님은 아버지 직장이 있었던 경상남도 진주에서 신혼살림을 시작하셨고, 먼 외지에서 첫 아이를 키우면서 연년생 여동생을 임신하신 상황이 힘에 부쳐 상의 끝에 나를 서울 외갓집에 보내셨다. 외조부모님은 사랑으로 나를 키워주셨지만, 마음 한 편에는 부모님을 향한 원망, 동생들에 대한 질투, 해소되지 않는 불안감이 있었다. 초등학교에 들어갈 즈음, 부모님은 동생들과 서울로 이사하셨지만, 합가하지 않고 외갓집에서 중학교 3학년 때까지 따로 살았다. 다른 환경에서 자란 이유 때문인지 부모님과 동생들이 처음에는 어색했고, 애착 형성이 되지 않아 부모님을 만날 때면 마치 먼 친척 어른을 뵙는 것 같은 거리감이 있었다. 자유와 방임 그 사이 어디쯤에서 성장하고 있던 시기에 주말마다 내 학습을 평가하는 부모님의 엄격함이 무섭고, 불편했다. 감정적 유대가 부족한 사이에서 매번 질책과 비난이 이어져 부모님이 오시는 것이 달갑지 않았고, 부모님이 언제 부모님 댁으로 돌아가실까 하는 생각만 했다.

나는 홀로 자라면서 익히지 못한 사회성 때문에 초등학교에 입학한 뒤, 친구 관계에 어려움을 겪었다. 또래 친구들과 어떻게 관계를 맺어야 하는지 몰랐고, 갈등상황이 생기면 어떻게 그 문제를 해결해야 하는지 모든 것이 막막했다. 학년이 올라갈수록 여자아이들과 관계 맺기가 더 어려웠다. 6학년 때 여자아이들 그룹에서 따돌림을 당했다. 다행히 남자아이들과 친해지며 느린 속도로 사회성을 습득해 갔다. 친구들과 어울리는 것을 좋아했지만 어느 때고 나를 멀리하지 않을까 불안하고, 두려웠다. 그 때문에 친구가 있어도 늘 외로웠다. 교실은 홀로 살아남아야 하는 정글과 같았다. 중학교 2학년 때가 되어서야, 성향은 다르지만, 마음이 맞는 단짝 친구를 사귀게 되었다. 그 전까지, 친구 관계에서 많은 실패와 좌절을 겪었다. 자기중심적인 사고로 인해, 마음을 표현하는 방식이 서툴렀고, 타인을 배려하는 마음이 부족하여 친구들과 어울리는 방법을 몰랐다. 어른들보다 감정표현에 더 솔직한 아이들과 생활하며 내 그림자가 더 선명하게 드러났다.

어린 시절 심어진 마음의 씨앗은 성인이 된 지금도 마음속에 남아, 현재의 인간관계에도 영향을 주고 있다. 그 시절 경험 때문인지 처음 만난 사람이 빨리 다가오면 거부감이 들어 마음의 문을 쉽게 열지 않고, 거리를 유지하며 나와 결이 맞는 사람인지를 여러 상황을 통해 겪어보고 난 뒤에 결정하는 단계를 거치게 되었다. 관계에서 좌절과 실패를 줄이기 위해 스스로 만든 두꺼운 진입장벽을 보호막으로 사용하고 있다. 나이를 먹으며 되도록 타인에 대한 기대를 많이 하지 않으려고 노력하지만, 이는 지금도 어렵다. 타인에 대한 기대는 내 생각에서 출발하기 때문에 타인은 내 기대와 다른 경우가 많았다. 나는 평소 생각이 많아 자기반성과 자기검열을 하며 스스로 엄격한 편인데, 이는 타인을 판단할 때에도 적용되었다. 그래서 그 진입장벽을 넘는 사람이 많지 않았다. 불안을 안고 사는 시간 안에서 다행히도 시절마다 좋은 사람들을 만났다. 물론 나를 좀 먹는 힘든 관계도 있었지만, 사람으로 받은 상처를 사람으로 치유했다. 관계 맺기의 어려움이 있다 보니, 맺어진 관계에 집착하게 되는 일도 있었다. 나이를 먹으며 경험을 통해 시절 인연이 있음을 인정하고 나니, '관계는 변화한다.'라는 사실을 받아들이고 집착은 조금씩 줄어들었다. 타인은 말 그대로 나와 다른 사람이다. 당연히 모든 부분에 있어 생각의 합치를 이룰 수 없음을 새삼 깨달았다. 내 중심적인 사고에서 벗어나 상황과 환경, 타인을 있는 그대로 받아들이는 노력이 필요했다.

아홉 살 딸은 소극적인 편이라 친구 사귀기를 어려워한다. 늦은 발달로 인해 사회성이 또래 아이들보다 더디게 발달 중인데 엄마로서 안타깝고 걱정이 되지만, 결국 아이가 직접 부딪혀가며 경험하고 배우는 것이 최고의 방법임을 알기에 아이가 지치지 않도록 응원하고, 자존감을 지킬 수 있도록 지지해주려고 한다. 타인과 잘 지내려면 먼저 나 자신이 어떤 사람인지를 잘 들여다보고 이해하는 것에서부터 시작해야 한다. 내 안의 불안과 감정을 다룰 수 있어야 나를 지킬 수 있고, 단단하게 성장할 수 있다. 어린 시절 겪었던 일을 통해 마음의 씨앗이 남았지만, 그 씨앗을 그대로 묻어두지 않고, 적당한 물을 주고 따뜻한 햇볕을 쬐는 광합성의 시간, 가끔 불어오는 바람을 맞으며 싹을 틔워 꽃을 피우는 중이다. 꽃이 지고 난 다음, 어떤 열매가 맺힐지 아직은 모르지만, 그 열매는 어떤 것이든 가치가 있을 것이라 믿는다.

동굴 안 할아버지

. . . .

애지중지 나를 사랑으로 키워주신 외할아버지는 평소에는 말수가 적었지만, 소주를 한잔 걸치시면 말씀이 많아졌다. 할아버지는 늘 집에 계셨고, 신문을 보거나 정원을 가꾸거나 소일거리를 하시며 지내셨다. 가족들과 함께 여행을 가는 날이면 본인은 강아지 밥을 챙겨줘야 한다며, 한사코 집에 홀로 남으셨다. 할아버지는 제지 회사에 본인의 젊음을 갈아 넣어 일했지만 해고 이후 마음의 문을 닫고, 자신을 집 안에 가두셨다. 자존심이 강하고 외골수적인 분이셨다.

할아버지와 많은 이야기를 나누고 싶었지만, 평소엔 다가가기 힘들게 하는 보이지 않는 벽이 있었다. 할아버지는 술을 드신 날에는 기분이 좋아 본인의 이야기도 많이 들려주셨다. 같은 이야기라도 매번 들을 때마다 흥미로웠다. 주말마다 할아버지와 뒷산에 등산하러 다녔고, 별말이 없으셔도 나는 그 시간이 행복했다. 할아버지는 늘 신문을 읽고 계시거나, TV로 드라마와 영화를 보셨다. 우리는 주말마다 안방에 누워 고전 한국영화와 외국영화를 봤다. 할아버지와 함께했던 즐거운 기억 덕분인지 나는 영화를 직업으로 선택했고, 지금도 마음이 힘이 들 때는 산을 오르거나 산책을 통해 마음을 정리하는 습관이 남아 있다.

고등학교 1학년 때, 대학교 진학을 위해 학업에 집중해야 하는 이유로 외갓집을 떠나 부모님 댁에서 살게 되었다. 시간이 바삐 지날수록 외갓집에 자주 가지 못했다. 고3 수학능력시험이 끝나고 얼마 뒤에 할아버지는 병원에서 몇 개월간 재발한 암 투병 생활을 하시다 돌아가셨다. 할아버지의 임종을 지키지 못했다. 후회와 할아버지의 부재에 대한 허전함이 한꺼번에 몰려왔다. 인생 처음 경험한 이별이라 실감이 나지 않았다. 할아버지의 얼굴은 생생하게 기억나지만, 할아버지의 목소리는 어느새 희미해져 갔다.

외로운 어른이었던 할아버지를 먼 훗날 만나게 된다면, 함께 동굴안 어두운 곳을 밝히고 시간이 가는 줄 모르게 이야기를 나누고 싶다. 후회와 연민, 아련함과 따뜻함으로 기억되는 할아버지는 언제나 내 마음속 깊은 동굴에 자리하고 계신다. 동굴 안 할아버지가 잠시 밖으로 나와 볕을 쬘 때, 나는 그의 지난 삶의 이야기를 열심히 들었던 유일한 사람이었다. 어른이 되어 많은 것을 경험한 이후 떠올리는 할아버지의 인생에서 교훈을 얻었다. 동굴에서 한 걸음만 걸어 나온다면, 나는 어느 곳이든 갈 수 있다는 것. 나는 동굴을 스스로 고립시키는 외로운 공간이 아닌 사유하고 쉴 수 있는 안식처와 같은 곳으로 변화시키고자 노력할 것이다.

리트머스 종이[1]

. . . .

    나는 초민감자[2](Highly Sensitive Person, HSP)에 속한다. 학창시절부터 타인의 부정적 감정 전이가 원하지 않아도 빨리 일어났고, 타인의 표정과 말투의 미묘한 변화를 빨리 알아차리고 타인의 감정에 쉽게 공감했다. 주변 환경이나 감각 자극에 쉽게 압도되어 사람이 많은 곳에 가면 늘 기가 빨렸다. 그래서 매 학년 모르는 아이들과 함께 지내야만 하는 교실이란 공간은 버거운 곳이었다. 타인의 감정을 빠르게 알아차리면서도 정작 내 감정을 처리하는 데는 긴 시간이 필요했다.

    초등학교 시절 일이 생각난다. 나는 수업 중에는 항상 바른 자세로 앉아 있었다. 선생님과 친구들 눈에는 집중하는 것처럼 보였을

---

1 일반적으로 가장 널리 알려져 있고 가장 널리 쓰이는 산과 염기를 구분하는 지시약으로, 대한민국 교과 과정에서는 초등학교 과학[1]에서 처음 등장한다. 일반적으로는 수용액을 종이에 적셔서 말린 검사지의 형태로 유통된다. 산성에는 빨간색, 염기성에는 파란색으로 색이 변화한다.

2 HSP(Highly Sensitive Person)는 미국의 심리학자 일레인 아론의 연구를 기반으로 한 용어로 매우 예민한 사람, 과민한 사람을 말한다. HSP는 전문적인 의학 용어나 장애 여부를 나타내는 단어가 아니고 심리성격학에서 쓰이는 특정한 기질 타입을 의미하며, HSP에 해당하는지 여부는 HSP 테스트를 통해 확인해 볼 수 있다.

것이다. 하지만 내 마음속은 거친 파도가 넘실대는 바다와 같았다. 6학년 때, 친하게 지내던 여자아이들에게 따돌림을 당하면서 학교생활에 적응하지 못했다. 극심한 스트레스로 편두통이라는 신체화 현상[3]이 나타났다. 양호실에 누워있던 어느 날, 내가 나를 지키지 않으면 안 된다는 생각이 들어 마음을 단단히 먹기로 했다. 그 이후, 따돌림을 무시하고 담담하게 행동하려고 노력했고, 몇 달의 시간이 흐르고 나서야 나쁜 관심은 사라졌다. 그래도 후유증이 남아서 1:1로 지내는 친구 관계는 어느 정도 편안했지만, 4명 이상의 소모임은 여전히 힘들었다. 어린 시절의 어렵고 힘들었던 시간과 경험은 나쁜 기억으로 성인이 된 지금도 남아 있다. 타인과 관계를 맺고 유지할 때마다 영향을 준다. 글을 쓰면서 초등학교부터 고등학교 때까지 그 모든 것이 씨가 되어 마음속 깊은 곳에 자리하고 있다는 것을 알게 되었다.

초등학교 과학 실험에서 접한 리트머스 종이처럼 산성에는 빨간색, 염기성에는 파란색으로 쉽게 변하는 내 어린 시절의 예민함과 민감함을 외면하지 않고, 오히려 이를 긍정적인 것으로 승화시킬 방법을 찾아볼 것이다. 초민감자는 선천적으로 감각이 매우 예민하고, 감정 몰입 정도가 높으며, 심미안이 있는 사람들을 의미한다고 한

---

3 DSM-5(세계 임상가들이 활용하는 정신질환 진단) 기준 명칭은 '신체증상장애'로, 정신건강의 문제가 신체건강으로까지 뻗어나간 장애이다. 다만, 이름만 장애일 뿐 장애 판정은 못 받는다. 지그문트 프로이트가 자신의 정신분석 이론을 만들 때 아주 많은 임상사례를 제공한 장애라고 한다. 이것이 꾀병이 아니라는 것과, 분명히 정신건강에 의해서 발생한 문제인데도 증상은 대부분 신체에 발생한다는 것에 주의해야 한다.

다. 전 세계에서 15~20%가 이에 해당하는 것으로 추측되고 있으며, 일반인 평균보다 수신하는 감각에 예민하며 다른 사람들의 감정을 자동으로 전이 받기도 한다. 미적인 감각에 있어서 다른 사람들이 느끼지 못하는 부분까지 세심하게 느낄 수 있어 예술가인 경우도 많다고 한다.

　지금도 초민감자인 나는 이런 나를 사랑한다. 지난 상처를 들여다보는 일은 너무 힘들지만, 글쓰기를 통해 내 마음의 씨앗을 하나씩 끄집어내어 표현하면서 지금과도 연결된 관계 맺기의 어려움, 묻어두고 돌보지 않았던 감정의 원인과 감정 처리 과정을 배워가고 있다. 타인의 감정과 반응은 다음으로 두고, 나의 감정을 우선으로 하여 이를 인지하고 직면하는 과정의 연습을 통해 감정을 잘 다룰 수 있도록 노력할 것이다. 이번에는 포기하지 않고 시간이 오래 걸리더라도 다뤄볼 계획이다. 아무리 단단한 껍질의 씨앗이라도 그 과정을 거치고 나면, 싹을 틔울 수 있지 않을까?

모든 역할이 모여 결국은 나

. . . .

살면서 가장 두려웠던 순간은 출산 후 산후조리원에서 하루 1시간 아기와 함께 방에 있는 모자 동실 시간이었다. 사정없이 울어대는 아기를 어떻게 달래야 할지 몰라 잔뜩 두려운 얼굴로 그 시간이 빨리 지나가기만을 기다렸다. 아이를 바라는 막연한 생각만 있었을 뿐 정작 부모가 될 마음의 준비가 되어있지 않았다는 것을 아이를 낳고 깨달았다.

우리 부부는 아이의 상호작용 반응에 물음표를 가지고 있었다. 아이는 태어나 돌까지 일반적인 성장 속도를 보였는데 18개월부터 혼자 노는 시간이 길어졌고, 눈 맞춤과 호명 반응, 언어발달이 점점 퇴행하는 모습을 보였다. 아이를 키우며 사회에서 경력을 쌓던 나의 모습은 어느새 지워져 있었고, 내 이름 대신 누구 엄마로 불리는 책임감이 너무 무거웠다. 부족한 마음 때문에 이 세상에서 나만 바라보고 의지하는 아이 대신 나를 우선했다. 아이가 나를 가장 필요로 하는 시간에 몸은 옆에 있었지만 정작 마음은 다른 곳에 있었다. 아이에게 미디어를 보여주고, 집안일을 핑계로 아이를 홀로 두는 시간이 길어져 아이와 상호작용을 하는 시간이 점점 줄어들었다.

아이는 즉각적인 자극을 주는 미디어에 집중하는 시간이 길어졌고, 사람과 소통하는 즐거움이 없어 보였다. 아이는 점점 발달이 퇴행하는 모습을 보였고, 가정 어린이집에 입소한 지 일주일 만에 담당 선생님과 원장 선생님으로부터 아이가 또래 아이들과 다르다는 이야기를 전해 들었다. 걱정하던 일이라 정신이 번쩍 났다. 동네 발달센터에 데려가 언어치료와 놀이치료, 감각통합 수업을 듣기 시작했다. 30개월부터 시작해 유치원을 졸업할 때까지 수업을 들었다. 초등학교 2학년인 지금 스케줄보다 더 바빴던 시절이었다.

아이 발달문제에 대한 죄책감과 불안으로 새벽에 과호흡 때문에 잠을 설치는 일이 많았다. 바닥까지 내려간 자존감과 죄책감으로 우울했다. 부정적인 생각에 매몰되어 가는 중에 발달 육아서적을 다독하기 시작했고 나의 양육관도 큰 변화를 맞이했다. 주 양육자가 달라져야 아이의 발달을 돕고 잘 성장시킬 수 있다는 것을 알게 되었다. 가족이 함께 구멍이 난 발달 과업을 차근차근 메꿔나가기 시작했다. 우리는 적극적으로 문제를 마주하고 다양한 노력을 기울였다.

아이를 키우며 내 성장 과정 속 상처받고 자라지 못한 어린아이를 마주했다. 자기성찰 대신 자기연민으로만 가득 차 타인을 이해하려는 노력보다 내 입장만을 생각한 이기심을 반성했다. 나를 돌아보고 부족한 모습을 인정했다. 실수하고 완벽하지 않아도 괜찮다는 생각으로 나를 더 사랑하고 응원하기로 했다. 어린 시절 내가 바랐던 부모님의 모습을 아이에게 실천하기로 했다. 아이는 감사하게도 발달 단계의 계단을 차근차근 자신만의 속도로 오르기 시작하더니 어느새 걱정이 무색하게 여느 또래 아이들처럼 성장했다. 언어가 느려 걱정했던 아이가 이제는 논리적인 말로 나를 당황하게 한다. 지금도 부모로서 반성하는 날이 많지만, 아이와 함께 이 과정을 지나오면서 나도 어른으로 성장할 수 있었다.

주어진 환경에서 내 역할을 받아들이고 할 수 있는 만큼의 노력을 하면 그 역할들이 모두 모여 내가 된다는 당연한 사실을 깨달았다. 오늘 나의 우선순위는 나다. 여기서 우선순위란 홀로 존재하는 나만이 아니다. 가족 안에서 엄마, 아내, 며느리, 딸, 외손녀의 역할을 하며 온전한 나로서 존재할 것이다. 완벽하지 않아도 괜찮다. 누구도 대신 살아주지 않는 내 인생이니 자신감을 갖기로 마음먹었다.

그늘 밑에서 자라는 우리

• • • •

"가장 흥미로운 식물은 그늘 밑에서 자라는 법이지."

넷플릭스에서 제작한 팀 버튼 감독의 〈웬즈데이(Wednesday)〉**⁴**라는 작품 속 대사 한 줄을 마음속으로 밑줄 그으며 새겼던 기억이 난다. 내 인생의 터닝 포인트(Turning Point)**⁵**를 떠올려 보니 많은 순간의 장면이 흘러간다. 그중 얼마 전 글쓰기 수업 중 글을 발표할 때 덜덜 떨며 당황했던 순간이 선명하게 기억난다. 나는 지금의 모습과 다르게 일할 때는 외향적인 페르소나가 있었다. 극장에서 영화를 보고 난 뒤, 수백 명의 관객 앞에서 감독, 배우들과 떨지 않고 영화에 관한 이야기를 나누고 관객들과도 소통하며 편안하게 진행했었는데 스무 명 남짓한 적은 인원과 작은 공간에서 발표하는 그 짧은 시간이 왜 그렇게 떨렸을까? 일을 손에서 놓은 지 오래되었다는 물리적 시간으로 인한 이유도 있겠지만, 아마도 속 깊은 이야기

---

4 미국의 넷플릭스 오리지널 드라마. 팀 버튼 감독이 연출을 맡았으며 만화 《아담스 패밀리》의 딸 웬즈데이 아담스를 주인공하는 스핀오프 시리즈이다. 공개 이후 전 세계적으로 높은 시청시간을 확보해내며 넷플릭스의 또 다른 메가 히트작으로 등극한 작품이다.

5 전환점, 중요한 변화가 일어나는 시기.

를 다수의 사람에게 열어 보이는 것이 떨리고 두렵게 느껴졌기 때문이었다.

　자신감은 있었지만, 자존감은 낮았고, 진짜 모습을 감추고 어른이 되었다. 무슨 일이든 완벽하게 해내고 싶었고, 모든 사람에게 좋은 사람으로 인정받고 싶었다. 미움을 받는 것을 극도로 두려워해서 직장에서 일에 대해 비판적인 평가를 받으면 못 견디게 괴로워했다. 모든 일을 완벽하게 해내기 위해 몸과 마음을 갈아 넣으며 일에 매진했다. 야근은 일상이었고, 몸과 마음 모두 피폐해져 갔지만, 직업적 성취도는 높아졌다. 일에 대한 자기효능감[6]은 컸지만, 정작 자신을 있는 그대로 사랑하지 못했고, 연애 역시 어려웠다. 일을 제외한 상황에서 이성을 만날 때는 그 어려움이 여과 없이 드러났다. 깊은 관계를 이어가지 못하고 어쭙잖은 데이트만 하며 연인이 아닌 친구가 되는 경우가 많았다. 어머니의 암 투병으로 가족들이 서로 의지하며 지내던 때에 각자의 외할머니 소개로 지금의 남편을 만나게 되었다. 그 당시에는 만남에 대한 기대보다는 어머니의 소원을 이뤄주는 효심으로 의무감에 맞선 자리에 나갔다. 그 날 역시, 사람 사는 이야기나 나누고 오자는 가벼운 마음이었다. 차분하고 담백한 말투의 그는 큰 감정의 표현 없이 담담하게 이야기를 이어갔고, 나도 적당한 거리감을 갖고 예의를 지키며 대화했다. 그는 입에 발린

---

6 캐나다의 심리학자 앨버트 반두라에 의해 소개된 개념으로, 특정한 과제를 실제로 일정 수준까지 수행할 수 있다는 자신의 능력에 대한 믿음.

소리를 하지 않았고, 진지하면서도 잔잔한 웃음 포인트가 있었다. 처음에는 이성적 관심보다는 어른스러운 모습과 감정 기복이 적으면서도 단단하고 고요해 보이는 성정의 그가 궁금해지기 시작했다.

나는 불안이 크고 긴장도가 높은 편인 Highly Sensitive Person, HSP[7] 매우 민감한 사람으로 분류되는 초민감자에 해당하는데 이 때문에 감정적이고 불안한 사람이 곁에 있으면 감정의 파도를 함께 겪곤 했다. 남편은 안정적이고 마음을 직접적으로 표현하는 사람이라 만나면 편안했고, 깊은 신뢰감을 느낄 수 있었다. 외할머니의 소개로 이어진 만남이었지만 부모님이 보시는 조건에는 부합하지 않아 부모님의 반대가 심했다. 처음으로 내 주관을 믿고 만남을 이어나갔다. 부모님과 의견이 좁혀지지 않았고, 결국 나는 집을 나왔다. 어머니의 암 투병 중에 일어난 일이라 동생들과도 사이가 멀어졌다. 만약 시간을 되돌린다면 부모님의 곁에서 부모님을 설득할 방법을 찾아 노력해보겠지만 그 당시에는 내 선택을 존중해주지 않는 부모님이 그저 원망스러웠다. 장녀의 책임감을 뒤로하고 내 마음의 소리를 따라 뒤늦은 반항기를 보냈다. 내 고집은 꺾이지 않았고 어머니가 돌아가시기 몇 달 전, 어머니께서 남편을 병원으로 불러 결혼을 허락해주셨다.

---

7 HSP(Highly Sensitive Person)는 미국의 심리학자 일레인 아론의 연구를 기반으로 한 용어로 매우 예민한 사람, 과민한 사람을 말한다. HSP는 전문적인 의학 용어나 장애 여부를 나타내는 단어가 아니고 심리성격학에서 쓰이는 특정한 기질 타입을 의미하며 HSP에 해당하는지 여부는 HSP 테스트를 통해 확인해 볼 수 있다.

그러나 나와 아버지와 관계는 여전히 복잡하게 꼬인 실타래와 같았다. 나에 대한 서운함과 괘씸함, 가장 믿었던 장녀에 대한 실망감, 배신감으로 가득한 아버지는 마음의 응어리를 한참 동안 쏟아내셨다. 슬프게도 동생들과의 관계도 예전처럼 완전히 회복되기는 어려웠다. 관계를 잘 풀며 지혜롭게 해결할 기회를 만들지 못했고, 거리감이 생겼다. 가족들과 대화를 나누면서 갈등을 해소할 원만한 방법을 적극적으로 찾아보지 않고 회피해버린 것을 후회했고 죄책감이 크게 남았다.

그 과정에서 남편이 그 일을 겪으며 느꼈을 감정들에 헤아릴 수 없이 미안했다. 시간이 약이라는 말이 그때는 그저 아득하기만 했다. 그 시간을 지나면서도 남편은 나에게 감정을 쏟아내지 않았다. 어른으로서 사랑하는 남편으로 본인의 감정을 조절하고, 말을 아꼈다. 오히려 불안하고 죄책감이 컸던 나는 감정적이고 불안했다. 다행히도 그가 중심을 잘 잡아주어 흔들리지 않고 단단해질 수 있었다.

나는 그와 살아가면서 많은 것을 배운다. 논리적으로 사고를 하는 남편과 감정적으로 생각하는 나는 문제를 해결하는 방식과 접근이 달라서 처음에는 감정에 공감해주지 않고 이성적인 판단으로 해결에 집중하는 모습이 서운하고 야속할 때도 있었는데, 나와 다른 관점으로 생각하는 남편의 이야기에 귀를 기울이다 보면 제법 명쾌하고 간단히 해결되는 일이 많았다. 결혼을 결심할 정도로 좋았던 상대방의 장점이 이혼할 때는 가장 싫은 단점이 된다고 하는 우스 갯소리가 있던데, 내가 결혼을 결정한 남편의 장점은 지금도 나에게 삶의 지혜와 깨달음을 준다. 그를 통해 나를 꾸미지 않고 부족한 점을 있는 그대로 인정해도 괜찮다는 것을 배웠다.

아이가 초등학교에 입학할 만큼 커서, 정체성을 다시 찾아가는 시점에 가계에 보탬이 되고자 아르바이트를 알아보는 나에게 남편은 그것보다 글을 써보는 것은 어떠냐고 말을 한 적이 있었다. 평소 글 쓰기에 대한 내 욕망을 드러내지 않았기에 꽤 놀랐던 순간이었고, 무슨 글쓰기냐며 얼버무리고 넘어갔지만, 남편의 그 말 한마디가 인상적이었다. 아이의 도서관 수업을 신청하러 들어간 도서관 홈페이지 공지사항에서 성인을 위한 마음의 소리 글쓰기 강좌를 발견한 보석 같은 순간은 누군가 내게 주신 소중한 기회이자, 마음속 깊숙이 가지고 있던 꿈을 현실에서 실천할 수 있도록 해준 남편의 말 한마디 덕분이라고 생각한다.

남편을 만나면서 삶의 스펙트럼을 더 넓힐 수 있었고, 나를 더 사랑하고 이해하게 되었다. 그를 통해 삶의 안정감과 행복을 경험하고 있다. 그래서 그는 내 인생의 가장 큰 터닝 포인트(Turning Point)가 된 사람이다. 앞으로의 삶에 햇볕을 쬐는 따뜻한 날도 있을 것이고, 음습한 기운이 가득한 그늘과 같은 날들도 있겠지만, 우리는 그 안에서 분명 흥미로운 식물을 키워낼 수 있으리라 믿어 의심치 않는다.

생일 프로젝트

. . . .

'저녁 먹었음. 국어 수업 시작. 엄마도 아빠랑 저녁 시간 잘 보내.'
고3 수험생 딸의 간결하지만 제법 따뜻한 저녁 안부 문자를 받고,
남편과 샐러드와 야채찜, 삶은 계란 몇 알과 같은 간단한 저속노화[8]
식단을 챙겨 먹고는 늘 그렇듯 함께 집 안 정리를 후다닥 마치고,
책상 앞에 앉았다.

나는 두 번째 에세이 원고를 작성 중이다. 첫 번째 에세이는 육아
에세이의 이름을 하고 쓴 불안과 강박을 이겨낸 엄마의 자기소개서
였다. 발달이 늦었던 아이를 키우면서 지나온 시간을 돌이켜 보며,
아이의 발달 단계에 대한 정보와 함께, 느린 아이를 키우는 과정에
서 마주했던 내 바닥과 내 유년시절의 상처, 아이를 바라보는 시각
의 전환을 통해 아이가 어떤 성장을 이뤄냈는지에 대한 경험과 어
떤 감정의 너울을 거쳐 불안, 통제 그리고 강박으로 이어지는 정서
적 어려움을 덜어내고 따뜻한 방관자 엄마가 되었는지에 대한 육아

---

8 저속노화는 노화의 속도를 늦추고 건강하게 오래 살기 위한 식단과 생활 방식을 의미한
다.

에세이 『오늘의 걱정은 오늘까지만』을 출간한 이후 50세 갱년기 여성의 마음 돌보기 에세이 원고를 1년째 쓰고 있다.

2025년 5월 13일, 43세 생일을 기점으로 매해 살아오면서 그간 해보지 않았던 것 해보기 프로젝트를 시작했다. 나는 그것을 '생일 프로젝트'라고 불렀는데, 나이가 들수록 생일이 특별하지 않은 평범한 날 중의 하루가 되어갈 무렵 내가 나에게 줄 수 있는 선물이라 생각하고 가볍게 시작했던 도전이었다.

처음에는 아주 간단하면서 쉬운 것부터 시작했다. 아이가 등교하고 난 뒤, 30분에서 1시간 가보지 않은 길 걸어보기였다. 평소 생각이 많아 정리가 필요하거나 쉬고 싶을 때 가까운 공원을 산책하거나 옥구산을 올라가기를 좋아하던 터라 새로운 길을 발견하는 것이 즐거웠다. 알려지지 않은 공원 속 숨겨진 비밀공간을 발견하고, 각 계절마다 아름답게 피고 지는 꽃과 독특한 식물의 군락을 이루는 벤치 위치를 보물 지도처럼 채워나갔다. 다양한 곳을 다니며 시흥의 빵집과 카페를 기록하기 시작했다. 혼자만 알기 아쉽다는 생각이 들어 블로그를 시작했다. 혼자여도 눈치 보지 않고, 마음 편안하게 시간을 보내기 좋은 내향인 맞춤 숨겨진 공간을 공개했고, 블로그 독자들도 자기만의 공간을 댓글로 달아 공유했다. 혼자만 알고 싶은 공간에 사람이 많아지지 않을까 걱정이었지만, 그건 쓸데없는 기우였고 보물 지도를 공유하는 즐거움을 나누며 블로그 독자들과 소모임 활동을 시작하게 되었다.

다음으로 대학 전공이었던 프랑스어를 다시 공부하기 시작했다. 포기했던 것 다시 도전해보기 프로젝트였던 프랑스어는 여전히 어려웠지만, 학점의 부담이 없어서인지 오히려 재미있게 배울 수 있었다. 능숙하지는 않지만, 내년 성인이 되는 딸과 함께 계획한 프랑스 여행에서 간단한 회화 정도는 할 수 있는 수준이 되었다. 나이가 들수록 전공을 말하게 되는 기회가 적어 다행이라 생각하며 지냈는데, 이제는 누가 전공을 물어봐도 부끄러워하지 않고 대답할 수 있게 되었다.

영화만큼이나 내 인생의 큰 비중을 차지하는 음악, 나는 오래도록 갖고 있던 악기에 대한 로망을 실현하고자 악기 배우기 시작했다. 30대 때 클래식 기타를 잠시 배우다가 야근이 이어져 기타 배우기를 포기했었는데 더 늦기 전에 배워보자는 마음에 다시 잡은 클래식 기타는 내 일상의 활력이 되었다. 아직 외우는 곡이 5곡 정도지만 이번에는 포기하지 않고 꾸준히 배워볼 생각이다.

남편과 나는 아이와 함께할 미래를 위해 건강해지기 프로젝트를 시작했다. 40대가 되면서 각자 진단명을 하나씩 갖게 되어 약을 먹고 있었는데 좋은 음식 먹기, 꾸준히 운동하기, 좋아하는 활동을 함께 하기 등 몸과 마음의 건강을 위한 노력의 시간을 기울였고, 그 덕분인지 우리 가족 모두 전보다 건강한 삶을 꾸려가고 있다.

나는 하루하루를 열심히 살되, 인생에서 갑자기 일어나는 예상

밖의 일은 내가 통제할 수 없다는 것을 경험하고, 인생의 큰 목표를 세우지 않고, 흐르는 대로 맡기며 살아왔었다. 43세에 우연히 시작한 생일 프로젝트를 통해 그동안 미뤄두었던 완결되지 않은 미션을 다시 시작하거나 예전이라면 전혀 해보지 않았을 도전을 통해 버킷리스트를 하나씩 실천하게 되었다. 처음에는 가볍게 시작하여 십여 년 동안 프로젝트를 이어온 덕분에 새로운 것을 시작해야 인생의 다른 길이 열리고, 나이와 관계없이 언제 도전해도 괜찮다는 것을 경험했다. 실패한 프로젝트도 있었지만, 그 경험들이 이어져 현재의 나를 만들어 가고 있다는 정말 당연하면서도 감사한 깨달음을 얻었다. 다음 내 생일에는 또 어떤 프로젝트를 시작해볼까 즐거운 궁리를 하고 있다.

"53세 강바다. 이만하면 꽤 잘 살아왔구나!"

앞으로의 10년은 어떨까 기대를 하며 '생일 프로젝트'를 계속 이어나갈 예정이다. 이 글을 읽고, 떠오르는 생각이 있다면 글로 한번 적어보면 어떨까? 생각이 현실이 되는 프로젝트로 이어지기를 진심으로 바라본다.

2의 속도

....

2, 나는 이 숫자를 어렸을 때부터 좋아했다. 2녀 1남 중 첫째로 태어났고, 학창시절 가나다 이름 순서로 번호가 정해질 때, 매번 1번이었던 나는 사실 숫자 1과 관련이 많다고 할 수 있지만, 내 삶의 방향은 언제나 2의 기조를 가지고 있다.

나는 싸우는 것을 싫어하고, 나서는 것을 좋아하지 않아서 어떤 일을 할 때, 대표가 아닌 참여자로 일을 파악하는 시간을 충분히 가진 뒤에 나름의 계획을 세워 행동하는 것을 선호한다. 내 속도가 아닌, 사람들의 기준에 맞춘 속도로 서둘러 행동하면 예상과 다른 결과를 가져왔고, 수많은 경험을 통해 다른 사람들보다 조금 늦더라도 내 속도를 지켜서 생각하고 행동하는 것이 훨씬 수월하다는 것을 체득했다. 실은 완벽주의 성향 때문에 다른 사람들 앞에서 실수하거나 일을 그르치는 것을 보여주는 것이 싫었다. 모든 것을 준비하고 시작부터 끝까지 상황을 내 통제 아래 두고 싶었다. 그 때문에 일의 처리 속도는 느렸지만, 대신 꼼꼼하고 실수가 적은 편이었다. 직업 특성상 작업 환경이 바뀔 때마다, 새로운 환경에 적응하는 것에 스트레스가 많았지만 보통 한 달여의 시간이 지나면 일을 성실하게 잘한다는 평가를 받았다.

나는 항상 불안이 높아서 하지 않아도 될 걱정을 많이 했다. 그래서 어떤 일을 시작하기 전에 계획을 세우고, 계획대로 일이 진행되지 않았을 때 다음 계획을 대비하는 것이 일상이었다. 책임감이 강하고 독립적인 성향으로 부담이 되더라도 다른 사람들과 일을 나누기보다는 힘들지만 스스로 과중한 업무로 무리하는 경우가 많았다. 하지만 인생은 내가 계획한 대로 흘러가지 않았다. 이 시간과 과정을 통해 계획의 큰 줄기는 가져가되 작은 줄기들은 다양한 방향으로 뻗어 나가도 괜찮다는 유연함을 기를 수 있었다. 이제는 계획이 틀어져도 다른 길이 있다는 것을 알게 되어 불안함이 줄어들었다.

초등학교 2학년인 딸이 학교생활을 하며 다른 아이들과 자신을 비교하는 이야기를 하며 속상해할 때, 늘 하는 말이 있다.

"다른 사람과 너를 비교하지 말고, 한 달 전 너와 지금의 너를 비교해 봐. 처음에는 미숙하더라도 경험을 쌓으면 한 달 뒤 모습은 지금보다 더 성장할 수 있을 거야."

이는 사실 아이와 나를 위한 응원이며 다짐이다. 인생을 살아가며 경제적인 것, 물질적인 것, 사회적인 기준으로 나와 주변을 비교할 때가 있는데 그럴 때면 움츠러든 마음을 환기한다. 정서적인 안정감, 사랑하는 사람들과의 유대감, 건강한 자존감 등의 가치를 떠올려 본다.

나는 숫자 2가 슬로우 스타터(Slow Starter)[9]라고 생각한다. 처음에는 두각을 나타내지 못하고, 부진한 성적을 내기도 하지만 경기를 거듭할수록 실력을 발휘하는 사람, 만년 2등이라는 꼬리표를 달고 피해의식을 갖고 사는 사람이 아닌 실패를 통해 익히고 배우며 노력하여 포기하지 않고 결국 끝까지 해내고 마는 사람. 1등이라는 순위에 얽매이지 않고, 과정을 중요하게 여기고 등수와 관계없이 어떤 결과든 받아들여 하루하루 성실하게 삶을 이어가는 것이 내 삶의 중요한 주제이다. 달팽이처럼 느리지만, 천천히 내가 만드는 길을 따라 내 속도로 삶을 이어갈 것이다.

---

9 슬로우 스타터(Slow Starter)는 야구에서 '시즌 초반에는 성적이 부진하지만 경기를 거듭할수록 본래 실력을 발휘하는 사람'을 의미한다. 또한 발달장애인을 '조금만 기다려 주면 빛을 발하는 사람'이라는 뜻으로 '슬로우 스타터'로 부르며 함께 응원하는 메시지를 담고 있다.

사랑의 원형

‰ ‰ ‰ ‰

   외할머니의 모든 계절은 사랑이었다. 외할머니는 계절이 바뀔 때 그동안 덮었던 이불의 광목천 홑청을 뜯어 홑청 갈이를 하셨다. 밀가루를 곱게 갈아 물을 부은 뒤, 중약불에 저어가면서 농도를 맞춰 가며 끓여 쑨 풀에 천을 적셔 풀을 먹인다. 풀이 적당하게 스며든 천을 통풍이 잘되는 마당 빨랫줄에 걸어 뽀송뽀송하게 말린 뒤, 천을 반으로 접어 할머니와 마주 앉아서 서로의 힘으로 광목천을 팽팽하게 잡아당긴다. 깨끗하고 큰 천으로 광목천을 감싼 뒤에 체중을 실어 발로 밟으며 발 다듬이질을 한다. 곱게 접은 천을 다듬이돌 위에 올려놓고 방망이로 다듬이질을 해서 마무리한다. 빳빳하고 뽀얗게 다려진 홑청을 거실 가운데에 쫙 펼쳐놓고 그 위에 가지런히 색동 이불을 올려, 홑청을 씌우고 모퉁이마다 세모 낳게 예쁘게 접어 넣어 반듯한 선을 따라 꼼꼼하게 바느질을 한다. 빳빳하게 풀을 먹인 광목천에는 바늘이 잘 들어가지 않아 바느질에 꽤 힘이 많이 들어간다. 거의 하루 이틀 동안 품이 많이 드는 과정에서 한 번도 귀찮아하거나 힘들어하는 기색 없이 말간 얼굴로 콧노래를 흥얼거리거나 불경을 외우면서 바느질 한 땀 한 땀마다 정성을 담아 꿰매셨던 외할머니의 모습을 지켜보는 것이 좋았다. 나는 홑청 갈이를 하는 날이면 언제나 할머니 곁에 있었다. 풀을 매긴 홑청을 씌운 이불에서는 좋은 냄새가 났고, 기분 좋은 빳빳함과 사각거림을 손끝으로 만지다가 어느새 잠이 들었다. 가을밤 바깥에서 들려오는 풀벌레 소리를 듣고 있으니 그 서늘한 사각거림이 문득 그리워진다.

Life goes on[10]

. . . .

  자연의 소리 이외에는 아무 소리도 들리지 않는, 나무 위의 작은 집에서 진하고 고소한 커피 향기를 맡는 코, 온몸의 신경을 집중해 망원경으로 숲속 새를 탐조하는 두 개의 눈, 큰 극장을 혼자 대관하여 좋아하는 영화를 연달아 보다가, 그중 영화 〈접속〉[11]의 영화음악 중 Pale Blue Eyes를 듣는 귀, 박찬욱 감독 영화에 등장할 것 같은 무늬 벽지가 발린 적당한 크기의 방에서, 나무를 크게 잘라 만든 책상이 있는 서재에서 머리를 질끈 묶고 주저함 없이 글을 써 내려가는 손, 제주도 종달리 해변에서 카이트 서핑(Kitesurfing)[12]을 하면서 파도와 하늘에 맡겨보는 몸, 정미조의 7번 국도를 들으며 차 창문을 열고 드라이브를 할 때 팔과 볼을 간지럽히는 산들바람, 내 마음대로 살 수 있다면 어떻게 살 것인지를 영화로 옮겨본다면, 내 몸

---

10 Life goes on. 그럼에도 삶은 계속된다.

11 〈접속〉은 1997년 개봉한 장윤현 감독의 작품으로 'PC통신'을 통해 사랑의 아픔을 가진 두 사람의 이야기를 담은 작품으로 1997년 35회 대종상에서 최우수작품상을 수상, 청룡영화상 '최다 관객상'까지 받은 한국영화 대표작. 이 영화에 사용된 노래와 연주곡을 묶어낸 OST(오리지널 사운드트랙)앨범이 100만장 이상 팔렸다.

12 카이트서핑(Kitesurfing)은 패러글라이딩과 서핑을 합친 스포츠. 패러글라이딩에서 사용하는 대형 연을 서핑 보드에 연결하여 공중에 띄워서 바람을 이용하여 물 위에서 탄다.

의 각 부분을 클로즈업하며 이와 같은 장면을 오프닝 시퀀스(Opening Sequence)[13]로 시작하고 싶다.

그 장면 중 일부는 지금 당장이라도 조금의 노력을 기울인다면 실행에 옮길 수 있는 일도 있고, 시간과 돈이 필요한 일이라 오랜 기간 준비를 해야만 가능할지 모를 일도 있다. 좋아하는 것들에 집중하며 조용히 평화롭게 살며 시간에 쫓기지 않고, 다른 사람의 시선에 동요되지 않고 자유롭게 편안한 활동을 지속하는 것이 내가 내 마음대로 산다면 우선하고 싶은 것이다. 미숙하지만 일 년 농사도 지어보고, 직접 기른 농작물로 음식을 만들어 먹는 자급자족의 삶도 경험해보고 싶다. 모든 일이 그러하지만, 농사는 실패하며 배울 수 있는 것이 많을 것 같다. 시작도 해보기 전에 실패를 이야기한다는 것이 참으로 나다운 생각이지만, 실패를 통해 어떤 것을 배울 수 있을지 꽤 기대되는 것도 사실이다.

그런 삶이 허락된다면 나는 남편, 아이와 함께 뉴질랜드 남섬 크라이스트처치에 가서 1년 동안 함께 영어 어학연수를 하며, 뉴질랜드의 자연 속에서 살고 싶다. 20대 중반에 경험했던 뉴질랜드를 다시 경험하며, 바닷가 앞 도서관에서 통 창을 통해 보이는 평화로운 바다를 앞에 두고 시간 가는 줄 모르고 책을 쌓아놓고 읽고, 한여름의

---

13 오프닝 시퀀스(Opening Sequence)는 영화나 드라마가 본격적으로 시작되기 전, 작품의 제목, 제작진, 배우 등을 소개하며 작품의 분위기를 조성하는 장면을 말한다.

뜨거운 크리스마스를 보내고 이름 없는 해변에서 서핑하다가 잠시 해변에 누워 아이 볼을 간지럽히며 소소한 하루를 보내고 싶다. 트래킹을 하며 산 중턱에 앉아 아름다운 자연을 감상하며 맛있는 아이스크림을 함께 나눠 먹고 싶다. 내가 그리는 삶은 사랑하는 사람들과 평화롭게 일상의 순간을 밀도 높게 살아가며 느끼는 것이다. 이루지 못한 계획, 물질적인 풍요보다는 정서적인 만족도가 높은 삶, 사랑하는 사람들과 함께하는 일상의 행복이 더 중요하고 귀하다.

글을 적다 보니 어머니께서 돌아가시던 며칠간의 날들이 떠오른다. 병실에 누워있는 어머니 옆에 앉아 그동안 하지 못했던 이야기를 하거나 어머니 옆을 조용히 지키며 어머니의 마지막 시간을 함께 했는데, 그때 떠오른 기억은 어머니와 함께했던 소소하지만 순간순간 행복하고 즐거웠던 일상들이었다. 어른이 된 나에게 소개해 주신 인사동, 거의 매주마다 함께 전시를 보며 온종일 걸었던 골목, 사동면옥에서 함께 먹었던 뚝배기 불고기, 정리정돈이 힘든 어머니를 위해 어머니 사무실 이삿짐을 함께 정리하다 지쳐서 미술도록 더미를 의자 삼아 앉아서 마셨던 맥주 한 캔, 좋아하는 남자애랑 같이 타고 가던 406번 버스에 우연히 탄 어머니를 만났던 날 같은 정말 특별할 것 없는 보통의 평범한 하루들이 소중하게 느껴졌다. 더 이상 일상을 함께할 수 없다는 이유 때문일까. 어머니와 함께한 날들이 파노라마처럼 지나갔다. 내 마음대로 사는 삶 속에 시간을 하루만 되돌릴 수 있는 기회가 있다면 자주 잡아보지 못한 어머니의 손을 놓지 않고 인사동 전시장을 돌아 보며 맛있는 식사를 함께하고 평소 좋아하셨던 스카프도 사드리고 싶다. 지금은 사라진 인사동 볼가 카페에서 마리아 칼라스(Maria Callas)[14] 음악을 들으며 어머니는 버드와이저 맥주 한 병, 나는 깔루아 밀크를 하나 시켜놓고 몇 시간 동안 엉덩이가 아프도록 앉아 시시콜콜한 이야기를 하며 시간과 공간을 초월하여 어머니와 시간을 보내고 싶다.

거시적[15]인 관점보다는 미시적[16]인 관점으로 삶을 꾸려가고 있는 내 삶의 방향은 내 마음대로 인생을 살 수 있다 하더라도 변하지 않으리라 생각한다.

"God is in the details."[17]

하루를 내 생각과 의지대로 소중하게 보낼 수 있다면, 그 하루들이 모인 내 인생 역시, 이미 내 마음대로 사는 것이 아닐까? 인생은 뜻대로 흘러가지 않지만, 내 하루는 내가 결정할 수 있기에 나는 엔딩 시퀀스가 올라가는 날까지 나의 소소하지만 소중하고 행복한 날들을 이어가리라 다짐한다.

---

14 마리아 칼라스(Maria Callas, 1923년 12월 2일 ~ 1977년 9월 16일)는 그리스계 미국, 이탈리아의 오페라 가수이자 뮤지컬 배우, 피아니스트, 교육자이며, 소프라노였다.

15 거시적(巨視的)은 큰 전체를 바라보는, 큰 그림을 보는, 작은 부분보다는 전체를 중시하는 것을 의미한다.

16 미시적(微視的)은 작은 부분을 바라보는, 작은 그림을 보는, 큰 부분보다는 작은 부분을 중시하는 것을 의미한다.

17 세세한 것 속에서도 도움이 될 수 있는 것 또는 중요한 것이 있을 수 있다는 관용적 표현이다.

Last Dance[18]

· · · ·

 문득 도서관 글쓰기 수업 중 고른 질문 카드에 적혀있던 '죽음'이란 단어에 압도되어 질문에 대한 답을 하지 못하고, 눈물이 멈추지 않아 곤란했던 그 순간이 떠올랐다. 과제로 받은 '내 삶의 기한이 6개월 정도 남은 시점에 남기는 글'을 도무지 어떻게 시작해야 할지 아무 생각도 떠오르지 않았다. 고민을 남편에게 털어놓았다. "홀가분한 마음으로 가볍게 적어봐. '안녕.'은 어때?"라는 그의 싱거운 답변에 피식 웃음이 났다. 거짓말처럼 그 말 한마디에 무거운 걱정은 사라지고, 글을 써봐야겠다는 생각이 들었다. '이렇게 한 문장의 말에 용기를 얻을 수 있다니!' 말과 글의 힘은 우리가 상상할 수 없는 범위의 것이라는 것을 새삼 실감했다.

 나는 내가 뱉는 말과 쓰는 글의 힘을 여러 번 경험했다. 부정적인 생각이 떠오를 때, 이를 긍정의 언어로 표현하면 신기하게도 그 생

---

18 농구 역사상 가장 위대한 선수로 손꼽히는 마이클 조던과 1990년 시카고 불스의 우승 시즌을 집중 조명한 다큐멘터리 제목. 이후 은퇴를 앞둔 노장 스포츠 선수의 마지막 활약상을 표현하는 말로 쓰이게 되었다. 스포츠 선수에게는 '마지막 찬스를 잘 잡자' 혹은 '마지막 마무리를 잘 짓자', '박수칠 때 떠나라'와 비슷한 의미로 사용되기도 한다. 특히 은퇴를 예고한 선수가 뛰어난 기량을 선보일 때 자주 쓰인다.

각은 일련의 과정을 거쳐 긍정적인 결과를 가져올 때가 많았다. 불안을 인정하고 이를 어떻게 해결해 나갈지 생각을 떠올리거나 말로 이야기를 풀어내고 글로 적다 보면 언제나 그곳에 길이 있었다. 6개월의 시간이 남은 시점에 온전한 정신으로 남은 가족들에게 유언을 남길 수 있는 것이 다행이고 감사한 일이라는 상상을 하며 글을 적어보고자 한다.

남편에게 남기는 글

내 남편, 친구, 동료, 스승, 가족인 당신과 함께한 시간이 벌써 10년이 넘었어. 첫 만남부터 지금까지의 시간이 나에게는 소중했어. 당신과 함께할 수 있어서 정말 행복했어. 내게 유언을 간단히 적어보라 말했지만 그러기는 너무 아쉬운 마음에 생각나는 대로 글을 적어볼게. 마지막까지 고집을 피우는 나, 이해하지? "강바다는 못 말려!"라고 말하는 당신이니까. 때로는 나보다 먼저 내 마음과 욕구를 미리 읽어내고, 그 말들을 끄집어내 주는 당신, 당신이라는 표현을 써본 적이 없는 것 같은데 내 인생에서 만났던 많은 타인(당신) 중에 당신이 제일 나를 나답게 만들어주었어. 불안과 긴장이 높아, 사람들이 많은 곳은 힘들어하고, 호불호가 분명하면서도 정작 가까운 사람들에게는 솔직하게 표현하지 못하는 나를 이해해주고 있는 그대로 인정해줘서 정말 고마워. 그리고 당신과 다른 나의 성격과 가치관으로 당신을 힘들게 했던 시간 미안해.

마음 한편으로 당신이 말이 적고, 이벤트가 없는 사람이라 얼마간은 섭섭하고, 아쉬울 때도 있었는데 항상 무던하고 담담하게 내 곁을 변함없이 지켜주는 모습에서 당신만의 사랑을 표현하는 방식을 깨닫게 되었어. 그 마음이 얼마나 깊고 단단한지 이제는 알아. 내가 당신을 만나 우리 아이를 낳고, 셋이 함께 가족을 이룬 것은 내가 이 세상에서 태어나 한 일 중 가장 잘한 선택의 결과라는 생각이 들어. 그간 우리에게 많은 우여곡절이 있었지만, 돌아가지 않고 그대로 직진해줘서 고마워. 당신에게 여러 숙제를 남기고 가는 것은 아닐까 하는 마음에 당신이 안쓰럽고 걱정되지만 당신은 중심을 잡고 잘 지내리라 믿어. 우리 딸이 건강한 몸과 마음을 가지고 성장할 수 있도록 잘 키워줘. 그 과정을 함께하지 못해서 미안해.

나는 당신이 고민과 걱정을 잘 내색하지 않는 것이 걱정이야. 나는 마음이 힘들 때, 당신과의 대화, 가족들과 맛있는 음식 먹기, 자연에서 시간 보내기, 좋은 음악 듣기 그리고 글을 쓰는 것이 도움이 되었어. 당신만의 방식으로 어려움을 잘 해소하며 살아가기를 진심으로 바랄게. 당신 삶도 당신답게 잘 살아내기를 응원할게.

사랑해 그리고 고마워.

딸에게 남기는 글

우리 딸 이름을 불러보니 눈물부터 나오지만, 엄마는 씩씩하게 다시 마음을 잡고, 마지막 인사를 남길게. 엄마도 엄마가 처음이라 실수가 많았는데, 너를 키우면서 덕분에 엄마도 많이 성장했어. 엄마를 진짜 어른으로 자랄 수 있게 해주고, 너의 탄생으로 엄마 인생에 가족의 완성이라는 기쁨을 안겨줘서 고마워! 네가 엄마 얼굴도 많이 닮고, 성격도 비슷한 부분이 있어서 엄마가 크면서 하지 못했던 여러 일을 숙제처럼 우리 딸에게 미룬 것 같아 미안해. 너는 네 나이에 맞게 너의 속도로 잘 자라고 있는데 엄마가 마음이 조급했던 것 같아. 엄마는 지금 이 나이에도 실수하고 배워가는 것이 많으면서 네가 세상을 처음 배워가는 어린이라는 생각을 가끔 잊고 있었던 것 같아. 너는 이미 충분히 잘 하고 있어!

우리 딸! 네가 너를 더 믿고, 사랑하고 아껴주면 좋겠어. 완벽하지 않아도, 실수해도 괜찮다고 응원해주고 다른 사람들 시선을 너무 신경 쓰지 않고 단단한 마음을 가지고 살았으면 해. 다른 사람에게 사랑받기 위한 삶보다 내가 나를 사랑하는 것, 그게 가장 큰 힘이야. 그러다 보면 네게 잘 맞는 사람이 어떤 사람인지 알아볼 수 있는 눈을 기르게 되고, 네가 좋아하고 잘하는 것이 무엇인지 네가 싫어하고 힘들어하는 것은 무엇인지 알 수 있게 될 거야. 부족하다고 느껴지는 것은 많이 해보지 않아서 그런 것일 뿐 계속하다 보면 경험을 통해 많이 성장할 거야.

엄마는 너를 낳아 기르는 과정이 정말 행복했어. 육아는 엄마 인생에서 가장 어려운 숙제였지만 제일 보람되고 가치 있는 일이었어. 엄마에게 와줘서 정말 고마워. 너는 그 무엇과도 바꿀 수 없는 엄마의 소중한 보물이야.

홀로 있는 시간도 친구와 함께하는 시간도 모두 필요하고 의미가 있을 거야. 네가 마음이 잘 맞는 좋은 사람들과 어울리며 관계의 소중함, 함께하는 즐거움을 느끼며 살았으면 좋겠어. 가끔 힘든 일도 있을 거야. 그럴 때면 네 마음을 잘 들여다보고 네가 좋아하는 활동을 하며 생각을 정리하는 방법이 도움이 될 거야. 엄마는 따뜻한 물에 좋은 향기가 나는 비누로 샤워를 하고, 좋아하는 음악을 집중해서 듣거나 조용한 숲 산책, 책 읽기, 글쓰기로 마음을 정리하면서 힘든 일을 극복했어. 때로는 아무리 노력해도 해결되지 않는 일도 있을 수 있어. 그럴 때는 잠시 거리를 두고 시간을 가져보면 분명 너만의 답을 찾을 수 있을 거야.

너는 따뜻하고 생각이 깊어서, 분명 멋진 어른이 될 거야. 아주 먼 훗날 우리 다시 만나게 된다면 네가 어떤 인생을 살았는지 이야기 들려줘. 네가 좋아하는 시금치새우전 만들어 놓고 그곳에서 기다리고 있을게. 엄마는 너를 언제나 응원할 거야.

귀여운 어린이 사랑해.

김민희

어린 슬픔, 미안함,
후회를 만나다

•••••

고등학교 때 나에게 큰 사건이 있었다. 그러나 그 큰 사건도 살아오며 기억 저장고 안에서 희미하게 퇴색되었다. 다시 소환된 그 기억은 나를 고등학교 2학년 여름으로 안내한다.

고등학교 재학 시기를 되돌아보면 '구르는 낙엽만 봐도 웃는다.'란 말이 생각난다. 매일 설렘, 미래에 대한 기대, 희망이 가득했던 때였다. 고등학교 입학 후 학교 근처 시립도서관에 다니다 도서관 주변에 있는 고등학교의 학생들이 연합하여 운영하는 독서토론 동아리에 가입했다. 중학교 시절 난 내성적이고 중심에 서기를 꺼리는 성격이었다. 그랬던 내가 고등학교에 들어가면서는 무슨 용기가 생겼는지 마치 번데기에서 탈피한 듯이 다양한 시도를 하게 되었다. 그중한 가지가 독서토론 동아리 가입이었다. 지금까지 고등학교에 들어가 가장 잘한 일이라고 생각되는 것도 그 동아리 가입이다. 그 동아리는 근처 여러 고등학교 학생들이 연합해 학생이 자발적 주체가 되어 운영했었고 동아리가 시작된 지 4년 차에 내가 가입하여 들어간것이었다. 처음 동아리를 시작한 1기수들이 대학생이 되어도 열정을 가지고 지원해 주었고 덕분에 후배인 우리도 더욱 애정을 갖고 즐겁게 활동할 수 있었다. 동아리에서는 독서토론뿐만 아니라 시, 산문, 독후감 등 다양한 글도 썼고 토의한 내용과 각자 쓴 글들을 모아 소책자도 만들며 열심히 활동했다. 반짝반짝 빛나는 문학소녀 시절이었다. 그렇게 1년을 보내고 우리도 5기 후배를 맞이하게 되었던 고등학교 2학년, 그해 여름 난 이 동아리에서 멀어졌다.

고등학교 2학년 때에는 독서토론 동아리 외에도 내가 재학한 고등학교 교내 동아리 활동도 열심히 했다. 고등학교 2학년 1학기에는 학업보다도 동아리 활동에 빠져있었다. 그해 여름방학에 내가 활동하던 두 개의 동아리에서 모두 여름 캠프를 기획하여 진행했다. 두 동아리 여름 캠프 기간이 하루 겹쳐져서 나는 더 빨리 시작되었던 교내 동아리 여름 캠프에 참가한 후 독서토론 동아리 캠프 둘째 날에 합류하기로 했다. 교내 동아리 캠프는 바다에서 이루어졌다. 여름 바다에서 즐겁게 지내고 나처럼 중간에 합류하기로 한 독서토론 동아리 대학생 선배와 기차역에서 만나 기차를 탔다. 여행에 대한 기대와 함께 평소 관심이 있던 남자 선배와 단둘이라 그 시간은 정말 설렜다. 그렇게 두 근 반 세 근 반 설레는 마음으로 캠프 장소로 향했다. 캠프장은 강가에 있었다. 기차역에 도착해 캠프 장소까지 태워다 줄 버스를 탔다. 얼마나 갔을까 "저기야." 선배가 가리키는 손가락 끝으로 시선을 보냈다. 시선이 멈춘 곳은 소란스러운 분위기에 사람들이 모여있었다. 나와 선배는 어리둥절했다. 버스에서 내려 서둘러 도착한 강가 한쪽에 사람들이 한군데 뭉쳐져 있었다. 그 틈에 우리 동아리 후배들과 동기들, 선배들이 보였다. 불길한 마음에 서둘러 다가가니 갑자기 누군가가 나를 막아섰다. 그러고는 사고가 있었다고 전해줬다. 나와 같은 기수 친구 가현이가 물에 빠졌단다. 지금 막 건져 올린 참이란다. 그 뒤로 머리가 하얘졌다. 친구를 보 겠다고 하니 어느새 모여든 동기와 후배가 나를 잡았다. 내 목소리 가 아닌 듯한 울음이 나왔다. 모든 것이 현실이 아닌 듯했다. 눈물 이 계속 나왔다. 왜 우는지도 모를 때까지 그냥 울었다. 결국 가현 이는 보지 못했다. 고등학교 1학년 때 가장 친했던 친구 가현. 2학 년이 되며 조금은 소원해졌던 친구. 그의 마지막을 보지 못한 내가, 소원했던 내가 밉고 미안했다. 그날 동아리의 대학생 선배들이 남아 사고를 수습하고 고등학생인 동아리 선후배, 동기들은 야영지를 정 신없이 정리하고 집으로 돌아왔다. 나는 무슨 정신으로 집으로 돌 아왔는지 기억에 없다. 현실인 듯 아닌 듯 그저 모두 넋을 놓고 창밖 만을 바라보던 소리 없는 기차 안의 풍경만이 어떤 영화의 한 장면 처럼 기억될 뿐이다.

며칠 뒤 사고의 전말을 듣게 되었다. 아침에 방류하는데 그 사실 을 모르고 있던 가현이와 몇 후배들이 물놀이했다. 물놀이하던 중 갑자기 물이 불었고 같이 놀던 후배들은 무사히 나왔는데 가현이만 물살에 휩쓸려 나오지 못했다. 순간적으로 일어난 일이었다고 했다. 내가 도착하기 직전 사람들이 친구를 찾고 건졌지만, 그는 결국 깨 어나지 못했다. 사고 후 장례식장에서 가현이의 부모님을 뵈었다. 어 린 남동생도 보았다. 고등학교 1학년 때 가장 친했던 친구. 그런데 장례식장에서 그의 가족을 처음 보았다. 친구의 장례식장에서 그의 가족을 뵈며 너무 죄송했다. 살아있음이 송구했다. 못다 한 '가현이의 삶을 내가 살아야 한다.'라는 사명감 같은 것도 차올랐다. 그렇게 친구의 죽음에 내 삶의 의미를 더해보기도 했다. 치기 어린 마음이었다. 지금 생각해보면 너무 어린 고등학교 2학년, 죽음 앞에서 나도 그도 너무 어렸다.

장례식 이후 난 나의 슬픔에 갇혀 있었다. 내가 가장 슬픈 비운의 사람인 듯 그랬다. 그러나 절대로 벗어나지 못할 것 같았던 슬픔도 대입이란 현실을 만나니 점차 사그라들었다. 친구들이 하나, 둘 대입을 준비하자 학업에 관심을 두지 않았던 나도 왠지 경쟁심이 생겨났다. 특별히 가고 싶은 학교도 학과도 없었다. 별다른 목표 없이 단지 경쟁심과 의무감에 대입 공부를 시작했다. 조금은 불순한 동기로 시작한 공부에 난 생각보다 빨리 그리고 깊이 빠져들었다. 성적이 오르지 않아도 문제집 한 권씩 정복하는 즐거움에 시간을 보낼 수 있었다. 그렇게 6개월 정도 지났을 때 고등학교 3학년 첫 모의고사를 보았고 성적이 눈에 띄게 올랐다. 난 대학을 갔고 새로운 생활에 빠져 그 친구를 잊어갔다.

어림잡아 30년이 지난 지금 그 친구를 내 삶에 잡아두지 못한 것이 다시금 슬프고, 미안하고, 후회된다. 함께 독서토론 동아리에 들어가며 친해진 같은 학교 친구 가현, 귀여운 토끼 이빨이 귀여웠던 순수하고 잘 웃는 친구였다. 강산이 두어 번도 더 바뀐 지금 그에 대해 난 무엇을 기억하는가. 나이 차이 많은 남동생이 있었던 것, 책을 참 좋아했던 문학소녀였던 것. 우리가 어떤 이야기를 나눴었는지 어떻게 친해졌는지도 이젠 기억에 없다. 그에 대한 기억 전체가 그저 흐릿하고 희미해져 있다. 친구의 얼굴도 고등학교 1학년 때 소풍 가서 함께 찍었던 사진 한 장을 통해서 기억된다. 희미해진 기억에 미안함과 후회가 깃든다. 나는 왜 너를 계속 기억하지 못했나. 너를 기억하고 삶을 살았다면 나는 더 나은 삶을 살았을까? 방황하고 방황했던 20대, 현실에 안주하고 솔직하게 도전하지 못했던 30대, 그리고 결국 맞이한 40대. 만약에 너를 계속 기억하였다면 나는 나의 인생을 더 가치 있게 살아냈을까? 너와 함께하는 삶이라는 사명으로, 조금은 더 간절하게 나의 하루를 보냈을까? 내일이 없는 너의 내일이 될 것이라는 책임감으로 무엇인가 하나라도 지금보다 더 이루었을까? 후회에 '만약에'가 덧붙여진다. 그리고 생각한다. 어쩌면 너와 이렇게 다시 만나기 이전까지 난 너와 헤어졌던 고등학교 2학년 그 여름에 갇혀 있었다. 그 여름에 갇혔었기에 난 종종 원인 모를 안개 속에서 헤맸다. 너와 만난 지금, 내 시야를 가리고 있던 안개가 점차 걷히고 있다. 그리고 난 더 늦기 전에 다시 만난 너와 새로이 나아갈 준비를 한다.

늦었다고 생각했을 때

••••

"좌우명 또는 인생의 모토(moto)는 무엇인가요?"

누군가에게는 간단한 물음에 난 망설인다. '좌우명'이란 무엇인가? 사전적 정의를 보면 '늘 자리 옆에 갖추어 두고 가르침으로 삼는 말이나 문구'다. 사전적 정의에 '늘 자리 옆에 갖추어 두고'란 표현이 참 예뻐 여러 번 다시 보며 감동했다. 대답을 망설이는 나에게 쉽게 와 닿도록 질문을 바꾸었다. "당신이 늘 자리 옆에 갖추어 두고 가르침으로 삼아온 말은 무엇인가요?" 그리고 그 물음에 생각난 한 문장이 있다. '늦었다고 생각할 때가 가장 빠른 때다.' 이 명언은 자주 거론되므로 어디선가 들어봤을 것이다. 출처가 궁금해 녹색 창에 질문해 보았다. '공자'의 말씀이란다. 공자의 말이라니 새로웠다. 정확하게는 배움에 대한 공자의 명언이었는데 지금은 모든 도전과 시작에 적용되는 것 같다. 여기서 또 다른 질문이 떠오른다. "나의 '좌우명'은 어떻게 생성됐을까?" 내가 만난 인연, 걸어왔던 길의 모양새, 그로 인해 학습된 것들에 의해 생성된다. 물론 이렇게 생각하는 것 또한 살아온 삶을 통해 나름대로 내린 결론이다. 태어난 시간부터 멈추지 않던 삶의 어떤 순간에 이 문장을 곁에 두게 되었을까?

대답에 도달하기 위해 '나'를 조금 더 들여다봐야 한다.

  현재의 나를 설명하는 여러 기준 중 장점, 단점에 대해 생각해보자. 장점이란 '어떤 대상에게 있어서, 긍정적이거나 좋은 점'이다. 어떤 대상에 초점을 맞추고 있어서 듣기만 해도 기분이 좋아지는 듯하다. 단점이란 '모자라고 허물(잘못 저지른 실수, 남에게 비웃음을 살 만한 거리)이 되는 점'이다. 스스로 부족하다고 느끼고 부끄럽다고 느껴지는 부분이다. 장점과는 다르게 단점의 정의를 곰곰 읽으며 초점이 오로지 어떤 대상에 있는 것이 아니라 타인의 시선이 개입된 것 같아 마음이 불편해졌다. 살아가면서 부족한 점을 오롯이 '나' 안에서 찾고 자기를 다져가기란 어렵다. 인간은 사회적 동물이며 자신을 둘러싸고 있는 겹겹의 세계와 단절되어 살아갈 수 없다. 인간이 자신과 그의 환경을 떼어서 '나'를 설명하기 어려운 이유다. 그리고 우리를 둘러싼 세계에는 사람이 있다.

  나라는 사람의 단점은 무엇일까. 크게 두 가지를 꼽아보았다. 첫 번째, 나 스스로 부족함을 너무도 잘 느끼는 것이다. 그로 인해 나를 인정하는 것에 인색하고 서툴다. 나는 왜 이렇게 나에게 인색한 것일까? 나의 원 가족을 살펴보자. 난 삼 남매의 둘째 딸이다. 위로 언니 아래로 남동생이 있다. 세 살 터울의 언니는 늘 빠르고 예민하고 영민했으며 정확한 것을 좋아했다. 자라는 내내 언니는 위엄을 가지고 있었고 우리 형제의 리더였다. 남동생은 어린 시절 얌전하고 여린 이미지가 강했다. 짓궂은 장난을 치고 문제를 일으키는 그런 말썽꾸러기 모양새 없는 착하고 순한 아이였다. 남동생의 고등학교 시절에 생겨난 누나들에 대한 반항기(?) 이전까지는 그야말로 순한 양이었다. 언니와 남동생은 미술을 전공했다. 둘에게는 타고난 예술적 기질에 학습된 예술성이 더해져 일상이 센스티브(sensitive) 했으며 둘만의 유대가 있었다. 물론 그 둘은 부딪히기도 강렬하게 부딪혔다. 갈등은 날 불편하게 했고 평화를 추구하려고 완충 작용을 하거나 때론 회피 같은 방어기제를 사용하며 나름대로는 나를 지켰다. 감각적으로 뛰어난 형제들 사이에서 스스로가 부족하다고 느꼈고 그래서 더 둔감해져야 했다. 그러나 나는 삼 남매의 둘째로만 살지는 않았다. 학창 시절 형제들과는 다른 나만의 성취를 이루었고 도전과 실패, 성취하는 과정을 통해 나만의 자부심도 쌓아갔다. 내가 마음만 먹으면 무엇이든 이룰 수 있다는 근자감(근거 없는 자신감)도 가지고 있었다. 그렇지만 어딘가 늘 벗어나지 못한 내가 만들어 놓은 한계점이 있었다. "너는 그렇지."라는 굴레 안에서 완전히 벗어나지 못했다. 그것은 나를 부족한 사람으로 정의하게 한다.

두 번째, 생각은 많은데 발은 느린 것이다. 삶이 무한정인 듯 느리게 살아왔다. 대학교 3학년 때 뒤늦게 복수 전공을 바꾸며 남들보다 3년 늦게 졸업했고 결혼은 40세, 아이는 41세에 낳았다. 늦게 결혼하려고 목표를 세운 적은 없으나 또 서둘러 결혼할 의지도 없었다. 그저 흐름에 맡겨 그때그때 살아왔다. 30세 전에 안정적인 직업을 갖고 30대엔 결혼과 출산이란 정확한 목표를 가지고 그 계획대로 이룬 지인이 있다. 나는 살면서 그런 생각을 한 적이 전혀 없었다는 사실에 나 스스로 충격이었다. 느긋하고 여유로운 성격이어서 그런 것은 결코 아니었다. 나 자신을 이상은 높으나 행동은 하지 않는다고, 게으르다며 스스로 비판하는 내가 있다.

내가 느끼는 부족함과 모자람은 나 자신에게서 온 것일까 아니면 상대적인 부족감에서 오는 것일까?

단점의 이면에는 장점이 있다. 나에게 있어서, 긍정적이거나 좋은 점은, 첫 번째, 포용적이다. 나의 부족함에 대한 인식만큼 인간의 양면성을 이해하고 어떤 상황도 '그럴 수 있다.'라고 생각한다. 편협함은 좁고 포용의 범위가 넓은 편이다. 내가 만난 인연 대부분은 늘 나에게 도움을 주었다. 그동안 스치듯 지나간 관계에서도 잊지 못할 억울함이나 화를 담은 그런 관계는 없었다. 그것은 내 삶의 가장 큰 운이라 생각한다. 사람은 누구나 편견을 가질 수밖에 없다고 생각하고, 나 역시 그 안에서 자유로울 수 없어서 때로는 뒤돌아 이불킥 하는 실수들도 있었다. 하지만 내가 겪어온 관계의 전반적인 평균을 보면 운이 좋았다고 느낀다. 타고난 운과 더불어 이해의 폭이 넓고 최대한 편견 없이 상대방을 대하는 나의 자세도 좋은 관계로 남는 것에 큰 역할을 했다.

두 번째, 새로운 배움에 열려있다. 나이가 들며 가장 경계해야 하는 것이 인식의 닫힘이다. 현대를 '평생 공부의 시대'라 말하지만, 이미 현시대 이전에 세상을 바꾼 위대한 인물들은 평생 배우는 자세로 살아왔다. 배움은 즐거운 도전이다. 배움을 머리에서 마음으로, 마음에서 행동으로 실천한다면 그 인생은 성공한 것이다. 나는 아직 머리에서 마음으로 가는 길에 있다. 글쓰기 수업에서 만난 귀한 인연이 말했다. 자신의 글쓰기는 '거북이 글쓰기'라고. 글쓰기를 넘어 삶에 적용하면 누구의 속도에 맞추어진 삶이 아닌 자신의 속도에 맞춘 삶을 살아야 한다. 느리게 살아온 나에게 세상이 늘 긍정적이지는 않았는데 어째서인지 내 기억 속에는 긍정의 결과만 남았다. 그것은 배움에 열려있는 나의 자세에서 기인했으리라.

나 자신을 통제하고자 하면서도 벗어나려 하다 모호한 경계에서 결국 발을 헛디디는 그런 문제를 안고 살았다. 모호함 속에 불안이 있다. 나는 나의 인식 세계에서 감지 못한 불안을 품고 살아왔다. 불안은 스스로가 가진 장점보다 단점을 보게 한다. 이런 악순환의 굴레에서 신영복 선생님의 『담론』에서 만난 글이 떠오른다.

'서도의 관계론은 서도의 미학이 '관계'를 중시한다는 뜻입니다. (중략) 첫 획을 너무 위로 치켜 그었다고 해서 그것을 지우고 다시 쓸 수는 없습니다. 인생과 마찬가지입니다. 지우고 다시 쓰거나 개칠하지 못하기 때문에 어쩔 수 없이 그다음 획으로 그 실수를 만회해야 합니다. 마찬가지로 한 자(子)가 잘못되면 그다음 자 또는 그 다음다음 자로 보완해야 합니다. 한 행(行)은 그다음 행으로, 그리고 한 연(聯)은 그 옆의 연으로 조정하고 조화시켜 가야 합니다. 그런 고민을 끊임없이 하면서 써야 합니다. (중략) 이처럼 한 획의 실수는 그다음 획으로,

또 한 글자의 실수는 그다음 글자로 만회해 가면서 씁니다. 자연히 획과 획, 글자와 글자가 서로 기대게 됩니다. 마지막으로 방서(傍書)와 낙관을 합니다. 무슨 글씨를 어디서 썼다는 방서와 빨간 낙관과 두관까지도 전체 균형에 참여하는 것이어야 합니다. 서로가 서로에게 기대고 있는, 실수와 사과와 도움과 감사가 어우러져 있는, 그러기에 삶과 인생이 그 속에 담겨 있는 경우 그것을 서도의 격조라고 할 수 있습니다. 이것이 이를테면 구도(構圖)에서 서도의 관계론입니다.'

서도에서 한 획의 실수는 그다음 획으로, 또 한 자의 실수는 그다음 자로 만회해 가면서 쓰듯이 마주했던 인생의 순간마다 단점과 장점이 서로에 기대어 현재의 '나'란 존재가 형성되었다. 인생의 방서와 낙관을 찍기까지 아직은 갈 길이 멀다. 거기까지 고민을 거듭하며 살아가야 한다.

가만히 현재의 나를 돌아보며 나의 곁에 늘 나와 함께한 문장이 그냥 온 것이 아님을 안다. 나를 위로하고 나를 다잡고 나를 깨우기 위해 함께해온 문구이다. 늦었다고 생각하지 말고 시작하라. 과거를 후회하고 미래를 불안해하며 현재를 놓치지 말자. 어제의 실수에는 오늘의 내가, 오늘의 실수에는 내일의 내가 있다. 오늘을 시작하는 나에게 용기의 말, 희망의 말을 건네자.

맑고 푸른 하늘,
바람 부는 날

....

　2035년 5월 5일 토요일 연휴의 시작이다. 아이가 초등학교를 졸업하고 나서부터 어린이날은 가족이 함께 계획하여 즐길 수 있는 날로 바뀌고 있다. 2년 전까지만 해도 남편과 둘이 아이를 위한 선물과 이벤트로 고민했는데 이젠 그 고민의 무게를 살짝 내려놓을 수 있게 되었다. 아이가 중학생이 되며 가족 모두 바쁘게 하루하루를 보내왔던 터라 연휴가 반가워 "우리 캠핑 가자!" 하니 아이도 즐겁게 함께해줬다. 사춘기의 아이가 이렇게 부모와의 여행을 좋아해 주니 감사하다.

　새벽부터 서둘러 집에서 차로 2시간 정도 거리의 서해 바닷가 캠핑장에 8시쯤 도착했다. 오는 길에 차 안에서 쪽잠을 잔 난 눈을 비비며 차에서 내렸다. 그리고 몸을 쭈욱 늘이며 기지개를 켰다. 남편은 캠핑장 사무실에서 절차를 밟고 차에서 짐을 내려 예약했던 우리 자리를 찾았다. 모두 합심하여 텐트를 치니 금세 모양새를 갖추었다. 아이와 남편이 텐트 치기 마무리를 하도록 하고 난 허기진 배를 채우기 위해 지난밤 준비해서 싸 온 재료로 샌드위치를 만들었다. 시장이 반찬인지라 샌드위치는 어느 때보다 맛있었다. 텐트를 치고 아침 식사를 하고 자리 정리를 하고 나니 어느덧 10시였다. 우리는 캠핑장 앞에 펼쳐진 해수욕장으로 출동했다. 마침 바다는 만조라 파도가 출렁이고 있었다. 해가 점차 중천에 떠오르고 있어 바닷물에 들어가면 시원할 것 같아 신발을 벗고 바지를 걷고 뛰어들었다가 제법 차가운 바닷물에 "꺄악!" 소리를 지르며 다시 해변으로 뛰쳐나왔다. 5월의 바닷물은 차고 바닷바람도 아직 매서웠지만, 해변에서의 놀이는 그냥 즐겁고 웃음이 났다. 하늘은 맑고 푸르렀고 어린이날답게 천진난만해지는 유쾌함이 있었다. 해변에서 파도와 술래잡기 하고 해변 둘레길 탐험을 하며 즐겁게 노니다 보니 슬슬 해넘이 시간이 됐다. 점심 식사 때는 주변 식당에서 칼국수를 먹었다. 저녁에는 고기를 구워 먹기로 했다. "엄마, 오늘 저녁 식사 준비는 아빠랑 제가 할게요!" 아빠와 나란히 서서 말하는 아이를 쳐다보니 제법 다부진 표정이다. 딸 아이를 바라보는 남편의 얼굴은 싱글벙글한다. "그래? 그럼 엄마는 농땡이 좀 피워볼까?" 내 말이 끝나자마자 남편과 아이는 부산히 불을 피우고 고기 굽는 것을 준비했다. 아이와 남편의 모습을 흐뭇하게 바라보다 불피우는 연기를 피해 텐트 안으로 들어갔다. 텐트 안을 정리하고 해변에서 낙조를 볼 생각으로 윗옷을 하나 챙겨 입고는 다시 나왔다. 간조가 찾아온 서해 해수욕장의 해변은 어느새 갯벌로 바뀌었다. 붉은 해가 지는 서늘한 갯벌을 혼자 조용히 걸으니 문득 지난 시간이 머릿속에 흐른다.

나는 10년 전 글쓰기 수업 '마음의 소리' 수강 후 어떤 형태로든 글을 쓰자 다짐한 대로 매일 짧게라도 글을 써왔다. 함께 수업을 들었던 같은 기수 중 많은 선생님이 책을 내시고 등단도 했다. 늘 기쁜 마음으로 책을 사 읽고 진심으로 축하했지만 내심 조급한 마음이 들었다. 글쓰기 수업을 신청하며 내가 책을 내고 싶어질 거란 것은 전혀 예상치 못했다. 나를 찾고자 들었던 수업이지 책을 내는 것이 원래의 목표도 아니었다. 글을 쓰기 이전의 나는 나와 가족만을 생각하며 하루를 보내는 것만으로도 급급했다. 다른 공간이나 그 안의 사물, 사람에 관심을 기울이는 여유가 없었다. 지난 10년간 글쓰기와 함께 내가 성장해 왔음을 느낀다. 주변의 거센 바람에도 나는 중심을 잃지 않는 단단함이 생겼고 내 안은 더 넓어지고 깊어져서 주변과 함께할 수 있는 여유가 생겼다. 이제는 나 혼자만 조용히 읊조리던 내 안의 이야기를 누군가와 나누고자 하는 욕심이 생기는 것 같다. 지난 한 해 일을 쉬고 아이와 함께 여행하면서 메모하듯 매일 글을 적었는데 나중에는 영감을 받아 소설을 구상하며 적게 되었다. 아이와 함께한 여행은 나에게도 터닝 포인트가 되었다. 여행을 다녀와 아이의 입학 준비와 나의 복직 등으로 바쁜 일상에 치이며 정리하지 못했던 글들을 모아 이제 제대로 집필하기 시작했다. 귀국하고 맞이한 설에 '마음의 소리' 백 선생님께 인사를 드리며 소설 집필 계획을 말씀드렸다. 역시 조금은 쓴소리와 함께 응원해주셨다.

아이와의 여행은 아이가 초등학교 들어가고부터 계획했다. 각박한 현실 속에서 여러 난관에 부딪혔지만, 아이에게 줄 수 있는 가장 큰 선물이란 생각으로 남편과 힘을 모았고 여행 계획을 현실로 만들 수 있었다. 아이의 초등학교 졸업식을 치르고 1개월의 준비 기간을 거친 후 아이와 함께 10개월의 긴 여행을 다녀왔다. 덕분에 아이는 학교를 1년 늦게 입학했고 나는 내심 불안한 마음이 있었던 것 같다. 학교를 늦게 들어가면 친구들과 잘 어울릴지, 학업에 부담을 느끼진 않을지 등 여러 고민을 아이와 함께하며 여행을 계획했고 여행을 하면서도 다양한 가능성을 얘기하고 나눴었기에 아이가 잘 해내리라 생각했다. 하지만 막상 아이가 학교에 입학하자 내 안의 걱정은 쉬이 내려놓아지지 않았다. 아이에게는 내색도 못 하고 조마조마 두 달이 지났다. 내 마음의 조바심과는 달리 아이는 학교에 잘 적응하고 있고 매일 아침을 신나게 맞이하며 하루하루를 즐기며 지내고 있다. 나와 남편은 여느 부모처럼 아이에게 해줄 수 있는 최선을 늘 고민해 왔고 감사하게도 아이는 최고의 답을 우리에게 줬다. 아이를 보며 다시 한번 깨닫는다. 아이는 믿은 만큼 성장한다. 불안은 나의 것이다. 부모는 커다랗고 단단한 어항이 되어 아이란 물고기가 마음껏 헤엄칠 수 있도록 해야 한다. 또 한 번 삶에서 배우고 글로 남긴다.

갯벌에서 올라와 모래사장에 앉아 서해의 노을을 바라보니 문득 바닷가에 앉아 생각하는 여인의 모습 그림이 떠오른다. 처음에는 뭔가 애잔해 보였던 그 뒷모습이 나중엔 고독을 아는 멋진 여성으로 보였던 그림. 지금 바닷가에 앉아 노을을 바라보며 소설을 구상하는 나의 뒷모습도 그렇게 근사해 보이지 않을까. 그런 내 뒷모습을 보며 나의 아이도 영감을 받길 오늘도 바란다.

"엄마 식사하러 오세요!" 멀리서 나를 향해 손을 흔드는 아이를 보고 일어서며 엉덩이의 모래를 털었다. 툭툭. 지난 십 년의 세월 참 잘해왔다. 토닥이듯이, 그리고 앞으로의 십 년을 응원한다는 듯이. 붉은 노을을 뒤로하고 힘차게 아이를 향해 걸어간다.

딸에게 전하는 니체의 말
- 사랑에 대하여

* * * *

사랑하는 딸아, 너를 만나 엄마라는 이름의 역할을 얻게 되며 '나'에 대해 잘 모르고 있음을 깨달았어. 특히 사랑에 대해 내가 어떤 사유를 하였던가 물음표가 생겼단다. 오늘도 잠드는 너의 귓가에 "사랑해, 엄마의 보물. 엄마에게 와줘서 고마워." 속삭였지. 너에게는 자연스럽게 나오는 '사랑'이 너를 만나기 전엔 너무도 인색했던 단어였어. 결혼하기 전에, 그리고 너의 아빠를 만나며 분명 내 안에 '사랑'이 있었는데 그 단어에는 왜 그렇게 인색했을까?

너에게 사랑을 논하게 된 계기는 내 앞에 갑작스레 던져진 글쓰기 주제가 '사랑'이었기 때문이야. 부끄럽지만 고백하자면 난 '사랑'이란 주제 앞에서 사고가 정지된 듯했었어. 사랑과 삶은 떨어질 수 없는 것임에도 어느 순간부터 내 삶에서 소홀해져 있었던 거야. 사랑이란 주제에 막막해하며 먼저 찾게 된 것이 철학자의 저서였단다. 오랫동안 철학서와 멀어져 있었기에 누구를 찾아야 할지조차 갈피를 못 잡고 있던 내 눈에 책장에 꽂혀 있는 먼지 쌓인 책 중 『니체의 말』이 보였단다. 함께 일했던 지인에게 선물 받았던 책, 받고 나서 한번 쭉 보고는 그렇게 오랫동안 꽂혀 있던 그 책이 눈에 들어왔어. 어떤 철학자인지는 설명은 못 해도 우리나라에서 고등교육을 받았다면 한 번쯤은 들어봤을 유명한 철학자인 프리드리히 니체. 그 니체의 사랑은 무엇일까? 철학자와 함께하는 사랑에 대한 고찰, 그 첫 번째로 니체가 전하는 사랑에 관하여 그리고 그가 전하는 사랑의 말을 읽으며 정리하게 된 엄마의 삶에서의 사랑에 대한 이해를 조금 적어보려고 한단다.

니체는 어떤 철학자일까? 니체의 말을 엮은 사라토리 하루히코는 들어가는 글에서 니체를 '괴짜 철학자'라고 한 줄로 정의했는데, 나는 엮은이의 들어가는 말을 읽으며 니체에 대해 더 흥미를 느꼈어. "니체의 철학 또는 독특한 사상은 칸트나 헤겔처럼 장대한 체계를 목표로 정리된 것이 아닌, 정열적인 문장으로 엮은 단편과 짧은 산문체가 많다. 편린과도 같은 짧은 글일지라도 니체의 발상에는 분명 마음을 사로잡는 매력이 있다. (중략) 칸트처럼 올곧은 철학자라면 자신의 설에 이유를 설명하고 철학의 골자로 삼았겠지만, 니체는 그 같은 발상을 아무렇지 않게 던져 버렸다. 그런 점에서 보면 니체는 철학자라기보다 예술가에 가깝다고 할 수도 있을 것이다.", "니체의 철학은 결코 어렵지 않다. 조금만 읽어봐도 온몸의 신경을 곤추세우는 흥분을 느낄 것이다. 니체의 문장이 당신을 흥분시키는 것이 아니라, 당신 스스로의 이성으로 사고한다는 생생한 체험을 통해 스스로 자극과 영감을 받기 때문이다. 거기에 니체의 가장 큰 매력이 있다."

사랑을 배워간다 _ 즐거운 지식

"처음 듣는 음악의 경우, 우리는 익숙하지 않은 것을 꺼리지 않고 일단 마지막까지 듣는 인내와 노력, 관용을 가져야만 한다. 그것을 반복함으로써 친밀함이 생기고 이윽고 그 음악의 매력을 조금씩 발견하게 된다. 그럼으로써 음악이 가진 깊은 아름다움을 발굴해 내고 그것을 사랑하게 되면 그 음악이 자신에게 없어서는 안 되는 것이 되어 간다. 이것은 비단 음악에 한한 이야기가 아니다. 우리는 사랑에 대해서도 처음의 낯섦에서 출발하여 사랑을 배우는 길을 걸어왔다. 일을 사랑해도, 자신을 사랑해도, 다른 누군가를 사랑해도 마찬가지다. 사랑은 언제까지고 이처럼 배움의 길을 거니는 모습을 보여준다."

난 이 글을 통해 우리는 사랑도 배움을 대하는 자세로 마주해야 하구나 깨달았단다. 무언가를 얻기 위해서는 먼저 자존심을 내려놓고 다가서야 하며, 그것을 얻을 때까지 반복하고 포기하지 않는 노력과 인내가 필요하다는 것은 머리로 알지만, 행동으로 하기는 쉽지 않지. 배움은 더 좋은 것으로 나아가고자 하는 강한 열망, 실패에 대한 두려움을 이기고 어떤 것은 포기해야 하는 용기를 가져야 성취할 수 있더라. 사랑도 마찬가지야.

사랑하는 방법은 변한다 _ 인간적인 너무나 인간적인

"젊은 시절 마음을 사로잡히거나 사랑에 빠지는 대상은 대개 신기한 것, 재미있는 것, 색다른 것들이다. 그리고 보통은 그것이 진짜인지 가짜인지에 대해서는 그다지 신경 쓰지 않는다. 사람이 조금 더 성숙해지면, 진짜와 진리가 가진 흥미로움을 사랑하게 된다. 사람이 한층 원숙해지면, 젊은이들은 단순하다 혹은 시시하다며 거들떠보지도 않는 진리의 깊이를 기꺼이 사랑하게 된다. 비록 멋이나 기교는 없을지라도 진리야말로 최고의 심원함을 이야기한다는 것을 깨닫게 되기 때문이다. 사람은 이처럼 자신의 깊이에 따라 사랑하는 방법을 달리해간다."

사랑은 사계절과 같다는 말이 떠올랐단다. 나의 학창 시절의 사랑은 봄날 같았지. 뱃속에 수많은 나비가 팔랑거리며 날아다니는 것 같다는 말이 어찌나 절묘한지. 사랑은 그런 설렘만 있는 것인 줄 알았단다. 청소년기를 지나 성인이 되었을 때 만난 사랑은 여름의 열기와 같았어. 뜨겁고 찬란해서 좀처럼 차분해지기 어려운 여름날 해변의 밤공기와 같은 열기였지. 지금의 사랑은 나의 사랑하는 딸, 너를 만나며 더 넓고 깊어졌단다. 가을날 따스한 햇볕에 아름답게 익어가는 농익은 과일같이 나의 사랑에는 감사함, 애틋함, 귀함이 있단다. 내가 한층 더 원숙해지는 날 너를 보내고 홀로 남겨졌을 때, 나는 어떤 사랑을 하고 있을까. 쓸쓸한 겨울 나뭇가지에 소복이 쌓인 하얀 눈꽃처럼 사랑으로 새로운 아름다움을 만들어내고 있길, 예전에는 보이지 않던 길가에 핀 민들레가 소중해진 지금보다 더 세상을 세밀하고 아름답게 사랑하기를.

사랑은 비처럼 내린다 _ 인간적인 너무나 인간적인

"사랑은 어째서 공정성보다 주목받으며 중요하게 여겨지는 것일까? 어째서 사랑에 대해서만큼은 많은 것을 이야기하고 끊임없이 찬미하는 것일까? 공정성이 사랑보다도 더 지적인 것이 아닐까? 사랑은 공정성보다도 훨씬 어리석은 것이 아닐까? 사실, 사랑이 그런 어리석은 것이기에 모든 사람에게 기분 좋은 것이다. 사랑은 영원한 꽃다발을 들고 우매할 만큼 아낌없이 사랑하지 않고는 견딜 수 없다. 그 상대가 누구든 사랑할 가치가 없는 자일지라도, 불공정한 인간일지라도, 사랑을 주어도 절대 감사 따윈 하지 않을 사람일지라도, 비는 선인의 위에도 악인의 위에도 차별하지 않고 내린다. 사랑도 비와 같아서 상대를 선택하지 않고 온몸을 적시고 만다."

공정함과 사랑은 니체의 머릿속 어떤 카테고리에서 마주하게 된 것일까? 처음엔 참 난해했던 단락이야. 곰곰이 생각해 보니 나 역시 사랑의 어리석음에 하늘을 붕붕 떠올랐던 적도 있고, 상대를 선택하지 않고 온몸을 적시는 사랑의 비를 맞아본 적도 있었지. 공정함은 이 세상을 이롭게 하는 것이지만 우매할 만큼 아낌없이 사랑하지 않고 견딜 수 없는 그런 사랑만큼 그렇게 위대할 수는 없더라.

사랑의 성장에 몸을 맞춰라 _ 선악을 넘어서

"성욕에 몸을 맡기는 것은 대단히 위험하다. 본래 진정한 운명이어야 할 사랑은 잊어버리고 오로지 성욕만이 두 사람의 굴레가 되어

버리기 때문이다. 사랑이라는 것은 조금씩 성장해가는 것이다. 무엇보다 성욕을 먼저 뛰어넘지 않으면 안 된다. 사랑의 발달에 한걸음 뒤로 성욕이 동반되는 정도가 적당하다. 그럼으로써 상대도 자신도 깊은 사랑을 육체와 함께 느낄 수 있다. 그것은 마음과 육체 모두가 동시에 행복해지는 길이기도 하다."

사랑에는 여러 얼굴이 있지만, 사랑에서 인간의 육체적인 욕망을 무시할 수는 없단다. 특히 젊은 혈기에는 이성보다 육체의 욕망이 승리하곤 하는데 그 순간의 쾌감은 때론 사랑을 벗어나기도 해. 육체적인 탐닉만이 있는 관계는 남녀 상관없이 허무를 낳을 수 있고, 이런 허무는 정신의 피폐로 이어지더라. 강인한 정신으로 무장되어 있다면 어떤 욕구 앞에서도 쉽사리 무너지지 않을 수 있다고 하지. 강인한 정신은 육체의 근육을 단련하듯 꾸준히 사유하고 고찰하는 삶의 태도에서 길러진단다. 결국 우리가 사랑이란 가면을 쓴 육체적 욕망의 굴레에서 벗어나기 위해서는 사랑에 관한 고찰을 해야만 하는 것이지. 아직 어린 너에게 앞서 당부하자면 너의 사랑을 찾아가는 과정에서 '사랑의 성장에 몸을 맞추는 것'의 중요성을 항상 기억하길 바란다.

여자의 사랑 속에 간직된 사랑 _ 인간적인 너무나 인간적인

"여성은 여러 종류의 애정을 품고 있다. 그리고 그 모든 애정 속에는 반드시 모성애라는 사랑이 포함되어 있다."

엄마가 되기 전 이 문장을 보았다면 물음표를 던졌을 것 같아. 되

돌아보면 난 항상 사랑의 뿌리에는 연민이 존재한다고 생각했단다. 상대를 안타깝게 여기는 마음, 내가 품고 아껴줘야 한다는 마음, 그런 마음이 전제돼야지 사랑이라고 생각했는데 이제는 그것이 모성애란 이름과 유사하다는 것을 알 것 같아. 너도 언젠가 엄마가 된다면 이 마음을 알 수 있을까?

사랑하는 사람은 성장한다 _ 즐거운 지식

"누군가를 사랑하게 되면 자신의 결점이나 마음에 들지 않는 부분을 상대에게 들키지 않으려고 처신한다. 이것은 허영심에서 나오는 것이 아니다. 사랑하는 사람을 상처 주지 않으려는 것이다. 그리고 상대가 언젠가 그것을 알아차리고 혐오감을 갖기 전에 어떻게 해서든 스스로 결점을 고치려고 한다. 이러한 사람은 좋은 인간으로, 어쩌면 신과 비슷한 완전성에 끊임없이 다가가는 인간으로 성장할 수 있다."

니체의 사랑의 핵심에는 자기 극복이 있다고 하지. 사랑을 통해 인간은 자신의 한계를 넘고 더 높은 존재로 나아갈 수 있다고 보았단다. 사랑은 타인을 통해 자신을 창조하는 행위라니. 사랑을 통해 더 높은 곳으로 나아가는 것, 그것은 멋진 지향점이며 참으로 이상적이라고 생각한단다. 사랑을 통해 새로이 나를 발견하는 과정에는 마냥 즐거움과 유쾌함만이 있는 것은 아니지만 자기를 극복하고 진정한 사랑으로 올곧이 나아간다면 그 종착지의 나는 더 높고 깊은 행복을 얻을 수 있겠지. 혼자만의 행복이 아닌 타인의 행복과 공동체의 행복을 바라는 좋은 인간, 신과 비슷한 완전성에 끊임없이 다가가는 인간, 사랑에 대해 고민하고 사랑을 찾기 위해 정진하며 진정한 사랑을 추구하면서 살다 보면 우리는 성장의 정점에 서게 될 것이라 믿는단다.

니체가 건네는 말이 너의 사유에 한 줄기 빛이 될 수도 있을 것이며 반감을 갖고 반론을 갖추게 될 수도 있을 거야. 누구의 사랑에 정답이 있을까? 다만 사랑을 찾아가는 여정에서 영감을 주는 이들을 많이 만나보는 것이 필요하다고 생각한단다. 오늘은 니체였지만 내일은 또 누가 될 것일까? 이 첫 번째 편지를 도화선 삼아 두 번째, 세 번째를 넘어 수십, 수백 통의 편지로 너와 함께할 것을 다짐하며 너와 함께 사랑을 주제로 철학자의 저서를 통해 만날 새로운 사랑을 생각하니 기대감에 심장이 뛰는 것이 느껴졌어. 오랜만에 나의 심장 고동을 느끼며, 너의 사랑이 얼마나 찬란할지 상상하는 기쁨에 몸이 떨린단다. 언젠가 전해질 편지로서나마 사랑을 찾아가는 너의 과정에 함께 할 수 있기를, 내가 조금 욕심을 내보아도 되겠지? 엄마의 사랑이 너에게 위로와 힘이 되기를 바란다.

2025. 5. 21.

바람과 사랑을 담아 엄마가

나의 유토피아

....

　오늘은 2120년 11월 13일이다. 내일이면 나의 140번째 생일을 맞이하게 된다. 그리고 내일은 드디어 내가 영면에 들어가기로 한 날이다. 실은 이 계획은 아직 아무도 모르고 있다. 그저 내일도 조용히 평온하게 맞이하는 작년과 같았던 생일이라고 생각할 것이다. 찻잔 손잡이를 쥐고 있는, 주름졌지만 아직 흔들림 없는 내 손을 한번 바라보고는 앉아 있는 책상 건너편 통유리창 너머 내가 만들고자 했던 나의 유토피아를 바라보며 생각한다. 나는 더 살고 싶은 욕망이 없다. 지금이다. 이제 눈을 감고 이 바통을 그만 넘겨줄 때가 왔다. 그동안 쉴 틈 없이 달려왔고 후회 없이 내 마음대로 살아왔다. 이 눈을 감지 않으면 행복한 베짱이도 못되고는 또 달리려 할 것이고 그것은 절대 좋지 않을 것이다. 책상 위에 고급 가죽으로 만든 두꺼운 노트를 바라보고 다시 한번 창밖을 바라보니 행복했다. 나의 죽음과 함께 계획한 대로 지난 1년간 이 노트에 지나온 내 삶을 글로 만들어 놓았다. 그리고 오늘 마침표를 찍고 노트를 덮었다. 작은 한숨과 함께. 그것으로 이제 되었다. 행복한 기분으로 영원히 잠들 수 있다니 내 맘대로 되었던 나의 삶 중에 이처럼 만족스러움을 느꼈던 적은 없었다.

2025년 6월의 어느 날, 나는 나의 삶이 내 마음대로 되고 있다는 무서운 사실을 깨닫게 되었다. 정확한 시작일은 알 수 없었다. 의식한 것이 2025년 6월의 어느 날이었기 때문이다. 삶이 내가 마음먹은 대로 되어간다고 깨달은 그 순간부터 난 삶에 대한 기록을 시작했고 기록하기 시작한 이후부터는 선명해졌지만, 정확히 그것을 깨닫기 전에는 뭔가 하루가 잘 풀린다는 그런 느낌뿐이었다. 나를 둘러싼 삶의 변화를 깨닫는 것이 늦은 이유는 그날 이전에도 늘 내 맘대로 살아왔다고 생각했고 그 결과가 좋든 나쁘든 내가 감당해야 한다고 나름 담담하게 받아들이며 살아왔기 때문이리라. 어찌 되었든 내가 기억하는 시작은 소소했다. 2025년 6월 초, 아침에 눈을 뜨며 오늘은 딸을 유치원에 제시간에 등원시키리라 마음먹었다. 아이는 유치원을 좋아하면서도 아침에 일어나 집에서 놀다 가고 싶은 욕심을 부려 늘 등원 시간에 전쟁을 치렀다. 등원 전쟁의 결과는 대부분 9시 10분인 등원 시간을 못 지키고 9시 반, 너무 늦을 때는 9시 50분 등원을 마치곤 해서 나의 패배라 볼 수 있었다. 그렇게 등원 전쟁을 치르고 집에 오면 특별한 일정이 없는 날은 텔레비전을 틀어 놓고는 넋을 놓고 앉아 있곤 했다. 그런데 그날은 달랐다. 남편이 새벽에 출근하는 날이라 남편의 자리는 이미 식어있었다. 나는 평소처럼 아이보다 먼저 일어나 간편하게 먹을 수 있는 아침 식사 거리를 준비하다가 7시 50분쯤 일어나 주방으로 달려오는 아이를 반갑게 안아 줬다. 다른 날보다 더 기분이 좋아 보이는 아이가 나를 보며 환히 웃어주며 말했다.

　　"엄마, 오늘은 유치원에 일등으로 갈 거예요!"

"그래? 어떻게 그런 마음을 먹었어? 유치원에 일등으로 가려면 어떻게 해야 하지?"

"음, 지금 먼저 양치하고 세수할게요. 그리고 아침 식사하고 바로 나가면 일등으로 갈 수 있겠죠?"

아침에 일어나 놀잇감을 찾고 하나라도 더 놀려고 미루다가 겨우 아침 먹고 양치하고 옷 입고 나가던 아이였기에 오늘은 참 기특하다는 생각뿐이었다. 아이의 생각이 바뀔세라 함께 서둘러 8시 30분쯤에 집을 나섰다. 내가 늘 바라왔던 등원 장면은 아이와 손을 잡고 오늘 아침의 새로운 나무의 모습, 풀 잎사귀의 변화를 관찰하고 아침부터 부지런한 새들과 개미들에게도 인사하며 때론 놀이터 샛길로 빠져 미끄럼틀 그네를 타는 등 10~15분이면 갈 수 있는 유치원 길을 30~40분 여유 있게 깨어나는 아침 세상을 즐기며 가는 것이었다. 그리고 바로 그날부터 내가 바라왔던 등원 장면이 실현되었다. 등원 길은 더는 나의 에너지를 앗아가는 시간이 아니라 아이와 함께 새로운 행복을 발견하는 시간이 되었다.

그날도 행복하게 하루를 시작하고 내가 마음먹은 계획대로 하루 일정이 잘 흘러가서 늘 미루기만 하던 집안일도 뿌듯하게 마무리하고 아이를 데리러 나갔다. 아이가 좋아하는 자전거를 끌며 유치원으로 가는 길, 멀리 건널목 신호등을 보니 초록 불로 바뀌고 있었다. 난 서둘러 달렸다. 자전거 손잡이를 한 손으로 잡고 자전거 다니는 길로 향하는데 반대편에서 자전거를 타고 오던 아저씨와 부딪힐 뻔했다. 순간 아저씨의 입에서는 내가 평소 쓰지도 듣지도 못했던 욕설이 쏟아져 나왔다. 설마 나에게 그런 건가 싶어 뒤돌아보니 아저씨도 길에 멈춰 서서 내 쪽을 보며 눈을 부라리고 있었다. 그런 부정적인 기운에 나는 기분이 상했고 속으로 '나도 서둘렀던 탓도 있지만, 건널목에서 자전거를 저렇게 타면 안 되잖아? 다시는 저런 사람과 마주치고 싶지 않아. 정말 불쾌해'라고 생각했다. 불쾌한 감정은 쉬이 가라앉지 않았다. 씩씩거리며 유치원 앞에 도착했는데 이런 기분으로 아이와 마주할 수 없다는 생각에 잠시 멈춰 서서 몇 번 심호흡하니 분한 마음이 가라앉고 그 감정을 좀 떨쳐낼 수 있었다. 유치원 선생님께 아이를 인도받아 아이와 도란도란 이야기하니 불쾌함을 모두 날릴 수 있었다. 아이의 학습지 선생님이 오시는 날이라 참새 방앗간처럼 들르는 놀이터에 들르지 않고 아이가 탄 자전거를 끌며 집으로 되돌아가는 길이었다. 구급차 사이렌 소리가 들리고 문제의 건널목 앞에서 경찰이 주변을 차단하고 있었다. 근엄한 경찰이 사람들을 통제하고 인파가 몰려 소란스러운 상황에 자전거를 타고 있는 아이는 겁을 잔뜩 먹었고 그런 아이를 달래며 경찰까지 출동하여 건널목을 차단하고 있는 원인이 무엇인가 싶어 기웃대었다. 얼핏 심하게 구겨진 자전거가 보였고 차 한 대가 주변에 서 있었으며 인도에 가까운 도로변에 운전자로 보이는 여성분이 얼굴이 하얗게 질려 주변 상점에서 빌려 온 듯한 의자에 앉아 경찰과 대화하고 있었다. 웅성거리는 소리에 섞여 제법 큰 교통사고가 있었다는 것을 들었고 그 내용인즉슨 자전거와 차가 충돌했는데 아무래도 자전거를 타고 있던 남자의 실수가 있었던 것 같다는 이야기였다. 내가 건널목에 도착하기 직전 자전거에 타고 있던 남자는 크게 다쳐 구급차에 실려 간 것 같았다. 자전거와 남자. 이 말을 듣고 나는 갑자기 등줄기가 서늘해졌다. 설마 아니겠지 애써 아니리라 생각했지만 좀처럼 나와 부딪힐 뻔한 아저씨에 관한 생각을 떨칠 수 없었다. 내 마음이 그랬다. 난 그 사람과는 다시는 마주치고 싶지 않았다. 그 마음이 이러한 결과를 낳은 것인가? 지금도 그때 그 사고의 피해자, 피의자가 누구인지는 모른다. 내가 생각한 그 아저씨일 수도 있고 아닐 수도 있다. 하지만 중요한 것은 이 사건을 계기로 난 내 마음대로 되어가는 나의 삶을 의식하게 되었다는 것이다. 두려움과 함께.

정말 내가 마음먹은 대로 이루어지는 것일까? 이것을 증명할 방법은 무엇일까? 그 사건 이후 난 두려움을 가지고 움츠러들었다. 그리고 이대로는 안 되니 나의 느낌뿐인 것인지 정말 말도 안 되는 일이 일어나고 있는 것인지 확인을 해 보아야 했다. 내가 원하고 마음을 먹어도 현실적으로 이루기 힘든 일을 계획하여 정말 이루어진다면 확실한 것이리라. 자기 계발이나 동기부여 영상을 보면 나 자신이 바뀌어야 내가 원하는 성공을 이룰 수 있다는 말이 나온다. 늘 변화를 원하지만 정체되어 있던 나는 가끔 동기부여 영상을 보며 자기 위안을 해온 날들이 많았다. 다른 무엇보다 나를 움직이는 것이 어려웠던 이유는 내 마음을 진정으로 움직이는 것이 쉬운 일이 아니었기 때문이다. 어떤 것을 목표로 계획을 세울까 고민하다가 나는 우선 경제적인 자유를 늘 원하였기 때문에 투자 공부를 시작하기로 계획했다. 정말 작은 자본 몇십만 원을 만들어서 이것으로 공부를 하며 6개월 안에 1억을 만들어 보자 계획했다. 이것이 내 마음대로 된다면 내 마음대로의 힘이 증명되는 것이라. 도서관에 가니 투자에 관한 책이 정말 많았다. 그중 저명한 저자의 책들을 몇 권을 선별하여 대여해왔다. 도서관에서 책을 빌려오면 늘 현실적인 문제들에 뒷전이 되어 선반에 쌓아두다 3주가 훌쩍 지나 반납기일에 되돌려주기가 일쑤였다. 이번에는 정말 내 마음대로 될 것인가? 저녁에는 아이와의 일상이 가장 중요하므로 새벽에 일어나서 공부하기로 마음먹었다. 이런 계획도 매번 세웠지만 이루기 힘들었다. 그런데 이번에는 달랐다. 늘 새벽 4시 반에 눈이 떠지고 몇 시간을 자도 푹 자고 일어난 듯 개운하여 책 내용도 머릿속으로 자연스럽게 스며들 듯 그렇게 들어왔다. 그전에는 볼일이 있어 새벽에 나와 있을 때마다 아이는 내 빈자리를 느끼는지 중간마다 깨서는 엄마를 부르곤 했다. 그러나 아이는 중간에 나를 찾지 않고 잘 잤고 7시 반에 약속한 듯이 일어났다. 책을 읽고 생각하면 할수록 머릿속은 더 환해지는 느낌이었다. 오랜만에 하는 공부는 내 머리부터 몸의 발끝까지 모두 깨우는 듯했다. 3주 동안 책을 완독하고 드디어 실전 투자에 나섰다. 내가 투자한 곳은 어떠한 변수 없이 수익을 가져왔다. 초기 몇십만 원이었던 투자금은 몇 주 사이 몇백이 되었고 석 달이 지나자 몇 천으로 불었다. 돈 단위가 커지니 불어나는 속도도 더 커지게 되었다. 그리고 계획대로 6개월 후 난 1억이란 돈을 가질 수 있었다. 그 뒤부터는 더 쉬웠다. 내가 원하던 경제적인 자유로 생계를 위해 규칙적인 일에 메어있지 않으니 내 마음대로 할 수 있는 것이 많았고 경제적으로도 더 여유가 생겼다.

늘 겸손이 미덕이었던 나에게 오만이 생겼다. 그건 나도 모르게 어느새인가 나에게 와있었다. 내 삶의 말도 안 되는 변화 앞에서 두려웠던 마음은 사라진 상태였고 모든 것이 내 마음대로 되는 것이 이제는 당연한 일상이 되었다. 가족에게 경제적으로 베풀 수 있으니 마음도 덜 쓰게 되었다. 아이는 내 마음과 같이 착실하게 커 주고 있었고 남편도 나를 지지해주며 자신의 자리에서 건강하고 성실하게 지냈다. 나는 나의 경제적 성공을 알리는 투자에 관한 책을 썼다. 전공자도 아니고 단지 독학으로 투자를 공부해 이룬 업적을 자랑하고 싶은 마음이 생겼다. 그 당시 원고를 들고 찾아간 백대현 선생님은 그런 나를 보며 무슨 생각을 하셨을까? 선생님은 별말씀 없이 책을 출간해주셨고 내 마음과 같이 책은 제법 유명해졌다. 덕분에 여기저기 불려 다니며 나 자신을 알리게 되었고 내 마음대로의 하루하루를 살며 신이 나 매일 바쁘게 살고 있었다. 되돌아보면 경제적으로는 가장 부유하였지만, 마음은 빈곤했던 내 인생의 암흑기였다. 그래도 이 시기에 나를 한 가지 칭찬한다면 매일 꾸준히 일기를 쓴 것이다. 비록 내 자랑만 가득했던 하루의 기록이었지만. 그렇게 내가 50세 생일을 맞이하던 날이었다. 매달 용돈을 드리며 오히려 얼굴을 잘 못 뵈었던 친정엄마를 오랜만에 뵈었다. 엄마는 몇 주 사이 많이 여위어 있었다.

"엄마 건강검진 받아 보셨어요? 얼굴색이 너무 안 좋아요. 제가 병원에 예약해 드릴게요."

딸의 성공을 누구보다 기뻐한 가장 든든한 응원군인 친정엄마의 안색이 그제야 눈에 들어왔다. 언제나 자신의 건강을 잘 돌보시던 엄마였기에 나는 평소에 크게 신경을 쓰지 않았다. 용돈을 넉넉히 드리니 스스로 잘 챙기시리라 믿음 반 방치 반 그렇게 지내 온 것이다. 지난 몇 주 끔찍이 생각하는 손녀에게도 방문하시는 게 뜸하다 생각은 했지만 대수롭지 않게 넘어갔었다. 일정이 바쁜 나를 위해 남동생이 엄마를 모시고 병원에 다녀왔다. 며칠 뒤 남동생은 청천벽력 같은 소식을 전해왔다. 췌장에 낭종 있는데 악성인지 확인해보기 위해 조직검사를 했다는 것이다. 조직검사 결과가 나오는 며칠 동안 나는 죄책감에 시달렸다. 내가 엄마 건강에 마음을 쓰지 않아서 이기적인 나 때문에 엄마가 고생하신다는 생각에 너무 괴로웠다. 괜찮을 거야 지금 내가 어떤 마음을 먹고 계획을 세울 것인가에 집중하자. 결과가 나오면 엄마가 가고 싶어 하던 네팔에 함께 가자. 15년 전 늘 내가 원하던 것을 이루면 같이 가자고 말씀하셨던 네팔에 가서 엄마가 좋아하시는 등산, 히말라야 트레킹을 하자. 결과를 기다리는 며칠 동안 여행 날짜는 5월로 잡고 엄마도 함께하실 수 있는 난도가 낮은 트레킹 여행에 대해 알아보며 계획을 구체화했다. 엄마가 좋아하실만한 관광지와 쉴 수 있는 장소도 알아보고 여행사에 전화해서 여행 날짜도 잡아갈 무렵 결과가 나왔다. 다행히 아직 악성이 아니라는 결과였다. 나의 마음대로가 통했다. 엄마가 살아계실 동안 6개월에 한 번씩 추적 검사를 해야 하지만 내가 원하던 대로 엄마와의 여행을 갈 수 있게 되었다. 그리고 나는 그동안의 나의 삶을 되돌아보게 되었다. 같잖은 허영심과 오만에 빠져서 벌여왔던 일들을 정리해갔다. 내가 썼던 책들도 다시 읽어보며 이 책이 어떤 파급을 불러왔을지 생각해보았다. 언젠가 백대현 선생님이 말씀하셨던 글 쓰는 사람의 책임에 대해 생각했다. 나의 바람이 실현되며 어떤 나비효과를 불러왔을지 나는 모른다. 그것에 귀를 닫고 눈을 감고 있었으니 짐작할 수도 없다. 물론 나와 너무도 멀리 떨어진 곳에 있기에 나의 마음대로의 힘이 닿지 않는 곳에 있을 것이다. 나는 나의 마음대로의 힘에 한계를 보았다. 내 마음대로의 결과에 대한 책임을 실감하며 다시 두려움을 느꼈다.

네팔은 평화로움 그 자체였다. 많은 이들이 네팔과 히말라야를 오고 싶어 하는지 이해할 수 있었다. 경제적 풍요로움과는 먼 그들의 삶에는 다른 풍족함과 만족이 있었다. 현지에서 만난 사람들의 눈은 남녀노소 상관없이 깊이 빠져들어 갈 수밖에 없는 투명함이 있었다. 엄마가 손녀와 함께하고 싶어 하셔서 아이도 학교를 빠지고 함께했다. 여행 두 달 전부터 엄마와 딸과 나는 여행계획을 함께 살펴보고 날씨가 허락하는 한 등산을 했다. 체력을 키우고 트레킹을 준비하기 위해서였다. 고산병의 위험과 엄마의 체력을 고려해 트레킹 일정은 보름으로 길게 잡았다. 여자들만 보내니 너무 걱정이라던 남편의 염려가 무색하게 셰르파(네팔의 산악지대에 거주하는 민족, 원정을 돕는 사람)의 도움으로 긴 트레킹 여정을 잘 마칠 수 있었다. 그리고 평생 남을 아름다움을 딸과 엄마와 나의 눈과 마음에 깊이 아로새겨 왔다. 누구보다도 내가 세상을 보는 눈이 달라졌음을 느꼈다. 여행의 계기와 여행의 과정이 깊은 사유를 가져왔고 나를 한층 더 성찰시켰다. 경제적인 자유를 떠나 더 높은 자유로 가는 여정이 시작되었다. 진짜 내가 원하던 마음대로의 삶의 시작이었다. 그 뒤로 엄마의 추적 검사 기간을 위해 쉬는 동안마다 세계 곳곳으로의 여행을 계획했고 검사가 끝나면 여행을 떠났다. 엄마가 원하셨던 산티아고 성지순례를 비롯해 다양한 나라를 다녀왔다. 엄마가 90세가 되시던 해에 나의 아이는 성인이 되었다. 우리는 그때까지 함께 세계 여행을 했다. 엄마와 함께하였던 여행의 10년을 책으로 엮어 엄마의 90세 생신 선물로 드렸다. 엄마가 그 책을 받아드시고 내가 본 중 가장 아름답게 웃으시며 말씀하셨다.

"무엇보다도 값진 선물이다."

오로라를 보러 떠난 여행에서 경이로운 오로라를 바라보며 엄마에게 여쭤본 적이 있었다.

"엄마는 어떤 죽음을 원해요?"

엄마는 한참 말이 없으셨다. 얼마의 시간이 지났을까. 이윽고 입을 여셨다.

"지금 이렇게 오로라를 보며 눈을 감는 것도 괜찮겠지. 나는 아쉬움 없이 살아왔단다. 고맙다."

내가 엄마를 더 붙잡아두고 싶었다. 어쩌면 이 또한 내 이기심일 수 있겠구나. 그 순간 나는 엄마의 생을 내 마음대로 하는 것을 멈추었다.

나의 삶이 새롭게 바뀌며 나는 환경에 대해 깊이 생각하였고 내 삶에서 실천할 수 있는 환경 운동을 해왔다. 매우 소극적인 행보였다. 하지만 내가 바뀔 수 있는 것부터 시작하는 것이 가장 실천 가능하다고 생각했었다. 그러던 중 대학생이 된 아이와 퇴직한 남편과 함께 아프리카를 다녀왔다. 대자연과 더불어 그곳의 삶을 보고 온 딸 아이는 적극적인 환경운동과 더불어 보육원 봉사를 시작했다. 나보다 딸아이가 먼저 행동하는 모습에 감동하며 내 아이가 참으로 잘 컸구나! 감사했다. 감사함을 넘어 내가 할 수 있는 것들에 대해 구체적으로 계획하기 시작했다. 계획하기는 내 맘대로의 세상에 살면서 나에게 붙여진 습관이었다. 환경과 내일을 생각하는 아이의 마음을 후원하며 열심히 살아가던 어느 날 나와 딸 아이는 보육원에서 한 아이와 운명적으로 만났다. 다리에 장애가 있는 7세 여자아이였다. 입양 가정에서 두 번이나 파양됐다고 들었다. 7세 어린아이의 눈에는 세파가 묻어있었다. 가슴이 아렸다. 딸아이의 눈빛을 보고 그 어린 여자아이의 눈을 바라보니 그대로 떠날 수 없었다. 위탁 가정을 신청해 그 아이를 위탁하기로 했다. 그것이 시작이었다. 여러 활동을 하며 도움이 필요한 아이들을 만나게 되었고 그 아이들을 위한 일을 고민하기 시작했다. 다행히 우리의 뜻이 알려지고 많은 선한 분들의 도움을 받아 새로운 개념의 대안 교육기관을 설립할 수 있었다. 가정이 없는 아이들에게 좋은 가정을 찾아주는 것보다도 아이들이 스스로 독립할 수 있도록 물심양면 지원을 해주는 교육기관을 목표로 한 곳이었다. 가정의 돌봄이 많이 필요한 어린아이들에게는 안전하고 따뜻한 위탁가정을, 위탁가정에는 일절 교육비를 받지 않고 학교에서 아이의 교육을 담당해주는 것으로 지원했다. 학교 옆에는 환경을 위한 연구소를 설립했다. 연구소 직원 및 교수와 학교 선생님들을 위한 기숙사를 지으며 관리동으로 우리의 집도 지었다. 설립하고 기관을 정상화하는 데는 많은 시간이 소요되었다. 나는 계획을 세우고 내 마음을 담기만 했다. 결과는 좌우하지 않기로 했다. 많은 이들의 선한 의지가 함께 하였으므로 항상 내 기대를 벗어나 더 훌륭한 결과를 가져오곤 했다. 우리의 학교를 졸업한 많은 아이가 세계 각국에서 훌륭한 리더의 역할을 하고 있다. 이것이 바로 내가 바라는 삶, 내 마음대로 된 삶이다.

140의 인생, 감사하게도 참으로 욕심껏 살아왔다. 그사이 많은 이들이 나와 함께했었다. 그중 남아 있는 이들도 있고 나보다 먼저 영면에 들어간 이들도 있다. 먼저 간 이들이 나를 기다리고 있을 것이다. 그들은 나를 기다리며 만족스러운 잠을 자고 있을 것이다. 이제 내 역할은 여기까지다.

내 맘대로의 힘은 나 자신이 분명해지는 순간 비로소 그 힘이 제대로 발휘되었다. 그리고 그 힘으로 나의 사랑하는 가족과 지인들은 그들이 소원하고 바라던 선한 삶을 살고 행복해했다. 나는 나의 유토피아를 보았다.

저승사자 김 씨와 소녀 김 씨

. . . .

20××년 6월 1일 터무니없는

오늘은 정말 터무니없는 사람을 만났다. 나는 죽은 이를 알맞은 곳으로 인도하는 직업을 가진, 사자(死者)를 저승으로 인도하는 사신 (使臣) 김 씨다. 요즘 나는 고민이 많았다. 자꾸 나의 일에서 실수를 하기 때문이다. 오늘도 잘못된 이를 찾아갔다. 명부를 보니 동명이 인이었다. 명부에 기재할 때 주소를 잘못 입력한 것이다. 오늘 잘못 찾아간 이는 '백대현'이라는 무서운 작가였다. 내가 하늘의 명을 받는 사신으로 당신을 데리러 왔다고 정중히 소개하는데 대뜸 까랑까 랑한 목소리로 그럴 리가 없다며 소리 소리를 쳐서 웬만한 일로 놀 래는 일 없는 나를 당황케 했다. 그러고는 자신이 하는 일이 얼마나 중요한지 아직 할 일이 많이 남았음을 절절하게 피력하는 것이 아닌 가. 나는 그간 나의 실수도 있고 하여 진정하라고 다시 확인해 보겠 다고 타이르고는 얼른 명부에 적힌 신상과 일치하는지 물었다. 역시 나 신상이 달랐다. 정말 미안하다며 오늘 일은 그저 꿈으로 지나갈 것이라고 말하고 돌아서려는데 무슨 저승사자가 이런 실수를 하냐 며 한마디 하는 게 아닌가. 순간 나도 울컥하여 나의 괴로움을 쏟아버리듯 털어내고 말았다. (고백하건대 나는 그렇게 감정적이지 않다. 저승 사자의 일을 하기 위해서는 감정의 온도가 늘 일정해야 하므로 감정 역량 강화 훈련을 꾸준히 받아왔고 나의 점수는 우수한 편이었다. 다시 한번 강조하건대 진짜다.)

　나는 죽은 자 중에서도 자살을 한 사람들을 담당하는 자살부에 있다. 처음 자살부에 발령받을 때는 '자살, 즉 자신이 스스로 죽음을 선택한 자들이니 저승사자를 보면 반길 것이 아닌가. 얼마나 꿀 발라 놓은 부서인가.' 하면서 흡족해했었다. 그러나 막상 일을 시작해보니 이들을 맞는 장소에 데려가는 일이 너무도 고되었고 정신적으로도 피폐해졌다. 그들은 자신이 자신의 삶을 포기하고도 미련이 너무도 많았다. 다시 생각해보니 해야 할 일이 있다든가, 자신이 약을 잘못 먹은 것 같다든가, 자신은 자살이 아니라 실족사라든가, 때로는 자신이 누군지조차 몰라 신상을 제대로 확인하기 힘들어 며칠 밤을 새워 서류작업을 하게 한다든가 등등. 이를 극복하기 위해 체력단련과 함께 주기적으로 저승사자 전담 상담사에게 상담을 받았지만 날로 우울감은 커가고 있었다. 내가 쏟아내는 이야기를 묵묵히 듣고 있던 그가 한마디를 했다, "일기를 써보시오." 뭐라고? 일기? 언젠가 상담에서도 비슷한 이야기를 들은 적이 있었던 것 같긴 하다. 하지만 워낙 글쓰기를 싫어하는 나인지라 다른 방법을 더 간구하려고 했었다. 그런데 이자도 같은 이야기를 하네. 글쓰기에 진심인 자의 말이니 속는 셈 치고 써볼까? 이렇게 써보니 마음이 조금 후련해지는 것 같기도?

20××년 6월 6일 저승사자 김 씨의 꿈과 우울

나는 대한민국에서 일하고 있다. 대한민국은 오늘이 현충일이다. 국토방위에 목숨을 바친 이의 충성을 기념하는 날이며 사생취의(捨生取義: 삶을 버리고 의로운 일을 취한다)부가 대한민국을 위해 목숨을 다한 이들을 다시 확인하고 보고해야 하는 날이므로 바빠지는 시기지만 일을 하는 사생취의부 모두 여느 때보다도 즐거워 보인다. 지난 몇십 년 동안 일부 시기를 제외하고는 사생취의부가 가장 한가하다. 그리고 요즘은 다른 어떤 부서보다 자살부가 가장 바쁘다.

저승사자인 나에게도 꿈이 있다. 저승사자도 아무나 못 되는 일이지만 난 검은 옷보다는 위에서 일하는 고위층의 하얀 옷을 입고 싶다. 그러려면 아직 쌓아온 덕이 부족하여 이 일을 통해 덕을 쌓아가야 한다. 저승사자가 하얀 옷을 입는 일은 저승 역사상 전례 없는 일이긴 하다. 저승사자가 되면 관례와 형식에 맞춰 일하다 보니 타성에 젖어 안주하고 굳이 더 높은 곳을 바라는 이들이 없기 때문이다. 나에게 그런 꿈이 생긴 것은 한 위인 때문이다.

100여 년 전 난 저승사자 훈련소에 있었다. 당시에 대한민국은 큰 위기에 빠져 있었지만 그만큼 나라를 위하는 훌륭한 인물들이 많았기에 사생취의부가 정말 바빴던 때였다. 그런 시기에 난 저승사자 훈련생이 되었고 나와 같은 예비 저승사자들에게까지 반향을 불러일으킨 인물, '윤봉길'이 저승에 온 것이다. 물론 이전에도 저승에 큰 반향을 일으킨 인물에 관한 이야기를 왕왕 들었지만 내가 훈련생이 되기 전에 저승에 오신 분들이기에 나와는 별다른 접점이 없었다.

그런데 내가 훈련생이 된 직후 저승에 온 윤봉길 의사는 나에게 특별하게 와 닿았다. 24세란 창창한 나이에 나라를 위해 의연하게 목숨을 바치고 저승에 온 윤봉길 의사의 행보는 나의 가슴 어딘가에 숨어 있던 뜨거운 것을 일깨우는 듯했다. 이승에서 의로운 일을 하고 저승에 온 이들이 가는 곳은 본인이 원하는 곳이다. 다시 이승으로 환생할 수도 있고 저승의 고위직에 남아 있을 수도 있으며 평화로운 안식의 곳으로 갈 수도 있다. 윤봉길은 편안한 곳에서 쉬는 그것보다 자신이 좋은 일에 쓰임 받기를 원했고 저승의 고위직들은 자신의 곁에서 함께 해주기를 간청했다. 정말로 간청했다는 표현이 정확하다. 그분도 자신의 할 일을 이곳에서 보았는지 함께하기로 하고 지금까지 저승을 더욱 의롭게 빛내고 있다. 나의 꿈은 그분의 곁에서 일하는 것이다. 그런데 이놈의 자살부에서 덕을 쌓을 수 있겠는가. 100년이 더 지났지만, 전혀 돌파구가 보이지 않는다. 그것이 나의 우울 원인이다.

20××년 6월 16일 소녀 김 씨(1)

오늘 내가 찾아간 곳은 깊은 슬픔이 있는 곳이었다. 그곳에 발을 디디는 순간부터 눈시울이 붉어질 것 같은 기분이 요동쳐서 잠시 마음을 가다듬었다. 마음을 다스리며 다다른 곳에는 한 소녀가 있었다. 멀리서 본 실루엣마저도 처연해 보이는 왜소한 소녀였다. 조심히 다가가자 소녀가 나를 감정 없는 눈으로 쳐다보고 있었다.

"누구세요?"

"안녕, 난 하늘의 명을 받고 온 사신이란다. 너를 저승으로 이끌기 위해 왔어."

"저승이요? 그럼 죽은 사람을 찾아온다는 귀신, 저승사자 맞죠? 이상하다. 난 아직 약을 안 먹었는데. 며칠 뒤에 먹으려고 했어요. 아직 모아야 할 약의 개수가 있어서."

감정 없는 목소리에 나는 등골이 오싹해졌다. 이런, 또다시 실수했다. 일기를 쓰기 시작한 지 이제 보름이지만 그동안 실수를 한 번도 안 했는데. 명부의 날짜와 병실에 반짝이는 디지털 시계의 날짜를 확인해보니 일주일 전에 온 것이다. 요일만 보고 일주일이나 먼저 사자를 맞이하러 간 것이다. '오 마이 갓!' 뭔가에 홀린 것이 분명하다. 이런 어처구니없는 실수를 했다니. 나는 당황하여 뒷걸음치다 되돌아 달려 나왔다.

20××년 6월 17일 소녀 김 씨(2)

그녀는 단순히 꿈이라 생각할 거야. 비겁하게 도망 온 나는 애써 나를 위로하며 하루를 시작했다. 우선 어제 그 소녀의 명부를 다시 확인했다. 그동안 나는 객관성을 유지한다는 명목으로 명부에 사자의 인생 부분을 한 번도 읽지 않았다. 더군다나 난 나의 명부를 봤기 때문에 사자의 개인사를 깊이 아는 것을 꺼렸다. (저승사자는 이승의 기억이 있으면 안 되므로 자신의 명부를 볼 수 없다. 하지만 난 과거에 우연인지 필연인지 나의 명부를 보게 되었다.) 자살부에 들어온 사자는 자살하여 죽은 것은 당연했으므로 형식적으로 당사자임을 확인할 수 있는 인적 사항과 이끌어야 할 날짜만을 확인했었다. 어쨌든 자살부에서 어린 소녀를 만나는 일은 정말 드문 일이다. 게다가 어제 본 소녀 김 씨는 10살 소녀의 눈빛이 아니었다. 자살하려는 10살 소녀의 사연이 문득 궁금해졌다.

> 「20××년 11월 14일 서울 모 병원에서 1남 2녀 중 장녀로 태어남. 중산층 가정이고 위로 3살 터울인 오빠, 아래로 2살 터울인 여동생이 있음. 6세에 백혈병 발병. 항암치료 후 2년 만에 재발. 유일하게 오빠와 조혈모세포 일부가 일치해 9세에 이식받았으나 완치가 안 됨. 현재 병원에서 일치하는 조혈모세포 기증자를 기다리며 항암치료 중. 아빠는 돈을 더 많이 벌 수 있는 해외에 가서 일하는 중이고 엄마는 시간제 일을 하며 병간호를 하고 있음. 형제들은 외가에 맡겨짐.」

난 명부를 손에 쥐고 한참을 움직일 수 없었다. 명부에 적힌 사자 인생 글을 읽다 보면 영화처럼 사자의 인생이 스쳐 지나간다. 나의 명부를 읽었을 때는 살아나지 않던 영상들이 소녀의 명부를 읽을 때는 마치 바로 내가 그곳에 있는 것처럼 생생히 살아났다.

겨울 저녁 열이 팔팔 오른 딸을 업고 뛰는 아버지의 이마에 송글거리는 땀, 떨리는 손으로 가방을 챙겨 잠에 취한 막내를 안고 눈물 맺힌 첫째의 손을 다짐하듯 잡고 걸음을 재촉하는 엄마의 짝짝이

슬리퍼. 거센 항암치료에 토악질마저도 밥 먹듯 익숙해진 변기에 놓인 까맣게 앙상한 소녀의 손. 마지막이 될 수 있는 항암치료를 위해 소녀가 입원하고 멀리 떠날 아빠와 형제가 방문한 날, 어설프게 개그맨 흉내를 내는 오빠에게 미소를 주고, 소녀는 가보지 못했던 초등학교에 입학한 여동생의 귀여운 열창에 박수를 주고, 아빠의 포옹에 등을 토닥여 주고, 그렇게 멀어지는 가족을 바라보는 창가에 선 소녀의 메마른 뒷모습.

이제 10살 된 소녀였다. 비록 10살이었지만 소녀의 인생의 절반가량은 죽음과 함께해왔다. 소녀의 삶이, 떠날 수밖에 없는 가족을 바라보던 뒷모습이 너무도 처연했다. 나는 생각했다. '내가 소녀를 그곳으로 이끌 수 있을까? 아니 이끄는 것이 맞는 것인가?'

20××년 6월 18일 의로운 죽음, 초라한 죽음

나는 참지 못하고 소녀를 찾아갔다.
"다시 오셨네요?"
다소 반갑게 맞이하는 소녀에게 나는 말 없이 오늘 쓴 내 일기를 들이밀었다. 소녀는 나를 한번 보고 노트를 한번 보고 또 나를 한번 더 보더니 말없이 나의 일기를 읽었다.

『1908년 6월 21일. 내가 태어난 날이다. 저승사자는 자신이 살았던 이승의 기억이 있을 수 없다. 나의 태어난 날을 알게 된 것은 정말 신기한 우연이었다. 아니면 높은 곳에서 만들어 놓은 필연일 수도. 저승사자의 업무처리 방식은 매우 비효율적이었다. 이승의 세계가 발전하면 우리는 뒤늦게 받아들이곤 했는데 내가 저승사자 훈련생이었을 당시 명부 보관소를 대대적으로 개편하고 있었다. 수많은 상자에 담긴 명부를 훈련생들까지 동원되어 옮기고 또 옮겼다. 며칠이 지나자 다들 과부하된 업무에 예민해져 가고 있었다. 아직 훈련생이었기에 이승의 때를 다 벗기지 못했던 터였다. 서로 엇갈려 가며 상자를 옮기던 두 훈련생이 부딪히게 되고 서로를 탓하며 싸움이 일게 되었다. 둘이 들고 있던 상자도 떨어지고 두 상자 안의 명부들이 뒤섞이었다. 옆에 있던 다른 훈련생들이 뜨악하며 둘을 말렸고 다행히 선배 저승사자들이 오기 전에 싸움은 진정이 되었다. 옆에 있던 나는 서둘러 상자를 정리했다. 그때 명부 한 장이 내 눈에 들어왔다. 순간 난 그 명부를 감추었다. 명부를 사사로이 가져가다니 절대 가당치 않은 일이었다. 그러나 이유는 알 수 없었지만 그래야 할 것 같았다. 그날의 일과가 끝나고 숙소가 조용해졌을 때 나는 떨리는 손으로 문제의 명부를 열어보았다.

「1908년 6월 21일 탄생한 김○○, 1910년 아버지가 지병으로 이른 나이에 죽고 김○○은 어머니와 단둘이 생활함. 1913년 어머니마저도 돌림병에 걸리고 치료를 제대로 받지 못하여 죽음. 친인척이 없어 이웃 할머니가 거두어 주었으나 1916년 이웃 할머니도 고령으로 죽음. 고아로 길을 떠돌다 1918년 아사함.」

얼마나 초라한 죽음인가. 나의 참담한 몇 줄짜리 명부를 보게 되고 나서 얼마 후 윤봉길 그분이 저승에 왔다. 저승사자 훈련생들은 그를 모셔온 선배 저승사자가 의기양양하게 가져온 그의 명부를 앞다투어 보았다. 나의 눈에 들어온 그의 탄생일이 뇌리에 박혔다. 우리는 같은 날에 태어났다. 같은 날에 태어난 두 남자의 인생은 너무도 달랐다. 그의 의로운 죽음 옆에 나의 죽음은 너무도 초라하고 억울했다. 난 그를 동경하면서 질투했다. 그리고 자살한 이들을 만나며 너희의 죽음은 사치라 생각했다. 내가 얻을 수 없었던 삶을 너희는 너무도 쉽게 놓는구나. 나는 나의 명부에 적힌 몇 줄을 기억할 뿐 이승에서의 삶에 대한 기억은 전혀 없었다. 하지만 시간이 갈수록 내 안에 깊숙한 곳부터 검은 분노가 차고 있었다. 난 자살한 그들이 그런 곳으로 가는 것은 너무도 당연하다 생각했다. 검은 마음으로 백여 년간 자살한 이들을 이끌었던 난 소녀 김 씨를 만났다. 스스로 죽음을 맞이하려는 소녀의 10년간의 삶은 어떠했던가. 견뎌온 삶이 너무 짧았다고 말할 수 있는가? 소녀가 선택하려고 하는 죽음을 두고 사치를 부리고 있는 것이라고 쉽게 저울질할 수 있는가? 그동안 명부의 신상과 죽음의 날짜와 자살이라는 두 글자만 보고 사자가 사치를 부린 것이라며, 마땅하다며 그곳으로 보낸 나는 옳았던 것이었을까? 그들도 이끌어지기 전 그들의 삶에 대해 들어 줄 누군가를 단 한 명이라도 만나야 했던 것은 아니었을까?』

10살의 소녀가 정신없이 쏟아낸 나의 일기를 읽고 이해를 했을까? 난 소녀의 눈빛으로 일기에 담긴 나의 슬픔과 고뇌를 느꼈음을 알

왔다. 일기를 내려놓고 소녀는 작고 핏기 없는 손으로 조용히 나의 떨리는 손을 감싸 쥐었다. 하얗고 자그마한 소녀의 손을 바라보는데 동그란 물방울에 그 손위에 떨어졌다. 나의 눈에서 눈물이 떨어지고 있었다. 이어 옆에 떨어지는 작고 투명한 물방울, 소녀의 눈에서도 눈물이 흐르고 있었다. 우리는 말 없이 서로를 위해 울어주었다.

20××년 6월 19일 자살하면 가는 곳

난 오랜만에 도서관을 찾았다. 오늘은 소녀의 곁에서 책을 읽어주려고 한다. 어떤 책을 읽어주면 좋을까. 내가 좋아하는 윤동주 시인의 시집 한 권 꺼내 손에 들고 아동 서적이 있는 책장으로 발길을 옮겼다. 처음 눈에 들어온 오 헨리의 『마지막 잎새』를 꺼내고는 강아지를 좋아한다는 소녀를 위해 동물 관련 책을 살펴보자 하다가 언젠가 휴게실을 지나가는 길에 보았던 애니메이션이 문득 떠올랐다. 플랜더스의 개. 그 이야기도 책으로 있을까 찾아보니 필명이 '위다'인 영국 작가가 쓴 글로 그녀를 유명작가로 만들어 준 명작이라고 책 겉표지에 적혀 있었다. 고른 책들을 들고 조금은 설레는 마음으로 소녀에게 갔다.

소녀에게 책을 보여주자 소녀의 눈이 빛났다. 책을 좋아하는 소녀이지만 기운이 없어 자주 못 봤다고 했다. 아빠는 해외에 엄마도 시간제 근무, 형제들은 외가댁에 있으니 책을 읽어주는 이는 많지 못했다. 소녀는 책들을 훑어보더니 플랜더스의 개부터 읽어달라 부탁

했다. 나는 강아지와 소년이 우정을 나누는 귀엽고 아름다운 이야기를 기대하며 낭독을 시작했다.

책을 읽으며 아로아의 아버지의 부당함에 울분이 솟았고 네로의 할아버지가 돌아가셨을 때는 눈물을 닦느라 잠시 책을 내려놓아야 했다. 네로가 성당에서 추위와 외로움에 쓰러지려는 순간 그의 영혼의 친구 파트라슈가 그를 찾아오고 그토록 염원하던 〈십자가에 올려지는 예수〉와 〈십자가에서 내려지는 예수〉 그림이 눈앞에 나타난다. 네로는 자기도 모르게 벌떡 일어서 그림을 향해 두 팔을 내밀었고 아주 기쁜 나머지 눈물이 양 볼을 타고 흘렀다. "아, 드디어 보았어. 정말 굉장한 그림이구나! 하느님, 저는 이제 더 바랄 게 없어요. 감사합니다, 하느님." 네로는 곧 비틀거리며 쓰러졌지만, 눈동자만은 조금도 움직이지 않고 그림을 뚫어질 듯이 바라보았다. 조금 뒤, 구름이 달을 가리자 성당은 다시 어두워졌고 그림이 어둠에 묻히자 네로도 파트라슈도 눈을 감았다. 책이 준 결말의 타격에 나와 소녀는 한동안 감동과 슬픔을 되새길 수밖에 없었다. 각박한 세상에서 힘겹게 살다 파트라슈와 함께 차가운 성당 바닥에서 죽음을 맞이한 네로에게서 나의 죽음을 보았고 파트라슈와 네로와 할아버지를 통해 사랑을 보았다. 그런 죽음 앞에서도 네로는 파트라슈와 함께 있어 감사했고 달빛에 비친 그림 한 점에 진정으로 감사했다. 얼마나 고귀한 영혼인가. 책을 덮고 한참 뒤 소녀에게 기억에 남는 부분이 무어냐고 물어보니 네로가 허름한 목판에 덧붙여 만든 캔버스에 숯으로 온 힘을 다해 그린 그림을 네로의 마지막 희망인 그림 대회에 출품하고 돌아오는 부분이라고 했다.

「네로는 고개를 들어 성당 꼭대기의 높은 탑을 올려다보며 생각했습니다. '그래, 나는 최선을 다했으니까 남은 일은 모두 하나님께 맡기자.'」

그리고는 소녀는 문득 물었다.
"저승사자님이 일기에 쓴, 자살하면 가는 곳은 어떤 곳이에요?"
나는 쉽게 입을 떼지 못했다. 생각의 시간이 흐르고 나는 조금 자신 없는 목소리로 말했다.
"미로 같은 곳이야."
소녀는 나를 바라보고는 더는 묻지 않았다.

20××년 6월 20일 소녀 김 씨의 유서

예전 상담을 할 때 오늘이 너무 힘들 때 한 번씩 유서를 써보라고 권한 적이 있다. 상담을 받을 때 속으로 생각했다. '저 상담사는 무슨 생각이지? 저승사자에게 유서라니.' 지금 와 생각해보니 다른 누구보다 저승사자가 죽음에 대해 깊이 이해하고 성찰하고 있어야 하는 것이 아닌가?
어제 못 읽은 『마지막 잎새』를 들고 소녀를 찾았다. 그녀는 미동 없이 누워 있었다. 나는 갑자기 간담이 서늘해져서 그녀의 코끝에 손을 대었다. 미세한 호흡이 손끝에 느껴지니 나도 모르게 참고 있던 숨을 내쉬었다. 잠들어 있는 소녀의 모습은 유독 하얗게 느껴졌다. 소녀의 침대 옆으로 놓여있는 서랍장에 첫 번째 서랍이 반쯤 열려 있었다. 무심코 서랍을 닫으려는데 딱 보아도 소녀만의 보물을 담아 놓았을 직한 귀여운 상자가 보였다. 충동적으로 상자를 열었다. 자신의 엄마가 먹는 수면제를 소녀가 몰래 한두 알씩 꺼내어 모아놓은 봉지가 보였다. 그리고 곱게 접힌 종이가 보였다. 나는 궁금증을 못 참고 조심히 종이를 펴 보았다.

「엄마, 오늘 엄마가 몰래 우는 것을 보았어요. 마음이 너무 아팠어요. 치료비에 이미 많은 돈을 써서 아빠는 멀리 돈 벌러 가시고, 엄마 늘 바쁘게 일하시는 것을 알아요. 외갓집에서 학교에 다니는 오빠와 동생에게도 정말 미안해요. 제가 떠난다면 우리 가족은 다시 우리 집에 모여 살 수 있겠지요? 전 이제 치료받고 싶지 않아요. 전 정말 괜찮아요. 우리 가족이 있어 행복해요. 그러니 울지 마세요. 사랑해요.」

나는 종이를 고이 접어 다시 넣고는 서랍을 닫았다. 그리고 조용히 되돌아 나왔다.

20××년 6월 21일 생일

오늘은 책을 들고 망설였다. 소녀를 만나러 갈 것인가 말 것인가. 그러나 소녀를 보고 싶은 마음이 커져서 못다 읽은 책을 핑계로 발걸음을 옮겼다. 소녀는 웬일로 발그레 상기된 모습으로 나를 맞아 줬다.

"잠깐만요."

소녀는 한참 부스럭거리다 초코파이 몇 개를 정성스럽게 쌓은 탑에 초를 하나 꽂아 놓고는 기대에 찬 눈빛으로 초코파이 탑을 내 눈앞에 놓았다. 머쓱했지만 그녀의 기대에 화답해 주고 싶어 조용히 초를 바라보다 "후"하고 촛불 끄는 흉내를 냈다. 소녀는 기쁜 듯 손뼉을 치며 "생일 축하해요."라고 말했다.

"고마워. 태어나서 처음 받아 본 케이크구나."

"소원을 비셨어요?"

그녀의 말에 나는 고개를 가로저었다.

"저는 빌었어요. 비록 제 생일은 아니지만."

"그래? 무슨 소원이었는데?"

"내일 꼭 아저씨가 와주시길 빌었어요."

나는 순간 멈칫했다. 망설이는 나의 속마음을 안 것일까? 사무실에 돌아와 일말의 기대를 품고 소녀의 명부를 다시 확인했다. 그러나 죽음의 날짜는 그대로였다.

20××년 6월 22일 이끌 수 없는 길, 기다림의 용기

나는 약속대로 소녀를 찾아갔다. 그리고 말했다.

"오늘이구나."

"네."

아직 소녀의 손에는 알약 봉지가 쥐어져 있었다. 우리는 한동안 그 손을 조용히 바라보았다.

"나는 너를 이끌 수 없단다. 미안하지만 다른 이가 올 거야."

소녀의 눈망울은 커졌고 두려움이 어렸다.

"나는 할 수 없단다."

나는 더는 말을 잇지 못했다. 소녀는 결국 눈물을 흘렸다. 소녀를 말없이 바라보다가 나는 드디어 용기 내어 말했다.

"나를 기다려 줄 수 있겠니?"

소녀는 말없이 고개를 떨구고 있었다.

"나를 기다려 주렴. 반드시 너를 찾아올 거야. 그리고 너는 나를 바로 알아볼 수 있을 거야. 너는 그저 눈 감고 귀 닫고 너만을 생각하며 버티기만 하면 돼. 내가 쓴 일기를 줄게. 힘이 들 때면 꼭 읽으렴. 할 수 있겠니?"

"모르겠어요. 내 마음처럼 시간이 주어질지."

소녀는 힘없이 말했다.

"아니야. 나를 믿어주렴. 너에게 시간을 만들어줄게. 내가 꼭 그리할 것이란다. 넌 그저 매일 나를 찾기만 하면 되는 거야. 만날 때까지. 의심하지 말고. 알았지?"

소녀는 그제야 고개를 들고 나를 보았다. 나의 눈에서 무언가를 찾는 듯했다. 순간이 흐르고 소녀는 일기를 든 내 손을 꼭 잡았다. 힘이 실려 있었다.

"그래, 그래."

나는 소녀를 한참 바라보았다. 그리고 오도카니 위태롭게 서 있는 소녀를 두고 결연히 뒤돌아섰다. 나의 마지막 일기도 그녀에게 전달될 것이다. 난 이 일기의 마침표를 찍고 그를 만나러 갈 것이다. 소녀와의 약속을 이루기 위해.

　나 같은 말단 저승사자가 높은 곳의 고위직을 만나기는 쉽지 않다. 그간 나의 꿈을 지지해 주었던 사생취의부의 선배에게 사정했다. 그는 나의 모든 것을 잃을 것이라 만류했다. 난 그저 그를 보게만 해달라고 빌었다. 그 소녀는 자살한 자의 늪으로 갈 수 없다. 그럴 영혼이 아니다. 그에게 사정하고 또 빌었다. 그는 나의 결심을 읽었는지 방법을 알려주었다. 나는 얼른 길을 떠났다. 마음이 급했다. 어떤 망설임도 없었다. 그리고 드디어 그의 앞에 섰다. 윤봉길 의사는 새하얀 옷을 입고 높은 의자에 앉아 그 밑을 알 수 없는 깊은 눈으로 나를 바라보며 처절한 나의 외침을 조용히 듣고 있었다. 두서없이 쉼 없이 쏟아내는 말들 속에 담긴 나의 간절함이 닿기를. 나는 외치며 바라고 또 바랐다. 나를 조용히 바라보던 윤봉길 의사는 뚜벅뚜벅 나에게 다가왔다. 나에게 오는 그의 한 걸음 한 걸음을 바라보며 그 걸음이 무한히 계속될 것 같다는 생각이 들었을 때, 갑자기 두툼한 손바닥이 내 시야에 들어왔고 난 의식을 잃었다.

　퍼뜩 눈을 떴을 때 나는 저승사자의 기억을 가지고 한 소년의 몸으로 들어가 있었다. 나의 간절함이 그를 움직인 것이다. 다만 김 씨 소녀에 대한 정보는 기억할 수 없었다. 내가 몸에 들어간 소년은 17살이었고 가정의 불화와 집단 따돌림으로 자살을 시도하고 있었다. 그 순간 내가 그의 몸에 들어간 것이다. 소녀를 찾기까지 시간이 필요했다. 나의 조급한 마음과 달리 그 소년과의 삶은 녹록지 않았다.

그의 몸에 들어간 후 소년과 나의 기묘한 동거가 시작되었다. 처음에 그는 나와 함께하는 것에 저항했다. 갑자기 낯선 목소리가 들리니 자신이 미친 것인가 두려웠을 것이다. 소년과 함께하기 위해서 내가 먼저 소년을 이해하는 과정이 필요했다. 마침내 소년이 나를 받아들였을 때, 우리는 서로를 부둥켜안았다. 아픈 영혼의 치유과정이 시작된 것이다. 그는 혼자가 아님에 감사하며 살아가기 시작했다. 여러 번의 위기가 있었지만, 소년이 부정적인 생각에 사로잡힐 때마다 내가 받아온 저승사자 시절의 훈련이 도움이 되었다. 그렇게 소년을 다잡으며 나를 다잡았다. 우리는 서로를 치유하며 하루하루를 살아갔다. 우리에겐 목표가 있었다. 단지 소년의 목숨만 달린 일이 아니었다.

1년이란 시간이 흐르고 드디어 소년이 18세가 되던 해에 집에서 가까운 헌혈 장소를 방문했다. 그곳에서 조혈모세포 기증(골수 기증) 희망 등록을 했다. 혈액을 채취하고 결과를 기다리는 시간이 얼마나 길었던가, 1년의 기다림보다 그 결과를 기다리는 시간이 더 길게만 느껴졌다. 너무나도 길었던 기다림의 시간이 끝나고 연락이 왔다. 소년과 조직적합성항원형(HLA)이 100% 일치하는 환자가 있는데 기증을 해주길 원한다는 연락이었다! 가족이 아닌 사람과 HLA가 일치할 확률은 2만분의 1. 나는 알았다. 이제 소녀 김 씨를 만날 수 있음을. 약속의 때가 왔음을. 이제 소녀를 만나러 가자.

과실나무 한 그루

김민희

. . . .

나의 죽음 앞에서 뜻을 부릴 수 있다면
내게 그런 기회가 주어진다면
작은 묘목 한 그루 심어달라 하겠어

작은 묘목이 과실나무면 좋겠어
오가기 쉬운 곳에 너도, 나도 우리가 모두 좋아할
과실나무를 심어주었으면 좋겠어

뜻을 더 부린다면
나무가 제법 자라 그늘을 드리우게 될 때
편안한 벤치 하나 놔달라고 하겠어

오가는 이들이 벤치에 앉아 쉼을 취하고
더위를 피하고 비를 피하고
책도 읽고 노래도 했으면 좋겠어

봄엔 꽃을 피우고

새들에게 보금자리를 주며
새로운 생명을 바라볼 수 있게

여름엔 초록 바람을 후후 불고
온갖 벌레들이 찾아와 양식을 얻고
무럭무럭 자라는 생물들이 가득할 수 있게

가을엔 탐스러운 과실에 이끌려
새들도 너희들도 찾아오겠지
그렇게 찾아와 달콤한 과실로 한가득 배 채울 수 있게

겨울엔 눈 쌓인 벤치 옆에 새로운 친구가 왔으면
하얗고 동글동글하고 삐죽빼죽한
귀여운 친구와 긴 겨울밤 두런두런 이야기 나눌 수 있게

내가 죽을 때 뜻을 부릴 수 있다면
하얀 가루 되어 어여쁜 과실 묘목과 함께
오가기 좋은 곳에 그리 고이 심어지면 좋겠어

한승용

추억

····

무료했던 고등학교 2학년 시절 나는 재미있는 무언가를 찾기 위해 교실을 어슬렁거리고 있었다. 그러다 문 앞쪽에 있던 초록색 게시판에 한 포스터가 눈에 띄었다. '놀면 통하리? 저게 뭐지?' 포스터를 찬찬히 살펴보고 있는데, 친구가 다가오더니 자기도 이 동아리를 하고 있다고 이야기했다. 자세히 들어보니 여러 학교 학생들이 모여 직접 축제를 기획하고 진행하는 봉사 동아리였다.

그 이야기를 듣자, 머릿속이 찌르르했다. 여기 가면 지루한 일상에 재미있는 일들을 마주할 것 같은 기분이었다. 마침 반 친구들도 꽤 많이 하고 있다는 이야기를 들으니 더 흥미가 갔다. 어차피 봉사 시간도 필요했던 참이라 한번 참가해보기로 마음먹었다.

활동하면서 많은 일이 있었지만, 이 중 특히 기억에 남는 건 두 번째 축제였다.

사건의 시작은 두 번째 축제를 준비하기 위한 회의였다. 그 당시 주제는 '누가 축제를 진행할 것인가?'였다. 모두가 고민하던 중, 선생님은 불쑥 내게 물으셨다. "승용이가 MC 해보는 건 어때?" 나는 그 말을 듣자마자 속으로는 거절할 핑계를 찾았다. 많은 사람 앞에 서는 건 부담스러웠기 때문이다.

그런데 친구들이 하나둘씩 맞장구를 치기 시작했다. 나는 그런 분위기를 거스를 수가 없었다. 잠깐 고민한 끝에 "혼자서는 힘들 것 같아요."라고 말했다. 적절한 회피책을 찾았다고 생각했다.

그런데 한 여자아이가 손을 들며 "그럼, 제가 같이 할게요."라고 말했다. 나는 그 당돌함에 살짝 당황했다. 결국 내 도피 계획은 무산되었다. 그렇게 두 번째 축제의 메인 MC는 우리 둘로 정해졌다.

걱정이 많았지만, 인제 와서 돌이킬 수는 없었다. 우리는 함께 대본을 쓰고 연습을 했다. 같은 학교라 쉬는 시간마다 만날 수 있었다. 그 과정은 힘들었지만, 부스를 운영하지 않아도 된다는 점이 위로가 되었다. 부스를 맡게 되면 점심시간을 제외하면 쉬는 시간도 없을 만큼 바빴기 때문이다.

무대에 오르기 전날부터 심장이 두근거렸다. 실수라도 하면 어쩌나 걱정이 몰려왔다. 지푸라기라도 잡는 심정으로 여러 가지 방법들을 찾아보았다. 우연히 한 글을 봤는데, 청심환을 먹으면 긴장이 풀린다는 내용이 있었다. 하지만, 저혈압을 일으키는 등 부작용이 있을 수 있다는 내용이 밑에 있었다. 나는 그게 더 불안했다.

행사 당일, 무대 뒤에서 친구의 상기된 얼굴이 눈에 띄었지만 애써 괜찮다고 이야기해 주었다. 다른 친구들도 괜히 놀리지만, 나름의 응원을 해 주는 것 같았다. 날씨도 좋아서 마음도 조금은 가벼워졌다.

시간이 점점 다가오고 사람들이 하나둘씩 자리를 채웠다. 시작 바로 직전에는 만석이 되었고, 늦게 온 사람들은 바깥쪽 공간을 채우고 있었다. 우리는 심호흡을 몇 번 하고 나서 천천히 무대 위로 올라갔다. 심장이 쿵쾅거리는 소리가 맴돌고 손발이 얼어붙는 것 같았다. 스스로 '대본에 나온 것만 잘 읽으면 된다.'고 연신 되뇌었다. 그리고 마침내 사람들의 박수와 함성소리를 들으며 무대 위로 올라갔다.

무대 위로 올라가서 객석을 바라보았다. 어림잡아도 백 명은 얼추 넘어 보였다. 한 사람 한 사람 눈을 마주치니, 덜컥 겁이 났다. 혹여나 너무 긴장해서 무대를 망칠까 봐 나의 시선은 얼른 대본에 고정해 두었다. 그런데 점차 시간이 지나니, 메말라갔던 입술이 생기를 되찾기 시작했다.

지금 돌이켜보면, 대본대로 이야기한 것이 아쉽기도 하다. 긴장이 풀렸을 때가 기회였는데, 그때 더 리액션을 다양하게 할 걸 그랬다. 관중과 상호작용을 했다면, 더 즐거운 축제가 되었을 터인데… 비록 아쉬움이 남았지만, 그래도 이때의 경험은 내 나름의 도전이었고, 그것을 극복해 낸 기억이라서 여운이 남는다.

고등학교 2학년 때는 재밌는 일들을 많이도 벌여놨다. 그중에 또 한 가지는 학교 축제에 참여한 기억이다.

겨울을 앞두고 있던 시기였다. 이맘때면 학교에서 축제가 열리곤 했는데, 꾸준히 재미를 찾던 나는 작년처럼 별 생각 없이 참가 신청서를 작성했다. 혼자 하는 건 부담스러워서 여자애 한 명을 꼬드겨서 함께하기로 했다.

무대에서 할 공연을 고민하던 우리는 듀엣곡을 하기로 했다. 남녀였기에 나름대로 승산이 있겠다 싶었다. 여러 좋은 곡이 떠올랐지만,

그중 악동뮤지션의 '그때 그 아이들은'이라는 노래로 결정했다. 노래가 잔잔하니 내성적인 우리랑 딱 맞는 곡인 것 같아 흡족해했다.

그 뒤로 우리는 수업이 끝나면 서둘러 코인노래방으로 가곤 했다. 각자 천 원씩 내고 열 곡을 불렀는데, 마지막 한두 곡을 빼고는 내내 연습을 했다. 사실은 면접을 핑계로 친구랑 노래를 부르면서 놀러 다닌 거에 더 가까웠다.

그렇게 며칠이 지나니 어느덧 면접날이 다가왔다. 친구들 앞에서는 나름 만반의 준비를 했다고 말했지만, 속으로는 알고 있었다. 연습이 턱없이 부족했고, 내 실력도 좋지 않았다는 것을. 그래서인지 수업 시간에도, 밥을 먹는 동안에도 심장이 두근거렸다.

저녁을 먹고 나니, 드디어 면접 시간이 되었다. 우리는 면접 장소인 체육관으로 향했다. 체육관에 들어서자 예상보다 많은 아이가 보였다. 누구는 연습하고, 누구는 구경하며 수다를 떨고 있었다.

다른 아이들의 실력은 대단했다. 특히 같은 반 남자아이들은 랩을 했는데, 면접이 끝나자 모두가 환호성을 질렀다. 그 모습을 보고 나니 숨이 막히는 기분이었다.

마침내 우리 차례가 되었다. 작은 계단을 올라야 했는데, 한 걸음을 떼니 눈앞이 어지럽고 머리는 하얘졌다. 무대 위에서 마이크를 잡고 반주가 나오자 노래를 하기 시작했다. 정신을 차려보니 어느새 노래가 끝나 있었다. 어떻게 노래를 불렀는지조차 기억나지 않는다. 다시 생각해보니 나는 친구 옆에서 가사만 읊조린 것 같았다.

며칠 뒤, 한 통의 전화를 받았다. "어 승용이니?", "아, 네…", "어…. 그렇구나, 혹시 민수 전화번호 아니?" 이 말을 듣자마자 그 자리에 멍하니 서 있었다. 붙은 건 내 친구뿐이었다. 선생님께 문자로 친구 번호를 보내고 나니 자괴감인지 수치심인지 온갖 감정이 밀려왔다.

나중에 친구에게 물어보니, 선생님께서 혼자서 무대에 올라가 줄 수 있냐고 물어보셨다고 했다. 나는 친구가 혼자 무대 위로 올라가면 어쩌나 걱정이 들었다. 다행히 무대에서 친구의 모습은 보지 못했다.

초등학교 6학년은 아픔의 시작이었다. 중학교 입학을 앞둔 나에게 미래는 죽음까지 생각할 만큼 두렵고 무서운 존재였다. 열세 살짜리 아이가 할 만한 생각인지 모르겠지만, 밤이 되어 이불에 누울 때면 초등학교 옥상에서 떨어지는 장면을 종종 상상하곤 했다. 가장 두려웠던 것은 '중학교'라는 낯선 공간이었다. 구체적으로는 그곳에서 만나게 될 새로운 '사람'들이었다.

그런 생각은 6학년 생활 속에서 싹트기 시작했다. 정규학기가 시작되기 전, 내 안에는 알 수 없는 변화가 찾아왔다. 새로운 사람이 들어선 것처럼 스스로 질문을 던지기 시작한 것이다. 시답잖은 거로 이야기를 나누는 아이들을 보며 '쟤들은 저게 재밌나? 쟤들은 왜 저렇게 유치하지, 생각이란 걸 갖고 있긴 한 걸까?' 이런 생각을 하곤 했다. 그러니 나는 점점 아이들과 어울리기가 어려워졌다. 아이들도 그런 나를 눈치챈 듯, 거리를 두는 것 같았다.

학기가 시작되고 일주일쯤 지나자, 나를 제외한 아이들이 다들 친해지는 게 보였다. 그 모습을 보니 조급한 마음이 들었다. 이해되지 않는 아이들 속에서 느낄 답답함보다 혼자가 되는 것이 더 참기 어려웠다. 얼른 친구를 사귀어야겠다는 생각이 가득했다. 그렇다고 무리 지어 있는 아이들에게 가기에는 꺼려졌기에, 나처럼 혼자 있는 친구를 먼저 공략하기로 했다.

선생님의 부름으로 복도 끝에 서 있던 반 친구가 눈에 띄었다. 몇 번 고민하고 망설이다가 용기를 내서 다가가 말을 걸었다. 아마 단순한 안부였을 것이다. 그러나 그 친구의 얼굴에서 약간의 당혹감, 어쩌면 미세한 경멸까지 느껴졌다. 어색해서 그랬을 수도 있겠지만, 그때의 나에게는 작은 충격이었다. '나는 누구에게나 사랑받는 존재가 아니구나.'라는 사실을, 그때 처음으로 깨달았다.

그전까지 나는 누군가를 불편해하는 감정을 마주한 적이 없었다. 그저 아무 생각 없이 아이들과 어울리거나 놀곤 했었다. 이따금 갈등이 일어나기도 했지만, 시간이 지나면 자연히 풀리거나 금세 다시 지내곤 했다. 그런 기대와 달랐던 복도에서의 경험은 내게 작은 트라우마가 되었다. 나는 누군가에게 환영받지 못할 수도 있다는 사실과 그것이 얼마나 큰 불안감을 안겨주는지 알게 되었다.

복도에 서 있던 친구와 짧은 이야기를 나누고 서둘러 자리를 피했다. 내 안에는 형용할 수 없는 불쾌한 감정들이 남았다. 그 후로 사람들과의 관계에서 보이지 않는 벽이 생긴 듯했다. 다른 아이들을 만날 때도, 조별 활동을 할 때도, 짝꿍과 이야기를 나눌 때도 나는 마치 동떨어진 섬처럼 느껴졌다.

무언가 잘못되었다는 사실을 어렴풋이 깨달았다. 내가 남들과 다르게 사람을 대할 때마다 무언가가 나를 위협하는 느낌을 받는다는 것을. 그러한 경험은 '또 다른 나'를 깨어나게 했다.

처음으로 맞닥뜨린 사회적인 비판에 부정적인 자아가 만들어졌다. 시간이 지나자 그것은 통제할 수 없는 괴물처럼 자랐다. 그 괴물은 다른 사람을 만날 때마다 고개를 들었고, 깊은 구덩이에서부터 조금씩 나를 갉아먹는 것만 같았다.

아무리 다가가려 노력을 해도 나는 반 아이들에게 닿지 못했다. 가끔 같이 야구를 하기도 했지만, 그 속에서도 여전히 나는 '함께 하기에는 부적절한 존재'라는 느낌을 받았다. 점점 평범한 아이들의 세계에서 뜯겨 나가고 있었다. 그리고 결국, 나만의 상상과 공상으로 이루어진 세상을 만들 수밖에 없었다. 그것은 바깥의 위협으로부터 나를 지켜주는 안전지대였다. 또한 외로움을 달래주고 끔찍한 현실로부터 도피할 수 있는 유일한 도피처였다.

울타리

····

삶은 마치 여러 울타리에 둘러싸인 것 같습니다. 단순히 공간을 구분 짓는 경계선이 아니라, 우리의 삶을 지키고 자신을 구성하는 더 큰 의미의 울타리를 말합니다. 그것은 외부로부터 우리를 지켜주지만, 바깥에서 보았을 때 한 사람의 정체성을 구성한다는 점에서도 중요합니다. 저 역시 여러 울타리 속에서 지내고 있지만, 그중 가장 소중한 세 가지에 관해서 이야기해 볼까 합니다.

저의 첫 번째 울타리는 '글을 쓰는 나'입니다. 저는 평소에 감정을 잘 드러내지 않습니다. 혹여라도 제 감정이나 생각이 타인에게 불편함을 줄까 봐 걱정하기 때문입니다. 하지만, 저도 사람이기에 매번 생각이나 감정을 억누르며 지낼 수는 없습니다. 그럴 때 글을 쓰면서 솔직한 제 마음을 표현하곤 합니다.

특히 마음이 답답하고 힘들 때, 그 감정에 관해 쓰다 보면 신기하게도 한결 홀가분해집니다. 글을 쓰는 과정에서 그 사건이 주는 감정이 조금씩 옅어져 갑니다. 그러다 보면 '내가 왜 이렇게 힘들어해야 하지? 이게 그렇게까지 아파할 일인가?'라는 의문이 들면서, 이미 지난 일을 붙잡는 행동이 어리석다는 것을 알게 됩니다. 그런 식으로 사건과 당사자, 그리고 나 자신을 제삼자의 시선으로 보게 되면 마음이 편안해지죠.

글이 좋은 이유는 이뿐만이 아닙니다. 이따금 저도 모르고 있던 자신의 새로운 면을 발견한다는 점에서 매력이 있습니다. 가끔은 제가 쓴 글을 보고 놀랄 때도 있는데, 저도 몰랐던 욕망과 충동을 마주할 때 특히 그렇습니다. 또한 표현하기 어려워했던 생각과 감정을 모조리 적어 내고 나면, 속이 시원해지기도 합니다.

글을 쓸 때의 분위기 또한 좋아합니다. 방 안에 노란빛이 나는 스탠드를 켜고 좋아하는 음악을 들으며 혼자 글을 쓸 때면 평온함이 느껴집니다. 세상에는 연필을 쥔 지금의 저와 글자 속에 있는 저만이 존재하는 독특한 느낌도 듭니다. 그것은 평소 반복되는 일상에서 얻을 수 없는 경험이라 더 좋습니다.

이렇게 글을 쓰다 보면, 문득 제 이름이 적힌 책을 내고 싶은 생각이 듭니다. 그런 생각을 하다 보면 불안도 함께 찾아옵니다. 이 길은 불확실하다고 여겨지기 때문이죠. 글을 쓴다고 해서 돈이 되는 것도 아니고, 오히려 눈과 허리만 아파집니다. 물질을 추구하는 것과는 완전히 반대되는 길입니다.

글을 쓴다고 하면 주변 어른들은 종종 제게 묻습니다. "왜 젊은 나이에 취업 준비는 안 하고 그런 걸 하니? 그런 것보다는 차라리 영어를 공부하는 게 더 낫지 않겠니?" 그 말에 저는 되묻고 싶습니다. "그럼 언제 해야 하는데? 취업을 끝내고? 승진 시험을 끝내고? 가정을 꾸리고? 아이를 다 키우고? 은퇴 자금을 마련하고? 직장에서 은퇴하고 노년에?" 하고 싶은 것을 미루기 시작하면, 삶의 일 순위는 꿈이 아니라 현실이 차지하게 됩니다. 더 큰 문제는 양자택일의 문제에서 꿈이 선택지에서 아예 빠져버릴 수 있다는 것입니다. 그러니 무언가를 도전하기에 가장 좋은 시기는 모든 과제를 끝낸 후가 아니라, 바로 지금이라고 생각했습니다.

그래서 저는 아르바이트도 하고 인턴도 하면서, 글을 쓰고 있습니다. 이유는 단순합니다. 글을 쓰는 게 재미있고, 좋기 때문입니다. 저에게 있어 이 울타리는 그 어떤 수단으로도 목적으로 치환할 수 없는 것입니다.

두 번째 울타리는 '노동을 하는 나'입니다. 성인이 된 뒤 저는 꾸준히 아르바이트를 해왔습니다.

스무 살 무렵까지만 해도 돈에 대해서 별다른 생각이 없었습니다. 통장에 잔고가 떨어질 때쯤이면 아버지에게 전화를 걸었고 몇 분 후 계좌를 보면 100만 원이 찍혀 있었거든요. 그 금액에 부러워하는 친구들의 반응을 보면 괜히 어깨가 으쓱해지기도 했습니다.

하지만, 시간이 지날수록 아버지의 돈은 점점 불편해지기 시작했습니다. 제가 번 돈이 아니다 보니 돈의 소중함을 몰랐고 아무 계획 없이 쓰다 보니 돈은 금세 바닥을 드러냈습니다. 얼마 남지 않은 잔고를 보며, 아버지께 어떻게 말씀을 드려야 덜 혼날까 고민을 하는 것은 큰 스트레스였습니다.

무엇보다 중요한 사실은 그 돈이 공짜가 아니었다는 점입니다. 아버지는 제가 일을 하는 대신 그 시간에 공부하길 바라셨고, 그 기대의 대가로 돈을 주었습니다. 그러나 제 성적은 그만큼의 성과를 내지 못했습니다. 그건 말 못 할 죄책감을 안겨주었죠.

또한 성인이 되어서 받는 돈은 자유의 크기를 결정지었습니다. 부모님의 그늘에 머무는 만큼 제 생활은 편했지만, 그만큼 부모님의 눈치를 봐야 했습니다. 그것은 때론 제 삶에 영향을 미치곤 했는데, 진로를 고민할 때에도 부모님의 시선을 고려하지 않으면 안 될 것처럼 느껴졌습니다. 당시에 저는 이 문제를 명확하게 알지 못했습니다. 다만, 한 가지 확실한 건 그 돈이 목줄처럼 느껴졌고, 시간이 갈수록 그런 답답함을 견디는 게 힘들어졌다는 것입니다.

그래서 스물한 살이 되던 해, 처음으로 아르바이트를 시작했습니다. 아무것도 모르던 저는 겁도 없이 편의점 야간 아르바이트를 지원했습니다. 야간에 일하는 건 생각보다 더 힘들었습니다. 우선 일을 하려면 낮에 잠을 자야 했는데, 도무지 잠이 오지 않았습니다. 쏟아지는 졸음을 이겨내며 일을 끝내고 집에 와서 잠을 자면, 다음 일상이 완전히 망가지게 되었습니다.

그때 처음으로 아버지의 입장을 생각해 보았습니다. 젊은 시절, 아버지는 어떻게 밤을 새워 일하셨을까. 아버지가 짊어져야 했던 삶의 무게를 간접적으로나마 느끼게 되었습니다. 그리고 남의 돈을 번다는 것이 얼마나 어려운 일인지, 직접 일을 해보고 나서야 어렴풋이 깨달았습니다.

그 후로 제 생활은 완전히 달라졌습니다. 이듬해 여름에는 카페에서 잠깐 일했고, 겨울에는 졸업할 때까지 2년 반 동안 편의점에서 꾸준히 일했습니다. 자유롭게 쓸 수 있는 시간은 줄어들었지만, 그만큼 심리적인 자유는 늘어났습니다. 내 힘으로 돈을 벌며 자신을 책임진다는 감각은 또한 자부심을 안겨주었습니다. 동시에 아버지의 기대도 조금은 내려놓을 수 있었고, 이 경험은 훗날 제 삶의 중요한 선택을 하는 데 큰 영향을 미쳤습니다.

세 번째 울타리는 '관계의 한가운데 선 나'입니다. 저는 늘 누군가의 관계 안에서 존재해 왔습니다. 특히 가족, 연인, 친구는 지금의 저를 이루는 중요한 울타리입니다.

가족 안에서 많은 것을 받으며 자라왔습니다. 아버지는 제가 안심하며 머물 수 있는 공간을 만들어주셨습니다. 어머니는 늘 다양한 집안일로 가족의 일상을 보살펴주십니다. 나이 차이가 크지 않은 동생과 하는 고민이 비슷해 함께 있으면 마음이 놓입니다. 이처럼 가족이라는 공동체는 나에게 심리적이고 경제적인 든든한 안전처가 되어줍니다.

그래서 저는 받은 만큼 돌려주고 싶어졌습니다. 저에게는 집안일이 가족을 도울 수 있는 일이었습니다. 처음에는 어머니를 도와주려는 생각에서 시작했지만, 이제는 단순히 해야 하는 일을 넘어서서, 가족이라는 작은 사회 안에서 내가 도움을 주고 무언가를 이바지한다는 생각이 들어서 나름의 의미를 느낍니다.

친구와의 관계에서 저에게 중요한 것은 편안함에 달려 있습니다. 말 그대로 마음이 편안해지는 사람과 친구를 맺을 수 있습니다. 혹은 가족에게 보이지 않은 면을 드러낼 수 있는지의 여부에 달려 있기도 합니다.

친구들과 같이 술을 먹을 때, 그동안 나누지 못한 근황과 소소한 농담을 주고받습니다. 그때 저는 가족에게는 말하지 않는 걱정이나 바보 같은 모습 혹은 조금은 엉뚱한 면을 보여줍니다. 친구들은 그런 저를 바보 같다는 눈초리를 주지만, 속에는 즐거움이 담겨 있다는 것을 알 수 있습니다. 저는 그런 친구들의 반응을 보면서 남다른 행복을 경험합니다.

애인과의 관계는 결이 약간은 다르다고 생각합니다. 저에게는 좀 더 은밀하거나 어리숙한 면을 스스럼없이 보여준다는 점이 중요합니다. 그럴 때 스스로가 나이를 덜 먹은 아이처럼 느껴지기도 하는데, 애인 역시 제 앞에서는 미숙하고 조금은 바보처럼 보일 때가 있습니다. 그럼 저는 짧게나마 부모가 된 듯한 착각이 들기도 합니다. 그 아이를 애정하면서도 지켜주거나 위해줘야겠다는 마음이 들죠. 어쩌면 연인 관계는 서로에게 부모가 되고 아이가 되는 과정을 끊임없이 오가는 관계일지도 모른다고 생각합니다. 저는 그것이 가장 깊은 울타리를 만드는 작업이 아닐까 합니다.

이처럼 글을 쓰고, 노동하며, 관계를 맺는 것 모두가 제 삶을 이루는 중요한 울타리입니다. 순위를 임의로 매기기는 했지만, 지금의 저에게 있어서 이 세 가지는 없어서는 안 될 소중한 것들입니다.

질문

....

대학교에 입학했을 때 사회학과를 전공으로 선택했습니다. 사회학에 특별한 열정이 있던 것은 아니었어요. 남들 모두 대학을 가니 저도 따라가야 할 것 같았고, 성적에 맞춰 별생각 없이 선택한 전공이었습니다. 하지만, 제 관심 분야가 아니었기에 수업을 듣는 내내 딴생각에 빠지기 일쑤였고, 공부 역시 제 관심에는 벗어나 있었습니다. 그러다 보니 성적도 학사 경고를 받을 정도로 처참했습니다.

이대로 가면 정말 제 인생이 망할 것 같은 생각이 들었어요. 혼자서 진지하게 고민을 했더니 어차피 대학은 다녀야 한다면 전공이라도 제가 하고 싶은 걸 하는 게 낫겠다 싶었죠. 저는 스스로 질문을 던지기 시작했습니다. '내가 정말 배우고 싶은 것은 무엇일까? 전공은 꼭 취업을 생각해서 골라야만 할까?' 그러다 문득 다른 친구들은 어떤 기준을 가지고 전공을 선택했는지 궁금해졌습니다. 물어보니 대부분은 취업을 기준으로 전공을 정했습니다.

이런 이야기를 들을수록 불편해졌습니다. 저는 그런 삶의 방식이 맘에 들지 않았거든요. 인생에는 취업보다 분명 더 중요한 게 있어

보였습니다. 그건 어른들이 바라는 희망 사항이지 우리의 꿈은 아닌 것 같았습니다. 또한 돈이란 무언가를 위한 도구이지 삶의 최종 목표가 되기에는 어려워 보였거든요.

그렇지만 하루아침에 그런 생각을 떨쳐낼 수는 없었습니다. 저도 오랫동안 돈이 중요하다는 가치 속에서 살아왔기에, 취업이 잘 될 것 같은 전공을 골라야만 할 것 같았습니다. 결국 저는 사회복지학과로 전공을 바꿨습니다. 하지만 이 선택도 오래가지 못했습니다. 수업에 관심이 없으니 모니터만 켜놓고 휴대폰만 보곤 했거든요.

이렇게 고민이 많던 시기에 우연히 법륜 스님의 즉문즉설 영상을 보게 되었습니다. '주인이 되려면'이라는 썸네일에 얼른 영상을 클릭하게 되었습니다. 영상 속 스님이 말씀하시길 "내가 원하는 게 있는데, 다른 사람들의 말을 듣는 건 노예와 같다."라고 하셨습니다. "그럼 어떻게 주인이 되는가?"라고 하니, "그 누가 뭐라고 해도 '알겠습니다. 감사합니다.'하고, 그냥 내가 원하는 걸 선택하면 된다"라고 하셨죠. 저는 자유인이고 성인이니 그럴 권리가 있다는 것입니다. 다소 급진적인 표현이었지만, 제 처지를 이해해 주는 것 같아 많은 위로를 받았죠.

스님의 말씀은 저에게 해방감을 주었습니다. 사실 부모님이 좋아할 만한 것을 선택해야 하다는 압박을 은연중에 받고 있었습니다. 그것은 제가 원하는 것을 선택하고 싶다는 욕구와 충돌해 이도 저도 못하는 상황을 만들었죠. 하지만 저는 성인이고 자유로울 권리가 있으므로 모든 선택에 있어서 부모님을 고려할 필요가 없다는 생각이 들었습니다.

또한 당시 저는 아르바이트로 생활비를 벌고 있었는데, 이건 제 생각에 힘을 불어넣는 역할을 했습니다. 스스로가 삶을 책임지고 있다는 느낌은 부모님의 말씀을 따라야 할 할 이유를 옅게 만들어 주었습니다. 그제야 외면했던 마음의 소리에 귀를 기울일 수 있었습니다.

이 시기에 비슷한 결의 책을 접하면서 돈이 전부가 아니라는 사실을 알았습니다. 살기 위해서 돈은 필수이지만, 그렇다고 삶의 유일한 목적이 될 수는 없었습니다. 돈은 우리가 바라는 조건을 쉽게 이룰 방법을 줄 뿐이었죠. 그래서 저는 사람들이 말하는 대로 좋은 대학을 가고 안정적인 직장을 얻는 획일화된 삶이 불편하게 느껴졌던 것입니다. 하지만 왜 우리 사회는 이런 가치를 계속해서 중요시하는 건지 궁금해졌습니다. 돈과 자본은 무엇이고, 이건 왜 우리의 삶의 방식에 영향을 미치는 걸까. 이런 의문은 자연스레 자본주의를 알고 싶다는 욕구로 이어졌고 경제학을 공부하면 답을 찾을 수 있지 않을까 하는 기대가 생겼습니다.

이번에는 서두르지 않았습니다. 지난 경험을 교훈 삼아, 전공을 변경하기 전에 먼저 거시경제 원론, 경제수학 같은 기초 수업을 수

강했습니다. 뜻밖에도 경제학은 흥미로웠고, 이해도 잘 되었습니다. 1학년 때 처음 접했을 땐 단순한 수식과 그래프의 나열처럼 보였지만, 다시 마주했을 때는 수학을 통해 세상의 원리를 설명하는 학문이었습니다. 비록 원했던 답을 얻은 건 아니지만, 경제학을 전공한 덕에 관심이 있는 분야의 책을 접할 기회가 많아졌습니다.

전공 변경 후 제 삶은 180도 달라졌습니다. 학사 경고 수준이던 성적은 4점대로 올랐고, 교내외 장학금도 받아 친구와 일본 여행도 다녀왔습니다. 예전에는 상상하지도 못했던 경험이었습니다. 이후 학업을 안정적으로 이어가 마침내 무사히 대학을 졸업할 수 있었습니다.

물론 성적이나 장학금 같은 보상도 좋았지만, 그것이 전부는 아니었습니다. 정해진 답이 없는 질문을 좇아 가는 것이 더 의미가 있다는 사실을 깨달은 점이 더 중요했습니다. 취업을 고려해 억지로 전공을 선택했다면 저는 질문하는 힘 자체를 잃었을지도 모릅니다. 그럼 제 삶의 생생함은 사막처럼 변했을 것입니다. 이미 답이 정해진 삶에는 질문이 자리 잡을 틈이 없었을 테니까요.

나에게 맞는 길

....

저는 스스로 맞는 방법을 찾으면 많은 것을 해냅니다. 다만, 그것을 찾을 때까지는 많은 시행착오를 거쳐야 하는 단점도 있습니다. 그리고 이 사실은 영어 공부를 하는 과정에서 알게 되었습니다. 그 경험을 통해 '내가 현재 할 수 있는 것을 꾸준하게 하는 것이 정답'이라는 단순한 교훈을 얻게 되었습니다.

코로나19 팬데믹이 시작된 지 1년 후였습니다. 재택근무와 온라인 강의가 일상이 되면서 저의 대학 생활도 2학년이라는 이른 시기에 막을 내리게 되었죠. 워낙 집돌이인 저에게 집에서 이것은 축복이었지만, 종일 방안에만 있는 것에 금세 싫증을 느꼈습니다.

수업이 없는 날은 물론, 설령 있더라도 듣지 않고 뒹굴뒹굴하는 시간이 늘어났습니다. 무의미한 시간이 점점 쌓여가니 스스로가 한심하게 느껴지기 시작했습니다. 계속해서 늘어져 있는 모습이 싫었던 저는, 무언가에 도전해보기로 했습니다. 그것이 바로 영어공부였죠.

영어는 예전부터 저를 괴롭히는 데 능숙한 과목이었습니다. 수능

특강에 나온 영어를 아무리 읽고, 분석을 해봐도 좀처럼 이해가 되지 않았습니다. 제 성적도 반 평균을 맴돌고 있었습니다. 그런 저는 언제나 영어를 잘하고 싶은 마음을 가지고 있었다. 당시에 제 관심을 끌었던 것은 영어 원서 읽기였습니다. 책에 흥미를 붙이기 시작한 터라, 영어로 책을 읽는다는 것이 굉장히 매력적으로 느껴졌습니다. 더욱이 SNS에서 영어 원서에 도전하거나 완독한 사람들을 보면 그 모습이 부럽고 멋있어 보였습니다. 저는 영어로 된 책을 읽었을 때 얻게 될 '스마트한 이미지'를 동경했습니다.

그렇게 영어 원서 읽기를 시작했습니다. 첫 원서로 동생 방 책장에 놓여있는 책을 골랐습니다. 미국 청소년들이 읽는 책이라 당연히 술술 읽힐 거라 기대하며 첫 장을 읽기 시작했습니다. 하지만 몇 문장을 읽나 싶더니 곧장 책을 덮어버렸습니다. 제 수준으로는 도저히 읽을 수 없었습니다. 모르는 단어가 너무 많았고, 일일이 찾아가며 읽기에는 시간도 모자랐습니다.

하지만 저는 제 실력을 쉽게 받아들일 수 없었습니다. 공부를 통해 부족한 실력을 키우기보다, 오히려 책이 잘못되었다고 생각했죠. 그래서 이 책 저 책 쥐잡듯이 뒤져가며 읽기 시작했습니다. 혹은, 원서를 읽는 방법 자체가 잘못되었다고 여겨 좋은 독서법을 찾아 헤매고 있었습니다.

그렇게 며칠을 헛발질만 하다가 문득 깨달은 것이 있었습니다. 수

많은 정보들 속에는 단 한 가지 공통점이 있었습니다. 그것은 바로 '본인의 수준에 맞는 책을 읽어야 한다'는 것입니다. 심리학 책에서 본 '골디락스 존'이 떠올랐습니다. 본인의 수준보다 너무 쉽거나 어렵지 않은 과제를 할 때, 가장 큰 만족을 느끼고 몰입할 수 있다는 개념이었습니다. 제가 여태 고른 원서들은 모두 골디락스 존을 한참 벗어나 있었습니다. 저는 지금까지 외면해 온 이 단순한 사실을 받아들일 수밖에 없었습니다.

어쩔 수가 없었습니다. 제 수준에 맞는 책들은 전혀 매력적이지 않았죠. 타인의 시선에 맞추어 봤을 때, 그것은 멋있어 보이지 않았다고 여긴 겁니다. 저는 영어를 잘 하고 싶었던 게 아니라, 그런 이미지를 갖고 싶었던 겁니다. 하지만 그 허상이 오히려 독이 될 수 있다는 사실을 알게 되었습니다.

뒤늦게나마 제 수준에 맞는 책을 읽어야겠다는 생각이 들었습니다. 낮은 난도의 영어 원서를 어디서 구해야 할지 고민하던 와중, 도서관에 어린이용 도서 코너가 있는 것이 생각났습니다. 그곳에 가면 제가 원하던 것이 있을 것 같았죠. 서둘러 도서관에 가보니, 알록달록한 표지와 익숙한 제목을 가진 어린이용 영어 원서들이 가득하였습니다. 저는 그중 한 권을 집어 들어 그 자리에서 읽기 시작했습니다. 내용도 어렵지 않고, 무엇보다 단어를 많이 찾을 필요도 없었습니다.

처음에는 문학책을 빌려 읽기 시작했습니다. 막상 읽어보니 그다지 흥미를 느끼지 못했습니다. 고민하다가, 밑 선반에 있는 비문학 시리즈 책들이 눈에 띄었습니다. 우주, 생물, 사물 등 여러 분야에 대해 파트별로 쓰인 책들이 시리즈였는데 책을 집어 살짝 읽어보니 딱 맞는다는 생각이 들었습니다. 한 권 두 권 읽다 보니 두세 달이 지나자 읽은 책이 백 권 가까이가 되었습니다. 백 권에서 오는 자부심도 있었지만, 영어를 해석하지 않아도 직관적으로 이해가 되는 문장이 늘어난 것이 더 큰 수확이었습니다. 그건 놀라운 경험이었는데, 학교에서 해석을 강조한 것과 달리 해석은 영어 실력의 필수가 아니라 조건에 불과했다는 사실을 알았기 때문입니다.

자신감을 얻은 저는 난이도를 올려 DK에서 출판한 심리학책에 도전했습니다. 지금 보면 무모한 도전이었습니다. 모르는 단어만 찾아서 읽었는데 그 수가 4천 개가 넘었고, 완독에 걸리는 시간도 두 달이 걸렸습니다. 그런데 신기하게도 그 한 권을 읽고 나니, 다음으로 선택한 경제학 책은 읽기가 훨씬 수월했습니다. 모르는 단어 수도 줄었고, 읽는 속도도 더 빨라졌습니다. 그렇게 다른 전공 관련 책들도 읽기 시작했습니다.

몇 년이 지난 지금은 자기 계발서 같은 책은 마음만 먹으면 일주일 안에 읽을 수 있습니다. 아이패드로 단어를 찾아가며 읽다 보면, 이제는 해석하지 않아도 이해되는 문장이 많아졌습니다. 이 방법이 정말 효과가 있는지 궁금해서 해마다 토익 시험을 봤는데 처음에는 신발 크기와 비슷했던 성적이 시험마다 200~300점씩 올랐습니다. 이건 제 방식이 틀리지 않았다는 증거였죠.

결국 중요한 건 '이미지'가 아니라 '저에게 맞는 길'이었습니다. 타인의 눈치에서 벗어나지 못하고, 제 실력을 있는 그대로 인정하지 않았다면, 저는 영어를 인생에서 지워버렸을지도 모릅니다.

남들은 심지어 부모님조차도 책을 읽는 저를 보며, "그거 읽어도 영어 못하잖아"라며 말했습니다. 당시에는 저도 흔들렸습니다. 실력이 빠르게 오르지 않기 때문이죠. 근데 지금은 압니다. 그게 중요한 게 아니라는 것을. 더 중요한 건 빠른 결과물이 아니라 꾸준함에 있었습니다. 그리고 그 방식은 사람마다 차이가 있습니다. 저에게는 원서를 읽으면서 재미있게 영어를 접하는 것이 맞았고, 그 덕에 꾸준히 할 수 있었습니다.

별과 사랑

••••

내가 생각하는 사랑은 밤하늘에 흩어진 별들과 많이 닮았어. 별은 서로 멀리 떨어져 있지만, 각자의 자리에서 묵묵히 빛을 내지. 그런 별을 보고 있으면, 문득 사람을 떠올리게 돼. 사람마다 모습과 마음이 다르듯, 이 세상에 똑같은 별은 없으니까. 칼 세이건의 『코스모스』에선 사람은 별에서 왔다고 하잖아? 별의 가루가 우리의 몸을 구성하는 원자와 같다고 하니까.

그럼, 별이 사람이라는 건 알겠어. 근데, 별이 왜 사랑인 걸까?

우주는 차갑고 텅 빈 공간이야. 때론 사람들 사이의 관계도 그렇지. 서로에게 무관심하고, 보이지 않는 벽이 사이를 가로막는 것처럼 느껴지기도 해. 하지만 모든 우주가 차갑기만 한 건 아니야. 그중 가장 따뜻한 곳이 있는데, 바로 별이 있는 자리야. 별은 자신의 수소를 태워 빛과 에너지를 내뿜어. 그 에너지는 생명을 탄생시키는 역할을 하지.

내가 어렸을 때 우리 아빠는 늘 야근을 하셨어. 그래야 돈을 많이 벌 수 있었거든. 그런데 어느 날 내가 온몸에 열이 나고 두드러기가 났어. 밤새 잠도 못 자고 끙끙거렸지. 근데 아빠는 피곤할 법한데도 나를 간호해 주신 거야. 수건을 물에 적셔 몸을 닦아주고, 미지근해지면 다시 차갑게 해 내 몸을 식혀줬어. 그의 밤샘 노력 덕분에 내 몸은 점점 나아졌지. 사람이 다른 사람을 위할 때 쏟는 힘은 정말 대단하다는 걸 그때 알았어. 아버지는 마치 별처럼 보였지.

하지만 모든 별이 영원히 빛나는 건 아니야. 어떤 별은 서서히 식어가며 조용히 사라지고, 어떤 별은 마지막 순간에 모든 것을 터뜨리며 폭발해 버려. 마치 오래 억눌린 감정이 한순간에 쏟아지듯 말이야.

어떤 별들은 자신의 무게를 견디지 못하고 무너져버릴 때가 있어. 블랙홀처럼 주변의 모든 것을 집어삼키기 시작해. 심지어 다른 별이 내는 한 줄기 빛마저도. 사람도 상처를 받아 마음이 닫히면, 사랑할 힘을 잃어버려. 모든 걸 자신의 탓으로 돌리기도 하고, 혹은 그 감정을 참지 못해서 폭발하기도 해. 누군가는 스스로 생명을 포기하고, 누군가는 타인의 생명을 앗아가기도 하지.

결국, 이 모든 건 사랑이 부족해서 생기는 문제야. 나는 우리 사회를 볼 때마다 사랑의 온도가 낮다고 느껴져. 사랑은 사치고, 쓸모없고, 무의미한 것이 되어가. 우리는 다른 사람을 사랑하는 대신 경계하라고 배워. 친구는 제쳐야 할 경쟁자고, 동료는 나를 해칠 수 있으니 거리를 두어야 한다고. 부모는 자식에게 짐이 되지 않으려 애쓰고, 자식은 부모의 기대를 저버려선 안 된다는 압박 속에서 살아가.

그런 사회에서 사랑한다는 건, 차가운 우주에서 홀로 빛을 내려는 시도와 같아. 때로는 외롭고, 절망적일 수 있지. 그렇지만, 포기할 필요는 없어. 바로 그 시도가 또 다른 사랑을 탄생시킬 수 있기 때문이야.

죽은 별들이 남긴 잔해로 새로운 별이 생겨나듯, 우리의 사랑이 다른 사람을 변화시킬 수 있어. 사랑을 잃어버린 사람들은 그것이 필요 없어서 외면하는 게 아니야. 사실은 그들도 사랑하고 싶다는 걸 알고 있어. 다만 그럴 용기와 자신이 없을 뿐이야. 그들도 어쩌면 누군가의 작은 빛을 애타게 기다리고 있었던 건 아닐까.

그러니 누군가가 아주 작은 빛이라도 내기 시작하면, 식어버렸던 별들도 서서히 변하게 될 거야. 물론, 얼어붙은 별을 다시 데우는 건 힘겨운 일이야. 그래서 우리들의 시도는 종종 좌절될 수도 있어. 그래도 포기하지 않았으면 해. 사랑이란, 우주에서 인간이 가진 위대한 능력을 발휘하는 것이니까.

우리의 빛에 감화된 별들이 하나둘씩 다시 빛을 내기 시작하면, 밤하늘엔 새로운 별자리가 만들어져. 사람과 사람이 다시 연결되는 거야. 유대와 공동체, 그리고 내면을 넘어선 인간적인 성장이 거기서 시작되는 거지. 그런 별들이 만들어내는 별자리들은 무궁무진할 수 있어. 이 세상에 똑같은 별은 없거든. 네가 누구를 만나든, 어디를 가든 사랑을 잃지만 않는다면, 너의 삶은 다양한 별자리들로 훨씬 더 풍부해질 거야.

너희들도 별처럼 스스로 빛을 냈으면 해. 그 빛이 자신을 넘어서 타인에게, 타인을 넘어 가족에게, 더 나아가 세상과 자연 그리고 우주 전체로 확장되어 갈 때, 너는 아주 큰 빛을 내는 별이 되어 있을 거야. 사람은 자기 자신보다 다른 존재를 위할 때 더 큰 힘을 발휘하거든. 그렇게 빛나는 별이 가진 영향력은 상상 이상이지.

나는 너희들이 용기를 내 그런 삶을 살아봤으면 해. 그것이 너희에게 삶의 진정한 의미가 되어주고, 때로는 너희를 지켜주는 든든한 울타리가 되어줄 거야. 그러니 자신의 삶과 그 속에서 만나는 모든 것들을 마음껏 사랑하면서 살아가길 바라.

익숙함의 경계에서

....

산과 산을 가로지르는 비좁은 경계선이 있다. 작은 평지와 개울이 맞물려 산을 구분 짓는 그 경계에서, 나는 매일 새벽을 맞이한다. 그에 맞춰 새소리가 들린다. 도심의 소음과는 전혀 다른 결이라서, 내가 도시를 벗어났다는 사실을 일깨워준다. 나는 그만큼 외딴곳에서 지내고 있다.

산골은 습기가 많아 자주 안개가 낀다. 산의 품에서 빠져나오지 못한 물방울들이 공기처럼 주변을 뒤덮는다. 나는 창에 맺힌 이슬과 저 멀리 허여멀게진 산을 보면서 아침을 시작한다.

매번 눈을 뜰 때마다, 오감을 깨우는 흙냄새가 퍼진다. 그 냄새를 가만히 맡고 있으면 마음속에는 다양한 감정이 피어난다. 마치 시간이 멈춘 듯한 고요함이 들기도 하고, 생명이 다시 시작되는 것 같은 활력도 느껴진다. 나는 그런 감각들 속에서 고요한 평온 속에 잠긴다.

나의 아침은 언제나 명상으로 시작된다. 명상하면 주위가 사라지고 정적이 찾아온다. 그럴 때면 내가 산인지, 산이 나인지 알 수 없는 순간이 온다. 나는 그런 순간을 즐긴다. 나에게는 오직 흙냄새로 인한 감각과 들어오고 나가는 호흡, 그리고 새소리만이 존재한다. 그런 감각들을 따라가다 보면, 세상에 나만 홀로 존재하는 것이 아니라는 사실을 깨닫는다. 이곳은 무수한 생명이 세상을 구성하며 함께 나아가고 있다는 생각이 든다.

명상을 하다 보면 창밖으로 빛이 새어 들어오는 게 느껴진다. 해가 산등성이에 걸리는 순간, 이슬은 하나둘 제집을 찾아간다. 나무와 꽃과 강은 옅은 색채를 지우고 저마다의 본질을 회복하기 시작한다. 마치 한 폭의 파노라마처럼 흘러가는 창밖의 풍경은 자연이 만들어내는 역동적인 작품과도 같다. 나는 그런 장면 앞에서, 종종 넋을 잃고 만다.

아침 식사를 마친 뒤, 나는 서재로 들어간다. 벽 한쪽을 가득 메운 책장에는 여러 분야의 책들이 빼곡히 꽂혀 있다. 나는 그곳에서 책을 읽으며 글을 쓴다.

나는 '마음의 소리'라는 수업을 통해 글쓰기가 얼마나 고된 일인지를 체감했다. 글을 쓰는 건 중노동에 가깝다. 온몸을 떠다니는 감각과 생각을 순간적으로 포착해, 논리의 구조 속으로 엮어야 한다. 그렇기 때문에 글을 쓴다는 건 그만큼 뜻깊은 일이 되기도 한다. 오랜 시간 공들여서 완성한 글을 보면, 글쓰기가 마치 내 운명과도 같은 착각이 들 때도 있다.

내가 쓰고 싶은 글은 '사람을 움직이는 글'이다. 인간은 다양한 관계를 맺으며 살아간다. 나는 가족이 있고, 친구가 있고, 스승이 있다. 사람뿐만 아니라 추상적 관념과도 관계를 맺는다. 돈과 사랑에 대해서, 사회와 자연에 대해서도 관계를 맺을 수 있는 것이 인간이다. 책의 본질은 그런 관계를 낯설게 바라보도록 만드는 데 있다. 마르크스의 『자본론』은 자본주의 체제와의 관계를, 에리히 프롬의 『사랑의 기술』은 사랑과의 관계를, 재러드 다이아몬드의 『총, 균, 쇠』는 인종에 대한 고정관념과의 관계를 낯설게 만든다. 낯섦의 미학은 우리가 무심히 지나치던 것들에 다시 시선을 돌리게 만든다.

좋은 책을 읽고 나면 우리는 내면의 변화를 경험한다. 그러한 변화는 천천히 축적되어 발효와도 같은 과정을 거친다. 균이 환경에 따라 변화하듯, 우리의 사고도 각자의 개성과 맞닿으며 발효의 과정을 거친다. 그렇게 만들어진 균은 같은 재료여도 환경에 따라 서로 다른 형태를 띤다.

같은 책을 읽고도 각자의 반응이 천차만별인 건, 바로 이 때문이다. 누구는 그러한 사실에 분을 삭인다. 누구는 어쩔 수 없다며 순응한다. 누구는 공동체를 결집해 그 뜻을 이루고자 한다.

책이 펼쳐지는 순간, 책에 담긴 에너지는 사람을 거쳐 세계로 나아간다. 나는 그런 책이 좋은 책이라고 생각한다. 가능하다면 나도 그런 글을 작성하려고 노력한다. 그것이 바로 내가 매일 책상 앞에 앉는 이유다.

나는 가끔 사랑하는 사람들과 여행을 간다. 맥락을 달리하면, 당연하게 여겼던 것들이 낯설게 다가온다. 사랑도 마찬가지다. 너무 익숙해지면 우리는 그 소중함을 잊어버리곤 한다. 그래서 사랑한다는 것은, 때로는 사랑하지 않음과도 맞닿아 있다. 사랑하는 사람에게 익숙해진 우리는 그들이 가지고 있는 감정과 생각에 무감각해진다. 그래서 우리는 그들에게 기대를 품고, 상대가 바람대로 행동하지 않으면 멋대로 실망하거나, 미워하기도 한다.

하지만 환경을 바꾸면, 관계도 미묘하게 달라진다. 낯선 타자들 속에 서면 '우리'라는 공동체가 더욱 또렷하게 떠오른다. 그럴 때 우리는 서로에게 의지하고, 자연스럽게 도움을 주고받게 된다. 눈빛과 표정이 평소와는 다르게 인식된다. 그럼 그들의 말과 행동이 낯선 감각들로 다가온 게 된다. 익숙함에서 벗어나자 비로소 사랑하는 사람들이 한 명의 '인간'으로 보이기 시작한다.

한 번은 가족과 함께 베트남 여행을 간 적이 있다. 그곳에서 본 엄마의 얼굴은 기억에 생생히 남아 있다. 그녀는 무언가를 위해 책임져야 하는 어른이 아니라, 호기심 가득한 소녀 같았다. 특히 쌀국수와 맥주를 먹고 싶어하는 엄마의 눈빛을 이전에는 본 적이 없었다. 일상에서는 엄마가 그토록 무언가를 원하고, 호기심을 갖는 모습을 보지 못했기 때문이다. 나는 여태껏 엄마가 해 주던 것들을 당연하게 여겨왔고, 정작 엄마의 얼굴을 잊고 지냈다. 그제야, 언젠가는 그녀가 내 곁을 떠날 수 있다는 사실이 피부에 와 닿았다.

여행을 다녀오고 나서 알게 되었다. 그들이 나에게 무언가를 해줘서 기쁜 것이 아니라, 그저 나와 함께 있어 주는 것만으로도 큰 기쁨이 된다는 것을. 나의 일상은 온전히 내 것으로만 이루어진 게 아니라, 오히려 보이지 않은 것들로 이루어져 있었다. 그것에 익숙해진 나는 그 사실을 점차 망각하게 되었지만, 새로운 환경에 들어서자 그 사실을 바로 알게 되었다.

그래서 나는 이따금 내가 사랑하는 사람들과 여행을 떠난다. 낯선 땅에 발을 내디딜 때마다 나는 깨닫는다. 내가 얼마나 그들을 사랑했는지, 또 얼마나 깊은 사랑을 받으며 살아왔는지를.

용기

....

한때 저는 삶을 그만둘 생각을 했습니다. 하루하루가 버거웠고 내일이 오지 않기를 바라기도 했습니다. 불이 꺼진 방안에서 창밖으로 스며든 달빛을 보며, 울음으로 지샌 밤들이 많았습니다. 혹여나 가족들이 내 슬픔을 눈치챌까, 흐느끼는 소리마저 삼켜야 했습니다. 지금 돌이켜보면, 왜 그토록 힘들어했는지 명확히 설명하긴 어렵습니다. 다만, '사는 것이 고통스럽다'는 감각만이 선명하게 남아 있었습니다.

이런 고통은 비단 저만 겪는 문제가 아닐 겁니다. 많은 이들이 힘들어도 계속 버텨보라는 말에 짓눌려 겨우 숨만 쉬고 있을지도 모릅니다. 그런 속도 모르고 흘러가는 시간은 제자리걸음만 하는 자신을 초라하게 만듭니다. 이럴 때 우리는 고통에서 빠르게 벗어날 방법을 찾곤 합니다. 그때 자살은 유용한 해결책처럼 비칩니다. 끝이 보이지 않는 이 터널은, 오직 삶을 끝냈을 때만 사라질 것 같으니까요.

저를 이토록 힘들게 한 것은 '불안'이었습니다. 어린 시절부터 늘 제 인생 한쪽에 자리 잡고 있던 감정이었습니다. 저는 유독 사람들 앞에만 서면 얼어붙었고, 그럴 때마다 부적절한 사람이라는 믿음이

치고 올라왔습니다. 이런 생각은 저를 세상으로부터 고립시켰습니다. 새로운 만남을 피하고, 관계를 끊어내며 세상을 외면했습니다.

그럴 때면 어김없이 자기 비난의 목소리가 들려왔습니다. 나는 왜 이렇게 바보 같은지, 나는 왜 이것도 못하는 부적응자인지 하는 의문들이 끊이지 않습니다. 그런 생각은 암울한 미래를 그리게 했습니다. 어디에도 정착하고 못 하고 정처 없이 떠돌다, 결국 좌절에 빠져 죽기만을 바라는 제 모습이 그려졌습니다.

그렇지만, 저는 삶을 포기하지 않았습니다. 그러고 싶지가 않았습니다. 그 이유는 바로 억울함 때문입니다. 저는 하고 싶은 일들이 많았습니다. 남들처럼 여행도 다니고, 새로운 사람도 만나고, 직장도 다니고 마음껏 글도 쓰고 싶었습니다. 고작 불안 따위로 이 모든 가능성을 두고 떠날 생각을 하면 분한 마음이 들었습니다.

그 억울하고 분한 마음이, 저를 삶에 단단히 붙잡아두었습니다. 그 당시 저에겐 조용한 학교 도서관, 구석 한쪽에 놓인 작은 나무 책상 하나가 삶의 전부였습니다. 그곳에서 홀로 좋아하는 책을 읽고, 배우고 싶어했던 경제학과 심리학을 공부하고, 표현하지 못했던 것들을 글로 적었습니다. 정말 별거 아니었지만, 그 공간은 지금도 다시 돌아가고 싶을 정도로 좋은 감정을 일으킵니다.

그렇게 별것도 아닌 것이 제게는 버틸 힘이 되었습니다. 자기 비난으로 가득한 하루를 보내더라도 일과가 끝난 후 도서관에 가서 지낼 시간을 생각하면 기분이 나아졌습니다. 저는 그 작은 것을 지켜내고 싶었습니다. 그래서 이 문제를 극복해야겠다는 결심이 서게 되었습니다.

처음 제가 선택한 것은 독서입니다. 책 속에 문제를 해결할 단서가 있지 않을까 싶어서 읽기 시작했습니다. 여러 심리치료나 관련 철학책을 읽으면 당장이라도 불안을 이겨낼 수 있을 것 같았지만, 책을 덮고 나면 현실은 다를 게 없었습니다. 비록 기대했던 해결책을 얻은 것은 아니지만 그래도 책을 읽는 동안에는 제 상처들이 천천히 아물고 있었습니다. 책은 단 한 번도 제 존재를 부정하지 않았기 때문입니다. 많은 저자는 저의 문제를 '그냥 운이 없었던 것'이라고 말해주었습니다. 그런 말이 저에게는 큰 위로가 되었습니다.

두 번째는, 심리상담센터를 찾아가는 것이었습니다. 처음에는 제 이야기를 꺼내기조차 쉽지 않았습니다. 부족하고 못난 모습을 드러내는 것 같아 수치스러웠습니다. 하지만, 선생님은 제 이야기를 묵묵히 들어주셨고, 많이 힘들었을 거라고 말해주었습니다. 살면서 누군가에게 이런 이야기를 해본 적도, 위로를 들어본 적도 없었습니다. 그 낯선 경험으로 제 삶은 천천히 회복되기 시작했습니다.

물론 그 과정이 순탄치만은 않았습니다. 다시 수업을 듣고, 사람들 앞에서 발표도 해내는 등 여러 가지를 도전하는 와중에도 불안한 마음은 가시지 않았습니다. 노력해도 나아지는 게 없다고 생각하니 절망하기도 했습니다. 하지만 그래도 '괜찮아, 그럴 수도 있지' 라고 되뇌며 희망을 품고 다시 일어서려 애썼습니다.

놀랍게도 지금의 저는 여전히 불안과 함께 살아갑니다. 사람들을 만나면 늘 전전긍긍하고 걱정을 합니다. 발표할 기회가 생기면 말도 잘 나오지 않고 목소리에도 힘이 빠집니다. 하지만, 결정적인 차이가 있습니다. 이제는 그것 때문에 하고 싶은 걸 하지 못하거나 해야 하는 걸 앞에 두고 도망치지는 않습니다. 제가 느끼는 삶의 반경은 이전과는 비교도 안 될 정도로 넓고 안정되어 있습니다.

제 이야기를 길게 하는 이유는, 이 글을 읽는 당신이 저와 크게 다르지 않다고 믿기 때문입니다. 당신의 고통은 당신의 잘못도, 부족함도 아니라, 그저 운이 없었던 것이 더 큽니다. 우리는 타고난 기질이나 과거를 바꿀 수 없습니다. 다만, 지금 할 수 있는 일에 집중하는 것은 가능합니다. 예기치 못한 고통이 밀려올 때, 그저 하루를 버텨내는 것만으로도 우리는 이미 승리한 것입니다. 불완전한 자신을 있는 그대로 받아들이고, 그 상태에서 내가 할 수 있는 작은 일에 집중했을 때 비로소 진실하게 성장할 수 있었습니다.

저는 당신이 살아서, 삶의 작고 사소한 순간들을 즐기며 살아가길 바랍니다. 그리고 언젠가, 당신이 '그때 죽지 않아서 정말 다행이었다'고, 진심으로 안도하는 순간이 왔으면 합니다. 이 글이 당신이 오늘 하루를 견디는 데, 조금이나마 도움이 되었으면 좋겠습니다.

상담과 극복

....

저는 사회불안을 앓았기에, 사람과 가벼운 만남조차 불편했습니다. 나름의 극복을 해보겠다고 작년 11월부터 빵집 아르바이트를 시작했지만, 말처럼 쉽지는 않았습니다. 쟁반에 빵을 담은 손님이 카운터로 다가올 때면 심장은 세차게 뛰기 시작했고, 몇 마디 대화만으로도 이마에는 식은땀이 흘러내렸습니다.

그러던 올해 초, 유난히 불안이 저를 짓누르던 날이 있었습니다. 마음속에서는 '불안한 모습을 들켜서는 안 돼. 너를 한심하게 볼지도 몰라.'라는 목소리가 올라왔습니다. 온몸에서 불쾌한 감각이 느껴지고 땀이 나기 시작했습니다. 저는 그런 불안을 잠재우려 한 손에 쥔 볼펜을 하염없이 눌렀다 떼기를 반복했습니다.

힘겨웠던 시간이 지나고 손님이 뜸해지자, 얼음물을 벌컥벌컥 마신 뒤 손등으로 이마에 난 땀을 닦았습니다. 소란스럽던 빵집은 언제 그랬냐는 듯이 고요해졌고 제 마음도 덩달아 차분해졌습니다. 그때 문득 한 가지를 깨달았습니다. 그토록 피하려 했던 불안의 신호들이 온몸을 덮쳤지만, 세상에는 아무런 일도 일어나지 않았다는 사실을요. 제 안의 날 선 비난들도 해안선에 부딪힌 파도처럼 흔적도 없이 사라졌습니다.

이제껏 저는 불안이 두려워, 그 감각을 피하고자 도망쳐 왔습니다. 하지만, 빵집에서 경험처럼 실제로 그것을 마주해보니, 불덩이처럼 고통스럽고 심장을 옥죄었지만, 결코 영원하지는 않았습니다. 저는 무너지지 않았으며, 오히려 그것을 견뎌낼 힘을 가지고 있었다는 사실을 알게 되었습니다. 저의 현실은 불안에 아랑곳하지 않고 평온해지고 잠잠해졌습니다.

늘 피해 왔던 무언가를 이번에는 도망치지 않고 마주 서 있는 느낌이 들었습니다. 두려움의 실체를 파악한 듯한 확신이 들자, 그동안 저를 옭아매던 것에서 벗어날 수 있겠다는 용기가 생겼습니다. 이 경험은 오랫동안 미뤄두었던 꿈을 떠올리게 했습니다.

저는 책을 내고 싶었습니다. 각종 심리 서적을 통해 도움을 받았던 것처럼, 제 글이 누군가에게 작은 힘이 되길 바랐습니다. 작년에 우연히 도서관 홈페이지에서 글쓰기 수업을 발견했습니다만, 신청 버튼에 마우스를 가져다 댈 때마다 모두가 저를 헐뜯고 손가락질하는 상상이 현실을 뒤덮었습니다. 결국 저는 창을 끄고 말았죠.

그렇지만, 이제는 그 상상이 현실을 가리고 수많은 기회를 앗아간다는 것을 깨달았습니다. 저의 가장 큰 적은 불안 자체가 아니라,

그것이 만들어낸 공상이었습니다. 마침내 저는 미뤄두었던 꿈을 위해서 글쓰기 수업에 도전하기로 했습니다.

수업에 참여하면서 조금씩 저를 드러내기 시작했습니다. 이전까지는 수치스러워했지만, 글을 통해서라면 조금은 솔직해질 수 있었습니다. 때로는 제 글이 좋은 예로 뽑혀 사람들 앞에서 발표하기도 했습니다. 어김없이 떨리고 무서웠지만, 용기 내어 글을 읽었습니다.

이런 경험으로 불안을 견딜 힘을 조금씩 얻게 되었습니다. 그래서 그동안 엄두도 내지 못했던 봉사활동에도 나설 수 있었습니다. 하지만, 한 걸음 나아가려 할 때마다, 그림자처럼 저를 비난하는 목소리가 따라붙었습니다. "네가 그런다고 나아질 것 같아? 한심한 놈", "이런 거 해봤자 소용없으니까. 당장 집어치워." 앞으로 나아가려는 마음과 다시 주저앉으려는 충동 사이에서 흔들렸습니다. 이 길을 혼자 걷기에는 너무나 벅차다는 생각이 들었습니다.

작년에는 심리 상담을 받았지만, 아쉽게도 경제적인 이유로 그만두어야 했습니다. 그런데 다행히도 올해 대학교 상담실에서도 진단서를 발급받아 정부 바우처의 대상이 되었습니다. 저는 보조금을 받아 저렴한 가격으로 상담을 다시 받게 되었습니다. 이 모든 것이 우연으로 이어졌지만, 삶이 저를 다시 어떻게든 상담으로 이끌려는 느낌을 받았습니다.

상담 초기에 저는 올해 일어난 경험을 지켜내고 싶다고 이야기했습니다. 홀로 설 수 있다는 감각을 잃지 않기 위해 더 넓은 사회를 마주해야 한다고 생각했고, 상담 시작 2주 만에 규모가 있는 전시회에서 안내 봉사를 하게 되었습니다. 제가 세상에서 걸어갈 수 있는 곳이 조금은 넓어진 듯한 느낌이 들었습니다.

그러나 상담 3회기에 어려움에 부딪혔습니다. 어른으로서 제대로 된 직장에서 일하며 '저 자신'을 책임지고 돌봐야 한다는 숙제를 마주한 것입니다. 언제까지 아르바이트나 봉사에 머무를 순 없었습니다. 하지만, 저는 여전히 아늑하고 익숙한 공간에 머물고 싶었고, 선생님에게 다른 아르바이트나 봉사에 참여해 보고 싶다고 말했습니다. 하지만 선생님은 그것이 성장이나 경력에 큰 도움이 되지 않을 것이라고 했습니다. 일주일간의 고민을 숙고해 낸 의견이었지만 그녀의 비관적인 말을 듣자 화가 치밀었습니다. 무엇보다 제가 그토록 마주하고 싶지 않았던 현실을 직면하라고 말하는 것 같아서 더 화가 났습니다.

당장이라도 그 공간을 뛰쳐나오고 싶었지만, 상담비가 아까워 억지로 몸을 붙들었습니다. 그렇지만 저는 그 뒤로 별말도 하지 못하고, 상담이 끝날 때까지 선생님의 눈을 피해 책상만 바라보았습니다.

집에 돌아가는 길에서 상담 속 장면을 계속해서 되짚어보았습니다. 선생님의 말씀에 일리가 있다는 것을 알면서도, 제 의견이 묵살

당했다는 생각이 들면 좀처럼 진정되지 않았습니다. 다음 상담에도 이런 감정을 느껴야 한다면, 더는 지속할 수 없을 것 같았습니다.

그런데 일주일이 지나자 마음이 달라졌습니다. 충분히 생각한 결과, 어차피 도전할 거라면 아르바이트나 직장이나 그 성격이 엇비슷해 보였기 때문입니다. 합리적으로 따져봐도, 직장이라는 선택지는 이점이 훨씬 많았습니다. 그런데도 상담실로 향하는 내내 마음이 무거웠습니다. 문 앞에서 한숨을 쉬고 들어서니, 저를 마주한 것은 뜻밖에 걱정스러운 눈빛이었습니다. 선생님이 먼저 입을 여셨습니다. "지난 회기 때 제가 너무 강압적으로 이야기한 것 같아서, 걱정되었어요."

그 말에 저는 혼자 되뇌었던 생각을 조목조목 설명하기 시작했습니다. "선생님 말씀이 맞는다는 것을 알았지만, 제 의견이 묵살당하는 것 같아서 화가 났어요. 솔직히 뛰쳐나가고 싶었고, 심지어는 그만둘까 하는 생각까지 했어요." 선생님은 제 말에 공감하면서도 자신의 감정을 명확히 설명하는 것에 놀라셨습니다. 그날 상담 시간 대부분을 나는 제가 느꼈던 감정과 생각을 이야기하며 보냈습니다. 우리의 오해는 풀렸습니다. 저는 선생님의 의견을 받아들일 준비를 하고 갔지만, 선생님 또한 제 의견을 받아들일 준비가 되어 있었습니다.

깊은 고민 끝에 저는 '일 경험 프로그램'에 참여하기로 했습니다.

정식 인턴보다 근무 시간이 짧고 책임이 덜해서 저에게는 최선의 선택지였습니다. 그러나 직접 부딪혀 보니 생각보다 벽은 높았습니다. 다른 사람들은 서로 편안하게 이야기를 주고받고, 업무를 할 적에는 자신의 능력에 대한 걱정도 없어 보였습니다. 저는 그 속에서 동갑인 동료와 저를 비교하며 속을 상하기도 했습니다. 점심시간이 되면 서둘러 자리를 피해 혼자 엘리베이터로 향했고, 어쩌다 함께 식사를 할 때에도 저는 꿀 먹은 벙어리가 되었습니다. 그럴 때마다 스스로가 적응에 문제가 있는 사람처럼 느껴졌고, 하자가 있는 사람처럼 여길까 전전긍긍했습니다. 그런 생각은 결국 항불안제를 복용하게 만들었습니다. 흰 봉지 속에 있는 약을 손에 털어내며 '이러면서까지 다녀야 하나'는 생각에 자괴감이 들기도 했습니다.

그때 선생님은 그렇게 힘들어하면서도 두 발로 버티고 서려는 자신을 봐 달라고 하셨습니다. 자신을 땅굴 속으로 밀어 넣는 가혹한 비난을 멈춰 달라는 말에, 저는 그 말을 믿고 힘을 내보기로 했습니다. 처음 한 달은 끊임없이 그만둘까 고민했지만, 상담을 받고 노력한 끝에 지금은 인턴 경험이 종료까지 얼마 남지 않았습니다.

그러자 놀라운 일이 일어났습니다. 사무국장님께서 곧 있을 채용에 지원해 보지 않겠냐고 물으셨습니다. 제 가능성을 인정받는 것 같았습니다. 연이어 좋은 소식들이 들려왔습니다. 글쓰기 프로그램에서도 또래에 비해 잘 쓴다는 칭찬을 들었고, 수업을 듣는 분들도 제 글이 기억에 남는다며 좋아해 주셨습니다. 이 역시 제게는 많은 힘이 되었습니다.

저는 곧 책 출판을 앞두고 있습니다. "글 이야기를 하면 눈이 초롱초롱해져요, 정말 좋아하나 봐요."라고 묻는 선생님의 말씀처럼, 글쓰기는 저의 꿈입니다. "그게 지금까지 버티게 해 준 걸지도 몰라요." 그 말도 맞습니다. 꿈이 있었기에 앞으로 나아가야 할 의미를 잃지 않았습니다.

그 꿈을 놓치지 않겠다고 다짐한 것. 더 나아갈 수 있다는 희망을 품은 것은 모두 상담 덕분이었다. 어쩌면 '나아질 수 있다'는 희망이야말로 사람을 살리는 가장 중요한 힘이었을지 모릅니다. 그것이 포기하고 싶은 순간에 저를 일으켜 세웠고, 제가 그토록 피하고 싶었던 현실에 맞설 힘을 주었으니까 말입니다.

권지하

내 이름은 권지하

. . . .

내 이름은 '권지하'이다. 내 이름을 들으면 누군가는 예쁘다고 하고, 누군가는 특이하다는 반응을 보인다. 나는 내 이름이 싫었다. 그러면서도 어른들이 우리 엄마를 '지하 엄마'라고 부르지 않고, 꼭 언니 이름을 붙여서 '지은(가명) 엄마!'라고 부르는 것에는 왠지 질투가 났다. 내 이름에 관한 몇 가지 에피소드를 소개하려고 한다.

가장 어릴 때의 기억이다. 미취학 시절, 하필이면 우리 가족이 진짜 지하실에 살던 때가 있었다. 언니는 "너 때문에 우리 가족이 지하실에 사는 거야."라며 나를 탓했다. 어려서 말은 못 했지만, '지하'라는 이름이 지하실에 사는 것처럼 부끄러운 거라고 느끼게 되었다.

초등학생이 되자 아이들에게 '지하실'이라고 놀림도 많이 받았다. 그중 3학년 때의 일이다. 방과 후에 담임 선생님과 몇 명의 아이들이 교실에 남아 있었다. 선생님께서 아이들에게 자기 이름을 한자로 쓸 수 있는지 물어보셨다. 나는 내 이름을 쓸 줄 알았다. 그래서 말하려는데 선생님께서 "어, 지하는 선생님이 알아." 하시더니 칠판에 땅 지(地), 아래 하(下)를 쓰셨다. 아이들이 모르고 놀렸을 때보다 선생님이 잘못 알고 있는 것에 더 속이 상했다. 나는 "선생님, 아니에요. 제 이름은 권세 권(權), 지초 지(芝), 물 하(河)예요!"라고 말하며 고쳐 썼다.

엄마는 이름 때문에 속상해하는 나를 보고 내 이름이 어떻게 지어졌는지 이야기해주셨다. 엄마가 둘째인 나를 임신했을 땐 첫째 때와는 달라 아들인 줄만 아셨다고 한다. '지훈'이라는 이름도 준비해 두었다. 그러나 내가 딸로 태어나자, 엄마는 급하게 고민하기 시작했다고 한다. 그즈음 마침 신문에 실린 '김지하' 시인이 눈에 띄었다고 한다. 한글 이름 옆에 한자도 같이 쓰여있었는데, '지초 지(芝)'는 언니 이름에 쓰인 한자와도 같았다. 그렇게 내 이름은 김지하 시인의 이름을 본떠 만들어졌다.

엄마의 설명을 듣고 나자, 여러 마음이 동시에 들었다. '내가 세상에서 가장 사랑하는 우리 엄마가 지어준 이름이라니!'라는 기쁜 마음, '김지하 시인은 어떤 사람이지?'라는 궁금한 마음, '왜 남자 이름이야?'라는 삐친 마음, '지하실은 아니야!'라는 안도하는 마음. 나는 엄마에게 여러 마음을 쏟아냈다. 마지막으로 "엄마, 그럼 이름의 뜻은 뭐예요?"라는 질문에 조금 당황하며 "풀과 물이지."라는 다소 시시한 답을 해주었다. 만일 '맑은 물에서 풀처럼 푸릇푸릇 자라나렴.'이라고 해주셨다면 만족했을지도 모른다.

이제 누가 놀린다 해도 지하실의 '지하'가 아니라는 것에 위안으로 삼을 수 있었다. 그런데도 여전히 내 이름을 온전히 받아들이지 못한 채 중학생이 되었다. 교복에 명찰을 달고 다녀야 하는 것이 부끄러웠다. 모범생이었던 나는 규칙을 어기지는 못하고 소심하게 명찰을 뒤집거나, 옷깃 아래에 숨기고 다녔다.

이름에 대한 나의 고민은 계속되었고, 어느덧 고등학생이 되었다. 주변에 개명하는 친구들을 보았다. '나도 이름을 바꿔볼까? 내 마음에 드는 이름을 지어볼까?' 설레는 마음으로 이름을 지어보았다. 나름의 조건이 있었다. 첫째, 튀지 않을 것. 둘째, 평범할 것. 셋째, 흔치 않을 것. 조건이 매우 까다로워서였을까? 결국 '지하'라는 이름으로 되돌아왔다. 생각해보니 내가 바라는 이름은 내가 바라는 나의 모습이었다. 내키지 않던 이름이 운명처럼 다가오는 순간이었다. 학용품에 적어 둔 내 이름이 예쁘게 보이기 시작했고, 가리려고만 하던 명찰도 더는 숨기지 않게 되었다.

대학생이 되어 기독교 동아리에 들어갔다. 종교는 없었지만, 동기들과 선배들이 좋아서 잘 어울려 지냈다. 동아리 엠티를 갔던 날이 생각난다. 저녁에 바비큐를 하며 이런저런 이야기를 하는 중에 이름 이야기를 하게 되었다. 저마다 성경에서 자기 이름의 의미를 찾고 싶어 했다. 그게 아니라면 '하나님의 지혜', '하나님의 은혜', '하나님의 사랑'이라고 풀이할 수 있도록 이름에 '하'자가 있으면 좋겠다고도 했다.

가만히 듣고만 있다가 내 이야기를 꺼냈다. "저는 제 이름이 무슨 뜻인지 모르겠어요. 아니 한자로 뜻은 있는데 그냥 풀과 물이에요. 저희 엄마가 김지하 시인의 이름을 보고 지어주셨는데, 아니 엄마가 좋아하는 시인은 아니고요. 제가 태어날 때 신문에서 이름을 봤대요. 마침 언니 이름의 한자랑도 같았다고요."라고 말했다. 그 말을 듣던 동아리 간사님이 "뜻이 왜 없어? 굉장히 좋은 뜻이야. 성경에도 나와 있어."라고 하시는데 나는 눈이 동그래지고, 귀가 솔깃해졌다. "제 이름 뜻이 성경에 있다고요? 그게 뭔데요?"

간사님은 내 이름이 성경에 나오는 '푸른 초장과 쉴만한 물가'라고 했다. 나는 놀라서 입을 틀어막았다. 너무 멋져서 이 이름을 어떻게 감당할지 모를 지경이었다. 아직 나는 이름을 따라가기에 한참 부족하다. 그러나 내가 어떤 사람이 되겠다는 그림에는 늘 넓고 푸른 초원과 반짝이는 호수를 떠올리게 되었다.

차별 대우

. . . .

　어려서부터 아빠는 언니와 나를 차별했다. 언니는 엄하게 대하면서 나는 예뻐했다. 그래서 좋았을까? 아니, 오히려 싫었다. 우선 언니에게 미안함을 느껴야 했고, 무엇보다 내가 사랑하는 엄마가 기울어진 사랑을 채워주기 위해 늘 언니에게 사랑을 더 주었기 때문이다. 두 살 터울인 언니도 어린 마음에 내가 미웠을 수 있는데, 전혀 개의치 않고 나를 늘 예뻐하고 잘 대해주었다. 도리어 엄마의 사랑을 더 가져가는 언니에게 질투를 느낀 건 나였다.

　나는 아빠가 싫었다. 가족을 위해 열심히 일한다고 하지만 정작 가족을 대하는 말과 행동에서 그것이 전혀 느껴지지 않았다. 나는 분명 아빠의 딸인데, 그것도 최고의 편애를 받는 딸인데, 내가 느낀 아빠의 사랑은 이렇다. 먹여주고 재워주니 고마워할 것. 너의 기분이 어떻든 내가 예뻐할 땐 강아지처럼 꼬리 흔들면서 달려올 것. 그것도 길면 피곤하니 발로 차면 가서 조용히 자빠져 잘 것. 군말 말고 빨리 밥 처먹을 것. 의사는 다 사기꾼이니 아파도 병원에 가지 말 것. 아빠는 공부하고 싶어도 학교에 다니지 못했는데 너희는 학교를 보내주니 교과서로 공부해서 서울대학교에 갈 것. 세상이 얼마나 험한 곳인데 고작 이런 말에 상처받았다고 하는 것은 약해 빠진 것.

아빠는 일이 힘들면 집에서 더 난폭해졌다. 집에서 자신을 우대해주지 않으면 포악해졌다. 아빠가 들고 일어서면 나는 약한 엄마와 언니의 보호막이 되어야 했다. 아빠가 엄마와 언니는 때려도 나는 차마 때리지 못한다는 걸 알았다. 아빠의 편애가 빛을 발하는 순간이었다. 나는 아빠를 꼭 빼닮았다. 내가 눈을 부릅뜨고 이를 악물고 버티면, 그런다고 어린 막내딸이 뭐가 무서웠을까 싶지만, 아빠를 닮은 모습이라 자신을 본 듯해서일까? 잘은 몰라도 아빠를 막아낼 수 있는 것은 나밖에 없었다.

아빠가 출근하고 나면 엄마와 언니와 나는 아빠에게 받은 상처를 꺼내놓으며 울분을 토했다. 서로 조금의 위안은 되었지만, 해결되지 않고 쌓여만 갔다. 엄마와 언니는 창피해서 남들에게 이야기할 수 없다고 했다. 그렇지만 나는 창피함보다 답답함이 더 컸다. 어쩌다 친척들에게 괴로움을 말하면, 돌아오는 반응이 더 상처가 되었다. '그래도 아빠인데 사랑해야지. 이해해야지. 참아야지.'였다. 거기에 하나 더 붙는 것이 '그래도 돈을 잘 벌어 주시잖아.'였다. 창피함과 몰이해만 남을 뿐, 나아지는 것은 없었다.

먹다 남은 밥 던져주며, '떠돌아다니던 똥개 불쌍해서 먹을 거 줬더니 배은망덕이네.' 아빠가 이런 마음으로 우리를 대했다면, 우리는 아빠를 벌레나 괴물 취급했다. 벌레 같고 괴물 같은 아빠가 술 마시고 와서 나를 안고 뽀뽀하려고 하면 그게 끔찍해서 인사만 하고 잽싸게 도망치곤 했다. 잡히면 무지막지하게 뽀뽀를 한 다음 내팽개쳤고, 잡히지 않으면 "저년이"를 시작으로 괘씸하다는 내용이 담긴 분노의 고함을 계속 들어야 했다.

나는 대학생이 되고부터 집에 잘 붙어있지 않았다. 집에선 잠만 자고, 밖에 있는 시간이 더 많았다. 남자친구나 결혼 상대도 무조건 아빠와 반대인 사람을 찾았다. 착하고, 다정하고, 배려심 많은 사람. 남편은 정말 모든 면에서 아빠와 반대인 사람이다. 살면 살수록 더욱 그렇다고 느낀다. 아빠의 경제적 도움을 받지 못하는 것이 힘들다면 힘들지만, 그렇다 하더라도 나는 지금의 남편과 사는 것이 훨씬 더 행복하다. 다시 선택하라고 해도 같은 선택을 할 것이다.

그렇게 아빠에게서 도망치듯 결혼을 했다. 아빠에게 고통받는 나를 보고 남편도 결혼을 서둘러 주었다. 상견례 자리에서 아빠는 무례했다. 아빠는 자기보다 못하면 뭉개버리는 것이 있는데 아마도 경제적으로 아빠보다 못하다고 생각해서 그랬을 것이다. 시부모님과 남편에게도 무례했지만, 엄마와 나, 언니의 험담까지 늘어놓았다. 그런데도 결혼을 허락해준 시부모님께 감사하다. 후에 들으니 어머님이 자리를 파하고 나오시려는 것을 아버님이 참으라고 꾹 누르셨다고 한다. 남편은 나를 구해주고 싶어 했고, 시부모님은 나를 사랑하는 아들을 위해서 그 자리를 참아주셨다. 결혼은 성공했지만, 도망은 실패했다. 아빠로 인한 고통이 끝나길 바랐는데, 그 고통은 나뿐만 아니라 남편, 시부모님께로 확장되었다. 나는 죄인이 되어야 했다.

아빠는 얼마나 일을 열심히 하셨던지 40대 초반에 노후 대비를 다 이루셨다. 또 얼마나 강인하신지 매일 마라톤을 하며 건강을 챙기신다. 10년 전, 아빠는 엄마와 싸웠다는 것을 구실로 집을 나가서 들어오지 않았다. 사두었던 땅이 보상을 받게 되었다는 것을 나중에서야 알았다. 아빠는 본인이 피해자라고 한다. 집에서 쫓겨난 것이고, 혼자 밖에서 얼마나 불쌍하게 사는지 아냐고 했다. 혼자 사는 게 힘드셨던지 다른 아줌마와 동거를 시작했다. 이사 가려고 짓고 있던 집에 그 아줌마와 같이 살고 있다.

내가 둘째를 임신했을 때 우리 가족은 엘리베이터가 없는 오래된 아파트의 6층에 살고 있었다. 계단을 오르내리기 힘들었지만, 집에 들어가면 햇빛이 잘 들어오는 환한 집이 좋다고 느꼈다. 그러던 차에 아빠에게 연락이 왔다. 아빠가 보증금을 도와줄 테니 청약 들어놓은 것이 있으면 LH에 신청해보라는 이야기였다. '그동안 나를 힘들게 하더니 그럼 그렇지, 아빠가 나를 도와주시는구나.' 어깨를 으쓱이며 자랑스레 남편과 시댁에 말했다. 마침 신청 기간인 임대 아파트가 있어 신청했고, 온라인 모델하우스를 보면서 꿈에 부풀었다.

그리고 얼마 지나 입주 당첨을 확인하고 아빠에게 전화를 걸었다. "아빠, 전에 알아보라고 해서 신청했는데 당첨되었어요! 이제 계약금을 내야 하는데 얼마예요."라고 하니 아빠는 "내가 언제 도와준다고 했냐? 네가 잘못 알았구나. 나는 지금 너보다 더 힘든 상황이다. 너랑은 정말 말이 안 통하는구나. 박 서방하고 통화해야겠다." 하고 전화를 끊으셨다. 곧이어 남편에게 전화가 왔고, 나는 무너져내렸다. 나는 다시 한번 도와달라고 하기 위해 아빠에게 전화를 걸었다. 내가 속았으며, 버려졌다는 걸 알았다. "이 미친 새끼야. 다신 나한테 전화하지 마." 나는 패륜아가 되는 것으로 아빠와 절연을 다짐했다. 아빠는 자신에게 욕을 했다는 것을 소문내겠다며, 또 해보라고 녹음한다고 했다.

나는 밖에서는 잘 웃는 아이였다. 유난히 사람들에게 친절하게 대하는 편이다. 다른 말보다 "착해 보인다"라는 말을 많이 듣는 편이다. 그러나 속으로는 아빠를 미워하는 못된 아이였다. 스스로 나쁜 아이가 아니라는 것을 증명하듯, 혹은 나쁜 마음을 숨기기 위해서 다른 사람에게 더 친절하게 대했다. 아빠를 미워하는 것은 에너지 소모가 너무 큰 일이었다. 아빠를 미워하지 않는 것, 아빠를 용서하는 것은 내 인생에 주어진 큰 과업이었다. 가능할 것 같지 않았지만, 그렇지 않고서는 계속 괴로움을 품고 살아야 했다. 게다가 아빠를 미워하고 부정하는 것이 결국은 나의 존재의 뿌리를 부정하는 것이었다. 자신과 화목하기 위해 아빠를 미워하는 마음을 해결해야만 했다.

어떤 찬양인지는 생각나지 않지만, 어느 날 수요 예배에 가서 찬양을 따라 부르다가 아빠의 입장을 헤아려 보게 되었다. 아빠는 아주 어릴 때 고아가 되었다. 보살핌을 잘 받지 못하고 자랐다. 엄마를 만나 결혼한 것은 기적 같았다. 두 딸을 낳았다. 가족을 지키기 위해 죽을힘을 다해 일했다. 나는 아빠의 그런 딸이었다. 어려서부터 받아야 할 사랑을 받지 못한 아빠, 결혼하고 아내와 딸들에겐 미움을 받은 아빠. 아빠 인생이 너무 가엽게 느껴졌다. 예뻐하던 둘째 딸인 나에게 받은 상처는 얼마나 클 것인가? 아빠가 살아가며 느꼈을 외로움과 슬픔을 생각하니 가슴이 미어졌다. 나는 절연하며 지내던 아빠에게 문자를 보냈다.

'아빠 제가 아빠를 많이 미워했어요. 죄송해요. 용서하세요. 그리고 사랑해요.'

아빠, 아직도 아빠 얘기 들으면 막 화날 때가 있어요. 그런데 저는 아빠한테 화를 못 내겠어요. 아빠를 용서할 수 있을까? 생각했는데, 오히려 죄송한 마음이 들었어요. 마음속으로 아빠를 죽인 적도 많아요. 용서받지 못할 사람은 저예요. 죄송해요. 저를 도와준다고 했다가 말을 바꿔서 너무 화가 났었어요. 돈 없다고 농락 받는 기분이었어요. 시댁 식구들한테 다 자랑했는데 제가 뭐가 됐겠어요. 사람을 그렇게 초라하게 하는 아빠가 어디 있어요? 하지만 아빠가 저를 도와줘야 할 의무가 있는 건 아니잖아요. 그러니 바라지 않기로 했어요. 주시면 감사히 받겠지만요. 사실 도와주시면 좋겠어요. 하지만 이런 일로 또 아빠에게 상처받기 싫어요. 그리고 저는 아빠가 도와주지 않아도 박 서방이랑 아이들이랑 엄청 행복하게 살고 있고,

앞으로도 잘 살 자신이 있어요. 잘 가르쳐주시고 건강하게 키워주신 덕분이에요. 미움과 상처가 많았지만, 완벽한 부모가 어디 있겠어요. 그저 최선을 다할 뿐이라는 걸 아이를 키워보니 알겠어요. 엄마, 아빠께 감사드려요. 아빠를 용서했다고 엄마와 언니에게 저는 배신자가 되었어요. 얼마나 배신감이 큰지 둘 다 저를 차단하고 연락을 끊었어요. 그 마음을 모르진 않지만, 저는 이제 아빠를 미워할 수가 없어요. 아빠를 미워하는 건 자신을 미워하는 일이니까요. 태어나서 미움만 받았을 아빠를 생각하니까 아빠가 이상한 소리를 해도 그냥 다 '네네' 하고 듣게 돼요. 그렇다고 아빠 말이 다 바르다고 생각하는 건 아니에요. 결혼하고 제가 아빠한테 대들고 싸우는 소리를 들으면 박 서방이 옆에서 아빠한테 왜 그러냐고 그러지 말라고 하더라고요. 그런데 요즘은요, 그렇게 착하게 '네네' 하지 말래요. 어쩌라는 건지. 아무튼 아빠를 미워하지 않게 되어 제 속이 얼마나 편한지 몰라요. 아빠랑 떨어져 사니까 가능했지, 아마 같이 살고 있었다면 서로 힘들었을 거예요. 아빠와 건강한 거리를 지키며 살 수 있어서 참 좋아요. 조금 두서없지만, 아빠에게 마지막으로 부탁드리고 싶은 게 있어요. 제가 아빠 흉보는 글 썼다고 화내지 말아 주세요. 왜냐면 저는 아빠를 진정 영원히 사랑하는 유일한 둘째 딸이고, 이 글은 아빠를 험담하려는 것이 아니라 나와 아빠를 이해하기 위해 쓴 거예요. 아빠, 저는 아빠가 얼마나 험한 세상을 살아오셨을까 생각하면 눈물이 나요. 그리고 감사해요. 아빠 덕분에 제가 사는 세상은 아빠가 알려준 세상보다 따뜻해요. 아빠 사랑해요. 오래오래 건강하세요.

거친 사랑

••••

중학교 3학년 3월의 어느 날이었다. 나는 아빠의 말에 화가 나 고 래고래 소리를 지르고 내 방으로 들어왔다. 문을 쾅 닫았다. 아무도 들어오지 않길 바라며 문을 잠갔다. 아빠는 내 말을 들어주지 않는 다. 내 목소리가 들리지 않는 것일까? 그럴 리가 없는데 아무리 발 악해도 "싫다"는 내 말은 아빠에게 가닿지 않는다. 나는 효력 없는 울부짖음에 너무 지쳐버렸다. 순간 살고 싶어지지 않았다. 내 책상 에 올라가 창문을 열고 창틀에 앉았다. 차가운 바람이 뜨거운 내 마음을 조금 식혀주었다. '떨어질까? 죽지는 않겠지? 다쳐서 입원하 게 될까? 그러면 내 말이 조금이라도 전해질 수 있을까?' 하는 생각 을 하는데 엄마가 문을 두드렸다. 문이 잠겨있자 다급한 소리와 함 께 문을 흔들더니 어느 틈에 문이 열려버렸다. 엄마와 눈이 마주쳤 다. 나는 '문이 어떻게 열렸지?' 하고 놀랐고, 엄마는 창틀에 앉아있 는 나를 보고 놀랐다. "너 거기 앉아서 뭐해?" "아, 엄마. 나는 아빠 가 너무 싫어. 제발 안 그랬으면 좋겠어. 나 너무 고통스러워. 정말 싫어. 내가 싫다는데 왜 자꾸 그래? 그게 사랑이야?" 엄마 손에 이 끌려 내려와 한참을 울었고, 다음 날 학교에 갈 수 없었다.

내 기억에도 아빠는 새벽부터 밤까지, 쉬는 날도 없이 정말 열심히 일했다. 굉장히 강하고, 거칠었다. 아빠는 나를 사랑한다며 아빠의 표현을 잘 받아주길 바랐다. 문제는 내가 아빠와 정서적으로 전혀 가깝지 않았다는 것과 본인 기분 내키는 대로 나를 사랑했다는 것이다. 나는 아빠의 사랑이 싫었다.

아빠는 힘으로 어린 나를 제압했다. 몸부림처도 나는 팔과 몸을 꿈쩍도 할 수 없었다. 인상을 찌푸리고, 고개만 겨우 이리저리 아빠를 피하려 애쓴다. 팔이 풀리는 대로 아빠 머리카락을 모두 쥐어뜯어 보지만, 볼일 다 봤다는 듯 웃으며 들어가는 아빠를 보며 씩씩거린다. 화가 가라앉지 않고 눈물만 난다.

중학생이 되고는 그런 일이 없었다. 대신 그 얘길 자꾸 꺼냈다. '네가 아빠한테 뽀뽀도 안 해줬지. 내가 널 얼마나 예뻐했는데……' 내 손을 툭툭 건드리며 '아빠 손이 닿는 것도 안 돼? 너 결혼할 때도 아빠 손 안 잡고 들어갈래?' 그런 말을 들을 때마다 지난 괴로움이 되살아나 진저리가 쳐졌다.

언젠가 아빠가 나에게 "너도 결혼해서 애 낳고 키우다 보면 아빠 마음을 알 거다."라고 했다. 어려서는 그 말이 진짜인지 아닌지 알 수 없어 반박할 수도 없었다. 지금은 확실히 안다. 아빠가 준 사랑은 나에게 폭력이었다. 만일 낯선 사람이 내 아이를 보고 예쁘다며 다가와서 싫다는 아이에게 억지로 뽀뽀한다면? 나는 그 사람을 아동 학대나 아동 추행으로 신고할 것이다. 그리고 내 아이 주변에 오지 못하도록 내 아이를 지켜줄 것이다.

내 주변에 딸을 키우는 엄마들의 고민을 듣고 놀랐다. 딸이 이제 사춘기가 되었는데 아빠가 아직도 어린아이처럼 안고, 뽀뽀하려고 한다고 말이다. 딸이 너무 싫어하고, 하지 말라고 하는데도 아빠들이 말을 듣지 않는다는 것이 고민이었다. 분명 딸에게 좋은 아빠이고, 아이도 아빠를 좋아하는데, 사춘기로 이런 문제가 생긴다며 고민했다. 아빠들이 나름 조심한다는 이야기도 더해졌다. 어릴 때 나를 떠올리게 되었다. 나도 아빠의 애정이 싫었는데, 나도 사춘기라 예민했던 걸까?

싫다고 하는 것은 하지 말아야 한다. 딸들의 외침을 들어달라. 존중 없는 일방적인 사랑은 사랑이 아니라 폭력이다. 나는 다시 한번 외쳐본다.

엄마의 삶을 지나,
다시 나의 세상으로!

••••

"이제 네 세상이야."

수능이 끝난 어느 날, 수학 선생님께 메일을 보냈다. 답장엔 축하의 말과 함께 이 한마디가 적혀 있었다. 그 말이 얼마나 벅차고 설레었는지 모른다. 정말 이제는 내 인생이 펼쳐질 줄 알았다. 하지만 그런 세상은 아직 겪어보지 못했다. 결혼 후 생각보다 빨리 아이가 찾아왔고, 내 세상은 어느새 '엄마'의 삶이 되었다.

임신 초기, 앉아 있는 것만으로도 하혈했다. 나는 아이를 지키기 위해 퇴직을 결심했다. 그렇게 첫째 아이는 내 삶의 1순위가 되었다. 모유 수유를 1년 넘게 하고, 다섯 살이 되어서 처음 어린이집에 등원시켰다.

둘째가 태어날 무렵, 우리 집은 경제적으로 아주 어려웠다. 동창들 사이에 "지하 거지 됐대." 하는 말이 나돌았다는 것을 엄마를 통해 듣게 되었다. 친구들의 엄마들이 그 말을 해주더란다. 나는 창피하고 죄송했다. 가난한 삶에서 벗어나고 싶었다. 생후 4개월 된 둘째를 온종일 어린이집에 맡기고, 학원에 다니며 취업 준비를 시작했다. 이를 악물며, 누구보다 간절한 마음으로 버텼지만 일은 잘 안되었다. '우리 집은 내가 일으키겠다.'라며 큰소리치고, 어린아이를 떼어놓고 나선 일이었다. 부끄러움과 미안함이 밀려왔다. 그리고 '다시는 돈 벌겠다고 까불지 말아야지. 조용히 육아와 살림에만 전념해야지.'라고 굳게 마음먹었다.

그때부터 나의 1순위는 아이들이었다. 나는 엄마의 삶에 온전히 충실했다. 하지만 설명하기 힘든 답답함과 외로움, 그리고 슬픔이 서서히 밀려왔다. 아이들이 영영 크지 않을 것 같고, 내 세상도 이대로 끝날 것 같은 두려움. 쉴 새 없이 돌아가는 육아와 살림 속에서 나는 진이 빠졌다. '사람이 진이 빠지면 정말 죽을 수도 있겠구나.'라는 생각이 들었다.

시간이 흘러 아이들은 자랐고, 나도 조금씩 나를 위한 시간을 찾게되었다. 도서관 프로그램, 글쓰기 수업을 듣게 되었다. 조심스레 글쓰는 삶을 꿈꾸며 블로그에 글을 쓰고 있는데 아이가 자꾸 말을 걸어왔다. 건성으로 대답하며 글을 이어가려고 했지만 소용없었다. 어렵게 집중을 이어가려던 끝에 참지 못하고 아이에게 빨리 자라고 소리를 지르고 말았다. 우는 아이를 남편이 달래주는데도 나는 쉽게 화가가라앉지 않았다. '내가 뭘 할 수 있을까?', '나는 언제쯤 내가 하는 일에 집중할 수 있을까?' 생각하며 나는 아무것도 할 수 없었다.

잠든 아이 곁에 누웠지만 잠이 오지 않았다. 나는 아직도 내 세상을 기다린다. 그렇지만 아직도 아직인 것이고, 그때가 언제 허락될지, 그전에 내가 먼저 지쳐버릴까 걱정과 슬픔이 밀려왔다. 잠든 아이를 보며 미안하기도 했다. '엄마가 또 너를 뒤로하고 뭔가를 하려고 하는구나. 미안하구나. 내 열정이 우리 가정에 화가 되면 안 되지. 널 울게 하면 안 되지.'라고 생각했다. '나는 더 기다릴 수 있어. 내 열정이 가족들에게 해가 아닌 따뜻하고 부드러운 것이 되도록 하고 싶어. 내 열정을 잘 다스려보자.' 나는 마음을 공글리며 잠이 들었다.

다음 날, 학교에서 돌아온 아이를 안아주었더니 "엄마는 이렇게 친절한데, 어제는 왜 그랬어?"라고 묻는다. "엄마가 미안해. 그리고 이렇게 물어봐 줘서 정말 고마워." 그리고 열정에 관해 이야기해 주었더니, 아이는 "아, 엄마가 화났었겠다."라고 말했다. 아이가 잘 성장하고 있음을 느끼며 깨달았다. 진이 빠진 줄 알았는데, 진액이 모이고 있었다는 걸. 내가 죽어가는 줄 알았는데 발효되고 있었다는 걸.

나는 여전히 내 삶의 우선이 아이들이고 가족이다. 하지만 글을 쓰기 시작하며 다시 내 세상이 오길 꿈꾸게 되었다. 꿈이 사라지지 않도록 보살필 것이다. 나는 언제든 날아오를 것이다. 내가 가진 진액과 발효되어 새로워진 것을 글감 삼아 나의 세상으로 나아갈 것이다.

내 삶에 르네상스가 찾아오다

....

스스로 문제를 해결할 수 없는 무기력을 느꼈을 때 교회에 열심히 다녔다. 하나님을 의지하고, 집사님들과 함께 기도하면서 위로와 힘을 얻었다. 그렇게만 살면 내가 살아가는 데 아무 문제가 없을 것 같았다. 더 열심히 성실히 교회 일정에 내 삶을 맞추어갔다. 몸이 지치면 지치는 것을 회개하고, 마음이 거부하면 거부하는 것을 회개하면서 나는 내 몸과 마음의 소리를 듣지 않으려 했다.

그러다 지쳤던 걸까? 임계점에 도달한 것일까? 집에서 부업을 하며 넷플릭스를 많이 보던 때가 있었다. 당시 공개된 '나는 신이다'라는 다큐멘터리를 보고 내 안에 의문이 들었다. '내가 믿는 믿음은 올바른 믿음인가? 분별하며 듣고 있는가? 판단 기준이 있나?' 내 안에 거센 물음이 몰아쳤고, 나는 자신 있게 '올바른 믿음이다. 충분히 판단하며 듣고 있다.'라는 답을 할 수 없었다.

내가 힘들 때 힘이 되어준 교회이며 공동체였다. 무려 내 인생의 큰 과제인 아빠와의 관계 회복에 도움을 준 교회다. 그런 공동체가 나의 생활을 압박하기 시작했다. 한 예로 체력이 약해서 수영을 시작했는데 교회 일정과 겹치면, 교회에 갈 것을 권했다. 수영이 하나님보다 우상이 되면 안 된다고 했다.

혼란스러웠다. 그 후 설교를 듣는데 5분도 채 되지 않아 듣기가 어려워졌다. '아닌데? 나는 그렇게 생각하지 않아.'라는 내 마음의 소리 때문이었다. 그전 같았으면 무슨 말에도 '맞아, 맞아. 아멘, 아멘.'이라며 받아들였을 거였다. 이게 무슨 일일까? 신앙에도 사춘기가 있는 것일까? 구역예배도 힘들었다. 집사님들은 내 고민을 들으며 고난이 약해져서 말씀이 들리지 않는 거라고 했다. 기분이 나빴지만, 아주 틀린 말은 아니었다. 고난이 강할수록 나는 하나님을 더욱 의지하고, 다른 것에 마음을 쓸 여유가 없었을 테니까. 하지만 그것이 정말 건강한 삶일까?

오랫동안 내 생활 자체이자 안식처였던 교회였다. 의문이 든다고 단번에 신앙생활을 그만둘 수는 없는 일이었다. 금방은 괜찮을지 몰라도 어떤 문제 앞에서 의지할 곳 없이 무너질까 두려웠다. 그렇다고 괜찮은 척 계속 다닐 수도 없었다. 내 안의 목소리가 점점 강해졌기 때문이다.

혼란스러워하는 나에게 남편이 책 한 권을 쓰윽 내밀었다. 지나영 교수님의 『마음이 흐르는 대로』. 이 책을 계기로 다른 책들도 열심히 찾아보며 나를 혼란스럽게 하는 의문에 대한 답을 더듬어 찾아가기 시작했다.

교회 생활을 마무리하기로 하고 조우성 작가님의 『마흔, 다시 만
날 것처럼 헤어져라』라는 책을 보았다. 교회와 교회를 다녔던 지난
날의 나를 부정하고 싶지 않았다. 집사님들과도 좋게 헤어지고 싶었
다. 책 제목처럼 언제든 다시 만날 것처럼 마지막 인사를 하고 싶었
다. 쉽지 않았다. 집사님들은 나를 설득하고, 붙잡기 위해 애썼다.
듣기 힘든 말도 있었다. 그렇더라도 나를 위해 해주는 조언이니 감
사하자고 마음을 다독였다. 하지만 내 판단과 결정은 흔들림 없이
단호했다. '나와 가족에게 좋은 다른 교회를 찾아보겠다'고 말씀드
린 끝에 집사님들의 눈물과 축복의 송별회를 받으며 이별할 수 있
었다.

책을 보며 이뤄낸 아름다운 이별이었다. 다른 교회를 찾지 않아도
됐다. 책을 보며 나를 알아가는 시간이 좋았기 때문이다. 나만의 판
단 기준도 세워가게 되었다. 책은 또 다른 책을 이어주었다. 관심 분
야를 넓혀 가며 다양하게 책을 읽어나갔다. 그렇게 한 걸음 한 걸음
마음의 힘을 키워갔다. 때로는 답을 찾기 위해 책을 읽었고, 때로는
책이 던지는 묵직한 삶의 질문을 받으며 생각하게 되었다. 나에게
종교와 믿음은 무엇이었는지 알고 싶어서 종교와 세계사에 관한 책
을 찾아보았다. 내 삶에 르네상스가 찾아왔다고 느꼈다. 신 중심이
며, 종교가 권력이던 중세 시대가 내 안에서 막을 내리게 된 것이다.
책을 읽으며 내적, 외적 혁명이 마구 일어나기 시작했다. 이 시기에
로봇청소기를 구매했는데 나는 우리 집에 산업혁명이 이루어진 것
이라고 여기며 발달한 기계문명의 편리함을 누렸다.

나는 내가 너무 좋아졌다. 내 몸과 마음의 목소리에 귀를 기울이며 자신과 화해를 이루어 나갔다. 혼자 있으며 충만했다. 내가 누군가를 그리워했다면, 그건 바로 내 안의 나였을 것이다. 집중하기 위해 되도록 혼자 시간을 갖고 싶었다. 책을 읽다 보니 글쓰기에도 관심이 갔다. 책을 보느라 친해진 도서관에 글쓰기 수업이 있는 것을 보게 되었다. 이번에도 남편이 응원해주었다. 글쓰기 수업에서 만난 선생님들과 진솔하게 쓴 글을 나누다 보니 듬뿍 정이 들었다. 뜻이 통한 몇 명의 선생님들과 별도로 독서동아리도 만들었다. 혼자의 충만함을 즐기던 나는 문학과 관계에서 오는 풍요로움을 경험하게 되었다.

요즘 독서동아리에서 『신영복의 마지막 강의, 담론』을 읽고 있다. 관계 속의 정체성, 탈근대화에 관한 이야기가 나온다. 요즘 내가 그런 것 같다. 그동안 홀로 단단해지는 것에 집중했다면, 이제는 관계 속에서 내 존재를 찾아가고 있다. 가족과 친구들은 물론 함께 글을 쓰고 책을 읽는 선생님들 가운데 나, 함께 수영하는 인연들 가운데 나로 더 나아가고 있다.

작지만 빛나는 나의 50대

. . . .

2025년을 기억한다. 그해 3월, 나는 도서관에서 진행하는 글쓰기 수업을 듣게 되었다. 그 당시만 해도 몰랐다. 그 수업을 통해 긴 인연을 만들어 나가게 될 줄은. 좋은 영향을 받아서일까? 그 해는 도전의 해였고, 결실의 해였다. 아직도 그때를 생각하면 미소가 지어진다. 그 시절이 아득히 그리워진다. 오랜 겨울을 지나 죽은 줄 알았던 가지에서 꽃봉오리가 맺힌 것 같이, 그 시절은 내게 다시 오는 봄의 계절이었다. 나는 다시 찾아온 봄을 만끽했다. 아이들이 자라면서 자연스레 허락된 시간은 내게 따뜻했고, 설렜다.

그 시절은 내게 '지금'을 선물로 가져다주었다. 문학을 가까이하는 삶, 문학을 사랑하는 사람들과 깊은 교제는 내 영혼과 삶을 살찌워주었다. 여전히 책을 읽고 나누고, 글을 쓰고 나눈다. 나는 더 깊어지고 있다. 자격증 공부를 열심히 한 끝에 공공기관에서 일할 수 있게 된 것도 그때의 노력 덕분이다. 안정적이고 규칙적인 삶은 나와 가족의 생활을 지켜주었고, 성장을 뒷받침해 주었다. 그뿐인가? 일반인 수영 대회에 나가기 시작한 것도 그때다! 개인으로, 팀으로 경기를 준비하며 실력이 늘었고, 팀은 더욱 끈끈해졌다. 여전히 내 삶의 활력을 담당하는 수영! 도전하기를 두려워하지 않고, 용기 내주던 과거의 나에게 아낌없는 박수와 감사를 보낸다.

그리고 보니 20년 전에 있던 일도 생각난다. 그때는 남편과 싸우는 일이 많았다. 큰아이가 4살, 둘째는 없던 때. 나는 어린아이를 옆에 두고도 이혼하자는 말도 서슴없이 내뱉으며 악을 썼다. 같이 받아치던 남편이 잠시 눈을 질끈 감고 숨을 고르는 듯하더니 이런 말을 했었다.

"당신, 정말 이혼하면 어떨지 생각해 봤어? 지금의 힘든 시간은 전부 지나갈 거야. 10년 후에는 모든 게 안정되고 편해져 있을 거라고. 난 자신 있어. 만약 이혼해서 그때 당신이 우리와 함께 있지 않다면, 후회하지 않겠어?"

남편의 말에 나도 상상해 봤다. 고통의 시간을 지나 안정된 생활을 하는 가족의 모습. 거기에 내 빈자리를 떠올려 보았다. 엄마의 자리를 지키지 못한 죄책감에 다가가지 못하고 멀리서 바라봐야 하는 나의 모습이 그려지자 그건 싫었다. 나도 남편과 아이 옆에 함께 있고 싶다는 생각이 강하게 들었다. 나는 그 뒤로 이혼하자는 말을 하지 않았다. 부부싸움 중에 10년 후를 그려보게 하다니, 그런 지혜를 발휘해준 남편이 대단하고, 고맙다.

요즘 나는 남편과 함께 노을을 보며 산책하는 것을 즐기고 있다. 산책하지 못한 날에도 거실에서 멋진 하늘을 볼 수 있다는 것이 꿈만 같다. 이곳에 이사 오기 전, 공공 임대 아파트에 살면서 조기 분양을 준비할 때 마음고생 한 날들이 떠오른다. '고생했다. 잘했다. 괜찮다.' 이 말을 그때의 나에게 전할 수 있다면, 위로를 전할 수만 있다면, 그렇게 울지 않았을 텐데.

　오늘따라 옛 생각에 마음이 뭉클해진다. 아이들이 각자 자취를 시작하고, 집이 허전하게 느껴져서일까? 그러고 보니 강아지 젤리도 10살이다. 사뿐사뿐 앞서가며 기분 좋게 끌어주는 모습이 여전히 사랑스럽다. 나는 생각해본다. 앞으로 10년은 어떤 모습일까?

남의 인생 말고, 내 인생을 살자

‥‥

　나는 느림보다. 무엇이든 천천히, 조용히 하지만 깊이, 오래가는 것을 좋아한다. 계획을 세우고 꾸준히 실천하는 데 강점이 있고, 반복되는 일에도 지루함보다는 안정감을 느낀다. 하지만 예상에서 벗어나면 쉽게 낙담하고, 두려워하며 자신을 몰아세우기도 한다. 주변 사람들을 보며 나만 제자리인 것 같아 마음이 초라해지기도 한다.

　그러던 어느 날, 생각 없이 핸드폰을 보며 다른 사람들의 삶을 보고 부러워하고 있었는데, 우연히 오프라 윈프리의 책을 소개하는 블로그 포스팅을 보게 되었다.

> ‘내가 흑인인 건 나에게 정말 좋은 일이다.
> 내가 여자인 건 나에게 정말 좋은 일이다.
> 내가 나인 건 나에게 정말 좋은 일이다.’

　무언가에 얻어맞은 기분이었다. 내가 갖지 못한 것들을 부러워하며 스스로에 대한 열등감이 커지고 있을 때, 이 문장은 나를 일으켜 세웠다. 내가 나인 것을 좋게 받아들이게 하는 문장이었다. 그리고 ‘다른 사람을 부러워하던 것이 나 자신에게 큰 실례였구나’라는 생각도 들었다. 그때부터 내 삶의 모토는 '남의 인생 말고, 내 인생을 살자'가 되었다. 조용한 느림보의 속도대로 나아가며 내 삶의 의미를 차곡차곡 채워 가고 싶다.

달리기가 하고 싶어서 보게 된 책이 있다. 러닝 코치 김성우 님의 『30일 5분 달리기』에는 그의 달리기 철학이 담겨 있다.

'내가 할 수 있는 달리기를 하다 보면 즐거워지고,
그러다가 내가 할 수 없는 달리기를 하게 된다.'

이것은 내게 큰 울림을 주었고, 앞으로 삶의 방식으로 삼겠다고 다짐했다. 내가 할 수 없는 것에 낙담하기보다, 지금 나에게 가능한 일부터 시작하자. 그러다 보면 언젠가 지금은 어려운 일도 할 수 있게 될 것이다. 나는 내가 지금 할 수 있는 어떤 일을 소중하고 감사한 마음으로 해나갈 것이다. 비록 남들보다 느릴지라도 늘 앞으로 나아가며 성장할 것이다.

집 근처 식당에서 점심 아르바이트를 했었다. 아이가 학교에 있는 동안 파트타임으로 일하기 좋았다. 3월 중순의 어느 날, 사장님으로부터 다른 일을 찾아보라는 문자 메시지와 그날 일한 것까지 계산된 시급이 이체되었다. 1년 넘게 일한 곳이었다. 사장님은 같은 아파트 입주민이기도 하다. 식당 운영이 어려워졌다는 것을 알고 있었다. 마음이 불편하고 눈치가 보였지만 10월까지 일해 달라는 말에 그런 줄 알았다. 예상치 못한 퇴사 통보, 그 부당함과 무례함에 화도 났고, 밀려오는 초라함에 감정이 요동쳤다.

빌려둔 책이 눈앞에 놓여 있었다. 스콧 피츠제럴드의 『위대한 개츠비』. 솔직히 읽을 기분은 못 되었다. 그러나 '식당에 있던 시간이 내게 얼마나 귀한 시간이었던가. 얼마나 책을 읽고 싶었던가.'를 되뇌며 책을 펼쳤다. 나는 소설의 첫 구절을 읽는 순간 책이 나에게 하는 말을 똑똑히 들을 수 있었다.

> "누구를 비판하고 싶어질 땐 말이다,
> 세상 사람이 다 너처럼
> 좋은 조건을 타고나는 건 아니라는 점을
> 명심하도록 해라."

아버지가 주인공 닉에게 했던 충고의 말이었다. 나는 이 부분을 읽고 또 읽었다. 비판하는 마음이 들 때마다 충고의 말을 되새겼다. 책은 내 마음을 만져 주며 좀 더 성숙하고 지혜로운 내가 되게 해주었다. 사장님이 잘했다는 것이 아니다. 잘못에 관하여 조금은 연민하는 태도로, 조금은 너그러운 마음으로 나를 어지럽히는 비판을 멈출 수 있었다. 이것은 내 삶에 새겨진 타인을 대하는 방식이다.

앞으로도 여러 책을 통해 지혜로운 삶의 방식들을 많이 배워가고 싶다. 그리고 그것을 나누는 인생이 되고 싶다.

사랑하는 승유, 승리에게

••••

승유, 승리야. 안녕? 엄마야. 갑자기 웬 편지냐고? 며칠 전, 너희가 엄마 생일에 편지를 써줬잖아. 엄마가 얼마나 행복했는지 알아? 내가 사랑받는 존재라는 게 느껴졌고, 세상이 참 따뜻해지는 것 같았어. 진짜 신기하지? 사랑이 뭐길래 그럴까? 너희는 뭐라고 생각하는지 궁금해. 엄마도 너희를 정말 사랑해. 그리고 그 사랑이 잘 전해졌으면 좋겠다는 마음으로 이렇게 편지를 쓰게 되었어.

엄마는 어릴 때 사랑을 잘 몰랐어. '좋아하는 것보다 더 큰 마음일까?' 하며 궁금했지. 그런데 너희를 낳고 키우면서 사랑이라는 감정이 점점 더 커지고, 또렷해졌어.

엄마가 너희에게 주는 사랑, 그 첫 번째는 배려야. 내 마음이 아무리 크고 넘치더라도 너희가 편안하게 느끼고, 행복해하는 방식으로 표현하고 싶었어. 엄마가 어린 시절 받은 사랑은 아프고 괴로운 기억으로 남아 있어. 그래서 내 사랑이 너희에게 불편하거나 상처가 될까 봐 늘 조심했어. 너무 조심한 탓에 엄마 사랑이 부족하게 느껴졌다면, 미안해.

엄마가 너희에게 주는 사랑, 두 번째는 존중이야. 너희는 엄마가 세상에서 가장 사랑하는 아들이지만, 너희를 내 소유로 여기지 않으려고 애썼어. 걱정이 앞설 때도 모든 걸 알려고 하거나 통제하기보다는 너희의 생각과 시간, 공간을 존중해주고 싶었어. 그 마음이 전해졌는지는 모르겠지만, 엄마는 너희가 참 사랑스럽고, 착하게 자라줘서 늘 고마워.

엄마가 너희에게 주는 사랑, 세 번째는 책임이야. 혹시 엄마의 사랑을 당연하게 여기진 않았니? 하지만 사실 사랑은 당연한 게 아니야. 조금 놀랐을까? 사랑이 변할 수 있다는 건 두렵게 느껴질 수도 있어. 하지만 당연하지 않기에 더 소중히 여기고, 책임감을 가지게 된단다. 엄마도 너희 사랑을 당연히 여기지 않고, 언제나 소중히 여기고 있어. 엄마 사랑이 변할까 봐 불안해하지는 않아도 돼. 너희의 존재가 엄마 사랑의 이유이기 때문이야. 그렇다고 너무 당연하게 여긴다면 서운할 거야.

엄마가 사랑에서 가장 중요하게 생각하는 게 있어. 바로 스스로를 먼저 사랑하는 거야. 너희가 자라면서 사랑도 커질 텐데, 그 시작은 자기 자신이라는 것을 꼭 기억했으면 해. 자신을 사랑하는 건, 좀 낯설 수 있지만 자기 몸과 마음, 생각을 잘 돌보는 거야. 그렇게 나로부터 시작된 사랑이 가족과 친구, 세상으로 퍼져나가고, 결국 다시 나에게로 돌아온단다.

엄마의 사랑이 잘 전해지길 바라는 마음이었는데 쓰다 보니 너무 진지해진 것 같아. 엄마가 말해준 것은 엄마가 찾은 사랑일 뿐. 엄마는 승유, 승리가 고민하고, 배워가며 자신만의 사랑을 키워나갔으면 좋겠어. 너희의 크고 깊은 사랑이 넓은 세상으로 나아가길 응원할게. 승유야, 승리야, 사랑해.

2025년 5월 18일

승유, 승리를 사랑하는 엄마가.

Super car

....

나는 뭐든 잘하고 싶었다. 학생일 때는 공부를 잘하고 싶었고, 주부가 되니 요리가 잘하고 싶어졌다. 때마다 주어지는 역할을 멋지게 잘 해내고 싶은 마음이 크다. 이런 마음은 스스로 부족함을 일깨우고 성장을 삶의 의미로 두게 만든다. 그래서 성장한다고 느낄 땐 무척 만족스럽고 기쁘다. 반면, 정체된다고 느낄 땐 자책하게 된다. 쉬어가야 함에도 쉬는 것이 불안하다. 피곤한 것인지 게으른 것인지 분간이 어렵다.

나는 시간이 많았으면 한다. 나만의 시간, 성장할 수 있는 시간이 필요하다. 그래서 일찍 일어나보았다. 시간을 확보한 것 같았으나 체력이 따라주지 않는다. 시간을 앞당겨 사용했을 뿐, 나에게 주어진 하루의 시간은 같다는 것을 깨닫는다.

그러니 나는 체력이 넉넉했으면 한다. 나는 스스로 경차 같다고 생각한다. 내가 가진 엔진, 체력이 너무 작기 때문이다. 시간의 한계를 체력으로 보충해서 내가 하고 싶은 만큼 해내고 싶다. 그런 의미에서 나는 슈퍼카가 되고 싶다.

자, 슈퍼카가 된다면, 해가 뜨기 전 어두운 새벽에 일어나고 싶다. 그래서 남아 있는 하늘의 별을 감상하고 싶다. 곧이어 떠오르는 해를 보며 넘치는 자신감으로 하루를 시작하고 싶다. 오전엔 수영, 오후엔 독서와 글쓰기로 내 몸과 마음을 단련하고 싶다. 초저녁 아름다운 노을을 놓치지 않을 것이다. 그리고 가족들과 단란하고 편안한 시간을 누리고 싶다.

일도 하고 싶다. 특별한 것이 아니어도 좋다. 내 시간과 에너지를 나누어 쓰고도 삶의 균형이 무너지지 않는 일이면 좋겠다. 누군가에게 도움이 되고, 세상과 연결되어 살아갈 수 있는 일을 하고 싶다.

글을 쓰기 전에는 뭔가 특별한 걸 원한다고 생각했는데, 막상 쓰고 보니, 지루해 보일 만큼 단조롭다. 내가 잘못 쓴 것일까? 아니, 내 마음은 분명 이런 삶을 원하고 있다. 단순하지만 깊고, 똑같은 것 같지만 다채롭고, 충만한 것 말이다. 특별하지 않기에 마음만 먹으면 당장 할 수 있을 것도 같다.

슈퍼카가 되고 싶다고 했는데, 막상 내가 하고 싶은 삶을 그려보고 나니 그렇게 큰 힘과 빠른 속도는 필요 없어 보인다. 경차로도 충분하다는 것을 깨닫는다. 인생은 내 마음대로 되지 않는다고 하는데, 어쩌면 내 마음껏 살아볼 수도 있을 것 같다. 내게 필요한 것은 무한한 시간과 초인적인 체력이 아니었다. 조금 더 나의 내면을 잘 살피고 사랑해야겠다. 자신을 엄격하게 몰아가기 전에 더 믿어주어야겠다. 그것이 슈퍼카가 되지 않고도 마음껏 잘 살 수 있는 비결이다.

현재를 비관하는 사람을 위하여

· · · ·

과거가 현재와 다르듯이, 미래는 지금과 다를 거예요. 당신이 생각하는 것과 다른 시간을 살게 될 거예요. 지금이 전부가 아니니, 미래를 포기하지 말아요.

저도 죽고 싶었던 때가 있었어요. 가면 우울증[19]이었어요. 내 의지와 상관없이 무기력했어요. 삶의 의미가 없었고, 살아갈 힘이 없었어요. 약을 먹었지만 나아지지 않고 잠만 잤어요. 일부러 그러는 것 아니냐는 오해를 받기도 했어요. 이해보다 눈치를 받으며 치료했던 시간이었어요.

언제까지 약을 먹어야 하냐는 질문도 진짜 많이 받았어요. 언제까지 먹어야 하는지는 알 수 없어도 제멋대로 약을 끊으면 위험하다는 건 알았어요. 그렇게 오래도 약을 먹었는데……

---

19 가면 우울증: 겉으로는 사회적 기능을 잘 수행하며 정상적으로 보이지만, 내면에는 지속적인 우울감과 무기력이 존재하는 상태.

재밌는 얘기 해줄까요? 꾸준히 치료받던 어느 날, 선생님이 저에게 제 우울증의 원인을 알겠다는 거예요! 그게 뭔가요? 하고 물으니 제가 성인 ADHD[20]라는 거예요. 그건 가면 우울증과는 또 다른 충격이었어요. 그래서 ADHD의 원인은 뭔가요? 그랬더니 그건 유전이라고 하는데, 어찌나 씁쓸하던지.

'30대에 알게 된 ADHD, 왜 이제 알았을까?' 믿어지지 않았는데, ADHD약으로 우울증 증상이 나아지는 걸 보고 받아들이게 됐어요. 약의 도움으로 생활이 나아질 순 있어도, 유전으로 타고난 것이니 평생 붙어 가야만 하는 것으로 말이에요.

저는 약 복용과 동시에 운동을 시작했습니다. 책을 읽고, 글도 쓰기 시작했습니다. 그러는 동안 아이들이 자라 제 시간도 많아졌어요. 의사 선생님은 제 생활이 건강해짐에 따라 약도 점차 줄이더니, 이제는 약을 먹지 않아도 좋다고, 그러다가 힘들면 참지 말고, 필요할 때만 먹으라고 했습니다. 이런 날이 오다니 감격스러웠습니다.

처음 병원에 상담하러 가기로 했던 날이 떠오르네요. 어느 날 저녁 아이들 잘 준비를 돕다가 거울에 비친 제 얼굴을 보았어요. 힘들고 짜증 가득한 썩은 표정. '아이들을 이런 얼굴, 이런 표정, 이런 말투로 대하고 있었다니…', '나는 아이들을 사랑하는데, 아이들이 기억하는 나는 짜증 내는 엄마겠구나.'라는 생각이 들면서 정신과 상담을 결심

---

20 ADHD(주의력결핍 과잉행동장애): 주의 집중의 어려움, 충동 조절의 부족, 과잉행동이 특징인 신경발달장애.

하게 되었어요. 그렇게 병원에 간 이후로 5년이란 시간이 흘렀네요.

돌이켜 보니 죽고 싶던 때가 있었지만, 살길 잘했습니다. 저는 이 글을 그때의 저를 떠올리며 쓰고 있어요. "지하야, 그때 죽지 않고 살아줘서 고마워. 치료받은 거 정말 잘한 거야." 그런데 제가 ADHD잖아요. 언제 또 우울증이 올지 모르고, 죽고 싶어질 수 있으니 그때를 대비해 저를 살릴 글을 남기려고 해요.

"지하야, 살아. 이게 끝이 아니야. 너 알잖아. 너 죽고 싶은 거 아니야. 누구보다 잘살고 싶은 거야. 지하야. 피투성이라도 살아. 눈치 봐도 살아. 너 게으른 거 아니고, 의지가 약한 것도 아니야. 너무 많이 애써서 방전된 거야. 약 먹고 푹 자. 계속 자. 그렇게 다시 충전하면 돼."

최근에 조정래 작가의 책 『한강』을 읽었어요. 그 책의 주인공은 유일민이라는 청년이에요. 아버지가 월북한 빨갱이라 그 가족은 늘 감시받으며 살아요. 느닷없이 끌려가 견디기 힘든 조사를 받기도 하고요. 공부를 뛰어나게 잘하는 학생이었지만, 연좌제로 인해 사회 진출할 모든 길이 막혔다는 걸 알게 되었어요. 강제로 입대하게 된 유일민은 같은 처지의 동생에게 편지를 보냈어요.

'의문을 갖지 말아라. 회의도 하지 말아라. 미래를 아는 인간은 아무도 없으며, 가망 없는 미래를 예상해서 현재의 삶에 불충실한 것처럼 큰 어리석음은 없다. 공부에 열중해라.'

유일민은 동생 역시 모든 사회 분야에서 신원조회 당하게 될 것을 알았어요. 그래서 대학교를 졸업하더라도 취업이 불가능하다는 것도 알았지요. 하지만 대학입시를 앞둔 동생에게 편지를 보내요. 현재 해야 할 일에 열중하라고 말이에요. 가망 없는 미래라고 낙담하지 말라는 말이 제 마음에도 큰 울림을 주었어요.

저는 요즘 장거리 수영 연습을 하고 있어요. 쉬지 않고 10바퀴를 돌다 보면 숨이 찰 때가 많아요. 아직 완주하려면 한참 남았는데, 지금 당장 숨이 막혀 죽을 것 같은 공포가 밀려와요. 그럴 때마다 저는 저를 달랩니다. '나만 숨 막히는 것이 아니다. 다들 숨 가쁘다. 먼저 숨 차는 사람이 지는 거다. 그러니 내 호흡을 찾아가자.' 너무 무서울 때는 이렇게 생각합니다. '너는 물속 깊이 빠져있는 게 아니야. 물 위를 헤엄치고 있지. 정말 숨이 막힐 땐 고개만 살짝 돌려 숨을 쉴 수 있어.' 물이 나를 삼켜버릴 것 같이 위협적으로 느껴질 때는, 물의 소리와 빛, 물결을 천천히 다시 느껴보려고 합니다.

저는 수영을 통해 죽음의 공포와 삶의 감각을 깨우고 있어요. 삶에서 자신의 호흡을 찾아가는 것은 중요하니까요. 그리고 숨을 꾹 참고 난 다음 이어지는 깊고 시원한 숨은, 고통 뒤에 감춰졌던 선물을 받은 기분이에요. 우리는 어쩌면 매일 죽고, 새롭게 태어나 하루를 살아가는 걸 수도 있어요. 당신의 괴로운 숨 너머, 깊고 시원한 호흡이 찾아와 오래오래 이어지길 바랍니다.

조현주

생의 모든 순간

····

어린 시절에 있었던 일들을 떠올렸을 때 먼저 생각나는 기억이 있다. 기억의 목록이 정해진 것은 아닌데 마치 기다렸다는 듯이 그 기억이 떠오른다. 요즘은 예전만큼 과거를 자주 생각하는 것은 아니지만 오랜만에 그 기억을 마주할 때면 반갑기도 하고 때에 따라 그 기분도 달라지곤 한다. '나는 왜 이렇게 이 기억을 자주 떠올리지?' 하는 생각이 들면 그때의 순수하고, 열정이 가득했던 나를 그리워하는 것 같다. 지금 그때의 기억을 꺼내 현재에 다시 마주하고, 만나보고자 한다.

무대를 만난 나

....

어릴 적부터 나는 사람들 앞에서 노래를 부르고 춤을 추는 것을 좋아했던 아이였다. 소풍이나 학예회가 있으면 오락부장을 도맡아 했으며 그 당시 유행했던 노래를 부르고 춤을 췄다. 무대에 오르면 가슴 밑에서 올라오는 흥이 무엇인지 잘 몰랐지만 설렜고 채워지는 그 기분이 마냥 신나고 좋았다. 무대가 끝나고 들려오는 사람들의 박수와 환호성이 정말 좋았고, 그 관심을 오랫동안 받고 싶었다.

초등학교 4학년 시절, 학교 특별활동시간에 연극부가 생겼다. 아동연극을 하는 특별활동이었는데 당시 담임 선생님께서 연극부를 담당하셨다. 선생님께서는 평소 나를 잘 알고 계셨기에 나에게 연극부 활동을 해보라고 적극적으로 추천해 주셨다.

처음에는 두꺼운 대본집을 보고 이것을 다 외워야 한다는 사실에 겁을 먹고 망설였다. 그전까지 나는 연극을 한 번도 직접 본 적이 없었다. 당시에는 인터넷이 없었고, 다른 방법으로 연극을 접해볼 수 없었다. 티브이에 나오는 드라마나 영화가 아니라 사람들 앞에서 사실적으로 연기를 하는 연극이 생소했지만, 왠지 모를 호기심을 불러일으켰다.

선생님께서 "넌 충분히 잘 할 거야!"라고 격려와 응원을 해주셨다. 그 격려와 응원에 힘입어 연극부 활동을 시작했다. 다양한 연극놀이를 하면서 연극과 친해졌고, 그 순간에는 내가 가지고 있는 근심과 걱정을 잊을 수 있었다. 시간이 지날수록 연극에 점점 빠져들었고, 더 잘하고 싶다는 욕심도 생겼다. 방학을 앞두고 학교에서 하는 학예회에서 연극을 공연하게 되었다. 주인공을 누가 할지에 대해 연극부 아이들 사이에서 화제가 되었고, 선생님께서 주인공 하고 싶은 사람은 지정된 대본을 외워서 연기해야 한다고 하셨다. 지금 생각해보면 그것은 오디션이었다.

나는 태어나서 처음으로 무엇인가 제일 열심히 했던 순간이었다. 오디션 날까지 대본을 손에서 놓지 않고, 외우고 열심히 연습했다. 집에서 밥을 먹고 잠자는 시간을 제외하면, 대본은 늘 손에 있었다. 좋아하는 만화도 보지 않고, 거울 앞에서 시간 날 때마다 연기 연습을 했다. 대사를 틀리지 않기 위해 늘 입으로 대사를 중얼거렸다. 꿈속에서도 대본이 나타나 나를 괴롭히기도 했다.

오디션 날, 손에 적어놓은 대사 없이 정해진 대본을 다 외워서 연기한 나는 주인공이 되었다. 그날의 기쁨은 지금도 생생한 기억으로 남아 있다.

내가 노력해서 성취한 결과가 만족스러웠고, 스스로 대견하다고 생각했다. 약간의 질투를 받았지만 그래도 행복했다. 공연 날까지 수업 시간이 끝나고 남아서 연습했을 때도 전혀 힘들지 않았다. 준비과정에서 아이들과 다툼과 오해로 힘들 때도 있었지만 잘 이겨내려고 노력했다. 시간이 지나 학예회 날이 되었을 때 긴장과 설렘으로 전날 잠을 잘 수가 없었다.

'혹여나 대본을 잊어버리면 어떻게 하지? 무대에서 실수하게 되면 어쩌지? 아니면 같이 공연하다가 문제가 생기면 어떻게 해야 하지?' 걱정과 불안은 꼬리에 꼬리를 물고, 편한 잠에 들지 못하게 했다.

시간은 흘러 긴 밤이 지나고 날이 밝았다. 나는 평소보다 일찍 일어나 준비하고 학교에 갔다. '난 잘할 수 있어. 실수는 하지 않을 거야. 열심히 연습했으니 난 잘 할 거야. 공연은 멋지게 잘 될 거야.' 나만의 주문을 외우며 공연 전까지 마음을 다잡았다. 학예회의 순서가 하나씩 지나가고, 드디어 연극이 시작되었다. 첫 대사가 지금도 생각이 난다. 음악이 끝나고, 주인공이 아침에 일어나 책상에 앉아 책을 읽으면서 시작했다.

"나는 오늘도 학교에 간다. 학교는 왜 매일 가야 하는 거지?" 그리고 다음 대사를 해야 하는데 순간 눈앞이 하얗게 되면서 머릿속이 비워지는 기분이었다. 그 짧은 몇 초의 시간은 영원처럼 느껴졌고, 모든 감각은 거기에 세워졌다. 나는 차분히 눈을 감고 힘들게 연습했던 순간들을 떠올렸다. 아침에 일찍 일어나 대본을 보면서 하루를 시작했던 순간, 나이 어린 동생을 돌보면서도 머릿속에서 연극을 생각하고 연습했던 순간, 연습시간을 만들기 위해 심부름과 집안일을 해야 했던 순간들이 주마등처럼 지나갔다. 이 순간을 위해 열심히 준비했고, 나를 위해 후회 없이 해보자고 생각했다. 그 생각의 끝에 대본의 한 부분이 빛을 내며 나에게 다가왔다. 너무나도 익숙한 부분이었다. 그 흐름에 나를 맡기고 나니 사람들의 박수 소리가 들렸다. 어느새 연극은 끝이 났고 실수 없이 잘 마칠 수 있었다.

그때의 박수 소리는 가슴 속 깊은 곳에 잠들어 있던 나의 희망과 꿈을 깨웠다. 그전까지만 해도 나는 적당히 살아가는 것도 괜찮을 거라고 무의식적으로 생각했다. 차별을 받고 부당한 대우를 받아도 깊이 생각하지 않고 상처받지 않으려 했다. 내가 노력해도 달라지는 것은 없고, 그저 현실에 순응하는 것이 편하다고 생각했는지도 모른다. 하지만 연극을 알게 되고, 공연 연습을 하면서 나는 내가 생각했던 것보다 훨씬 더 나은 사람이라는 것을 알게 되었다. 누군가를 위해서가 아니라 나 자신을 위해 열심히 노력했다는 사실만으로도 충분한 기쁨을 느낄 수 있다. 공연 날 그 박수 소리와 환호성을 들었을 때 기뻐서 눈물을 흘릴 수 있다는 사실도 알았고, 머리부터 발끝까지 온전히 행복으로 채울 수 있다는 것을 알았다.

내 인생에서 생애 최초 무엇인가를 하고 싶다는 크고 강한 꿈이 생긴 것이다. 그 꿈이 때로는 너무 크게 느껴져서 다가오는 것조차 무겁게 보일 때도 있었다. 또 그 꿈의 무게에 짓눌려 지금의 현실을 부정하기도 했다. 화려하게 빛이 나는 꿈과 차가운 현실을 비교하면서 나의 지금을 인정하지 않고 다르게 보기도 했다.

최근 꿈의 그림자에 다가가기 위해서는 마음과 손과 발을 천천히 내미는 것이 중요하다는 것을 알았다. 지금은 멀게 보이는 꿈이 언젠가는 가까이 다가와 있을지도 모른다. 찬란하게 빛났던 꿈은 지금도 이어지고 있고, 그 꿈을 등대 삼아 삶에 태풍과 큰 파도가 찾아와도 잘 따라갈 것이다.

음악의 파동

. . . .

어느 밤 어떤 이유인지 알 수 없지만 잠이 쉬이 들지 않았다. 오랜만에 찾아온 불면이라는 손님이 낯설지 않았고, 그 핑계로 생각의 우물을 파보기로 했다.

생각의 우물을 파다 보면, 내가 가지고 있는 의문에 대한 깨달음을 알 수 있으리라. 일 년 전과 비교해보면, 확실히 아침에 눈을 떴을 때의 기분이 많이 좋아졌다. 작년과는 사뭇 다른 느낌으로 눈을 뜨는 게 신기했고, '무력감에서 벗어나 스스로 움직일 수 있도록 열정 스위치가 켜지게 된 계기는 무엇일까?'에 대해 생각의 시동을 걸었다.

과거의 나는 실패의 그림자에서 벗어나지 못하고, 깊고 어두운 동굴 속으로 점점 들어가고 있었다. 밝은 빛을 향해 나가고 싶은 마음은 있었지만 한 걸음 한 걸음 행동으로 옮긴다는 것은 쉽지 않았다. 예전처럼 새로운 것을 배우면서 삶의 활력을 느껴볼까 싶다가도 '내가 이것을 배우는 게 무슨 의미가 있을까?' 하는 습관적인 회의감에 빠져 시작하지 못할 때도 있었다. 극적으로 삶을 변화해야 한다는 생각에 사로잡혀 언젠가 내 눈앞에 터닝 포인트가 나타날 거라고 막연하게 기다리고 있었다. 하지만 변화의 바람은 불지 않았고, 내 생각과 의지와는 다른 일상을 살아가는 데에 지쳐가고 있었다.

그러던 어느 날 이대로 있으면 안 되겠다는 생각에 내가 좋아하는 문화예술교육이 있는지 검색해 보았다. 흥미 있는 것을 배우면서 삶의 재미를 조금씩 느낀다면, 내 안에 숨겨진 열정이 일어날 것같은 조그만 희망이었다. 인터넷을 검색하다가 꿈다락 문화예술학교[21]가 있다는 것을 알게 되었다. 전국 각 지역의 다양한 기관에서 시행하는 문화예술프로그램으로 미술, 음악, 연극/뮤지컬, 무용, 사진, 공예 등 개인의 취향에 맞는 프로그램을 선택할 수 있었다. 현재 나의 일정과 수업 시간, 교육기관과의 거리 등을 고려해서 어떤 프로그램을 선택할지 신중하게 살펴보았다. 순간 가슴이 두근거리는 것을 느꼈다. 아마 나의 눈도 반짝였을 것이다. 가슴 속 활시위가 강하게 당겨지는 새로운 감정이었다.

여러 가지 프로그램 중에서 내가 선택한 것은 바로 작곡 수업이었다. 내 버킷리스트 중 하나가 노래 작사, 작곡하기인데 늦기 전에 한번 도전해보고 싶었다. 나는 음악을 매우 좋아하지만, 음악의 이론에 대해서는 잘 알지 못했다. 음악 이론보다는 악기 배우는 것을 좋아해 기타, 우쿨렐레, 드럼, 난타북 등을 배웠지만 꾸준히 배운다는

---

21 한국문화예술교육진흥원에서 시행하고 있는 '꿈다락 문화예술학교'는 전 생애, 국민 누구나 참여할 수 있는 다양한 문화예술 교육을 지원한다. - 해당 홈페이지 참고

것이 쉽지 않았다. 매일 음악을 들었고, 가끔은 음악을 듣다 밤늦게 잠들 정도로 가슴 뜨겁게 사랑했다. 음악은 내게 항상 옆에 있어 주는 다정한 친구 같았다. 세상 모든 감정이 쏟아져 내릴 때, 나는 음악 속으로 들어갔다. 그 속에서 세상 걱정과 근심을 함께 공감하고 마음껏 슬퍼하고 기뻐할 수 있었다. 음악을 듣는다는 것은 나에게는 일상이고 큰 행복이었다. 언젠가부터 음악은 나에게 별 같은 존재가 되었다. 인생에 반짝임과 행복을 주지만 가까이 다가가면 멀리 있다는 것을 깨닫게 해주는 별. 음악이 가깝지만 멀리 있다고 생각한 이유는 즐길 수는 있지만 내가 음악을 만들 수 없다고 생각했기 때문이다. 미술이나 사진, 연극, 무용 등은 내가 직접 참여해보고 창의적인 경험을 해봤지만, 작곡한다는 것은 나와는 다른 세계에 있는 일이라고 생각한 것이다.

홈페이지의 프로그램 소개 글에 있는 '악보를 못 봐도! 연주를 못해도! 누구든지 가능한! 중장년 세대의 새로운 도전이 담긴 작곡프로그램입니다.'라는 문구에 용기를 얻었는지도 모른다. 오전에 하는 프로그램이었고, 수업을 받는 곳이 결코 가까운 거리는 아니었기에 아침 일찍 서둘러야 했다. 첫 수업에 들어갔던 그 순간이 지금도 생생하다. 칠판에는 오선지가 그려져 있었고, 키보드와 빔프로젝터가 설치되어 있었다. 출석부에서 이름을 확인하고 이름표와 악보집, 노트를 받고 자리에 앉았다.

이 프로그램에 지원한 계기, 이루고 싶은 목표, 즐겨듣는 음악 등을 이야기하면서 자기소개를 했다. '어떤 사람들과 수업을 들을까' 하는 기대와 설렘으로 수강생들의 소개를 집중해서 들었다. 선생님들께서는 앞으로 진행될 프로그램에 대해 설명해주셨다. 작곡, 리듬, 멜로디, 화음 등을 이해하면서 배우고 중간 회차에는 야외수업을 나가서 자연 속에서 음악적 영감을 받는다고 했다. 그때만 하더라도 과연 야외수업에서 음악적 영감을 받을 수 있을까 하는 의문이 있었다. 그리고 그 후부터는 작곡하기에 들어간다고 했다. 수강생들의 걱정스러운 표정을 읽었는지 선생님께서 말씀하셨다.

"오늘 첫 수업이니 걱정하지 마세요. 지금은 음악에 대해 잘 모른다고 생각할 거예요. 하지만 시간이 지나면 여러분들도 몰랐던 음악적 영감이 솟아오를 거예요."
'과연 나에게도 음악적 영감이 찾아올까? 다른 수강생들은 어떤 음악을 만들게 될까?' 등 많은 궁금증이 생겼다.

한 주 한 주 수업을 집중해서 듣고, 수업내용을 기억하기 위해 복습을 했다. 단기간에 음악적 이론을 쌓는다는 것이 쉽지 않았지만 모든 것에는 처음이 있으리라. 일단 너무 잘해야 한다는 생각부터 내려놓기로 했다.
'처음부터 욕심부리지 말자. 내가 하고 싶었던 작곡의 시작점에 있는 것에 감사하자.'라고 생각했다.

시간이 지나고, 야외수업 날이 되었다. 아침 햇살이 눈부셨고, 날

씨는 누군가 최상품으로 만들어 놓은 것처럼 환상적이었다. 기대 반, 설렘 반으로 수업을 받으러 갔다. 야외수업을 위해 강의실의 가까운 곳에 있는 공원으로 갔다. 기타를 가져온 수강생들도 있었고, 공원에서 공연한다고 해서 스피커도 챙겼다. 마치 음악영화의 한 장면처럼 누군가가 시작한 노래를 함께 부르며 공원으로 걸어갔다.

사람들의 걸음에 맞춰 잔잔한 바람 속에 스며드는 선율이었다. 사람들의 얼굴에는 자연스러운 미소가 머물러 있었고, 약속이나 한 듯이 음악에 빠져들었다.

공원의 정자에 앉아 그동안 배웠던 노래들을 함께 불렀다. 아무도 없는 평일 오전, 공원에서 노래를 부르는 느낌이 낯설지만 좋았다.

선생님께서 오늘은 부담 갖지 않고, 음악적 영감을 찾는 수업이라고 했다. 가장 좋은 방법은 혼자서 공원을 걸어보거나 편안한 곳에 앉아 보는 것이라고 했다. 중요한 것은 혼자서 생각하는 시간을 갖고, 그 시간만큼은 핸드폰을 보지 않고 오롯이 본인에게 집중하는 것이라고 강조하셨다. 나는 물과 가방, 노트를 챙겨서 혼자서 공원을 걷기 시작했다. 음악적 영감에 집착하지 않고, 일단 걸어보기로 했다. 햇살을 받으며 천천히 걸어가는 순간, 순간이 필름처럼 기억에 저장될 것 같았다. 걷다가 저 멀리 산을 바라보거나 하늘의 구름을 쳐다보기도 했다. 살랑살랑 부는 바람에 나의 감각을 맡기고 오랫동안 서 있기도 하고, 나무 그늘에 앉아 나뭇잎과 줄기 끝이 하늘과 연결되는 선을 한참 동안 바라보기도 했다. 나를 옭아매고 있는 생각 속에서 벗어나 자유로움을 느꼈다. 그 순간 소리에 집중하게 되었다. 때 늦은 매미 소리, 풀잎들 부딪치는 소리, 지저귀는 새소리, 멀리서 들려오는 공사장의 소리, 낙엽 밟는 소리……. 그리고 가장 크게 들리는 것은 내 마음속 소리였다. 그 소리를 놓치지 않고, 핸드폰을 꺼내 멜로디를 녹음했다. 가사도 즉흥적으로 만들었다. 다시 들어보니 제법 노래 같았다. 그 뒤로도 가족들과 숲을 가거나 바다를 갈 때, 알 수 없는 선율이 머릿속에 떠오를 때가 있었다. 그 순간이 지나가면 다시 돌아올 수 없다는 것을 알기에 그때마다 핸드폰에 녹음했다. 가사가 생각 안 나면 허밍으로 곡을 녹음했다. 일상을 살아가다가 가사에 대한 영감이 떠오르면 메모하기 전에 녹음부터 했다.

본격적으로 작곡하기에 들어갔을 때부터 내가 녹음했던 것들을 다시 들어보고 쓸 만한 곡과 가사들을 가지고, 노래의 윤곽을 만들었다. 수업이 진행될수록 선생님의 지도와 가르침으로 노래는 다듬어지기 시작했다. 가사를 정리하고 나니 성숙해지고, 노래의 형태가 단단해졌다. 자연 속에서 잘 자란 나무처럼 내가 만든 노래에서도 생명력과 푸르름이 느껴졌다. 시간이 날 때마다 가사와 곡을 수정했고, 마침내 최종노래가 만들어졌다. 내가 막연하게만 생각해왔던 노래를 작사하고, 작곡했다는 것이 믿기지 않았고, 놀라웠다. 그 노래가 지난날의 자존감을 찾아주었다. 마음이 담긴 음악의 한음, 한음이 잔잔한 파동으로 다가와 움츠러들었던 내 인생에 너울너울 파도를 일으켰다. 그 파도가 내 안의 열정 스위치를 천천히 켰다. 앞으로 음악적 영감이 찾아온다면, 놓치지 않고 잘 담아둬야겠다. 선물처럼 나에게 다가오는 선율이 어떤 노래로 만들어질지 기대가 된다. 미래의 노래가 내 안의 숨어 있는 또 다른 스위치를 켤지도 모른다. 지금도 삶에 부치거나 마음이 구겨질 때 내가 만든 노래를 듣는다. 내 목소리로 나에게 들려주는 음악을 들으면 왠지 모를 위안과 위로를 받는다.

어쩌면 내 안의 오래전부터 머물렀을 노래가 세상 밖으로 나온 것일지도 모른다. 감정의 표면만을 살금살금 걸으면서 살고 싶었던 나는 이제는 감정 속으로 들어가 내면의 나를 마주하고 싶다. 그리고 안아주고 위로해주고 싶다. 이 노래가 나에게 그런 힘을 주었다.

2035년, 지금의 나

....

2035년 나는 여러 가지 일을 하면서 지내고 있다. 지난달에 창작극 공연을 의뢰받았고, 새 책을 집필하기 시작했다. 요즘 너무 바쁘게 지내는 것 같아 기록하고 싶은 마음에 일기장을 펼쳤다. 나는 40대 중반의 힘들었던 시기를 지나고, 이제는 안정된 시기에 접어들었다. 내가 좋아하는 문구 중에 '사람마다 꽃피우는 계절이 다르다'라는 말이 있다. 사람의 인생은 서로 비교하지 말고, 자신의 인생 속도에 맞춰서 살아가라는 말이다. 지금은 인생이 뒤처진 것처럼 보일지라도 불안해하지 말고, 자신을 믿고 살아가라는 의미도 있다. 하지만 성인(聖人)이 아닌 이상 그렇게 살아가는 것은 정말 어려운 일이다. 타인의 성공과 안정을 가까이에서 지켜볼 때 부러움과 질투의 마음을 가지는 것은 자연스러운 일이다. 그것이 본인에게 긍정적으로 작용해서 열심히 할 수 있는 추진력을 준다면 좋은 일이지만, 자책하고 열등감을 계속 느낀다면 그것만큼 불행한 일도 없을 것이다.

10년 전 나도 그랬다. 하나의 기준점으로 나의 인생을 평가하고 타인과 비교하면서 스스로 부족하다고 생각했다. 그 생각이 수년 동안 나를 힘들게 했고, 앞으로 나아가지 못하게 묶어 두었다. 여행,

연극과 글쓰기, 그림 그리기 등으로 다양한 나의 욕구를 채우면서 그 생각들은 변하기 시작했다. 그래서 지금은 있는 그대로의 내가 마음에 든다. '나는 안 될 거야. 못할 거야.'라는 생각을 하는 사람들에게 글과 강연으로 희망을 주는 사람이 되었고, 지금도 진심 어린 마음으로 아낌없이 이야기하고 있다.

나는 연극무대와 드라마에서 열심히 활동하고 있는 배우로서 많은 시간을 보내고 있다. 아이가 어려서 배우 활동을 하는 것이 어려웠을 때도 매일 독백 연습하고, 발음과 발성 연습했다. 당장 배우로 활동하지는 못하지만, 스스로 배우라고 생각하고 언제나 준비된 배우가 되어야겠다고 생각했다. 아이에게 생생하고 실감 나게 동화책을 읽어주면서 아동극연습을 했고, 생각나는 극본 아이디어가 있으면 잊어버리기 전에 바로 핸드폰에 녹음해서 저장했다. 그리고 녹음했던 아이디어들을 정리하고, 틈나는 대로 적어두었던 내용과 함께 각본을 썼다. 기존의 희곡과 대본으로 연기하는 게 아니라 스스로 이야기를 만들고 연기하는 배우가 되고 싶다고 생각했다. 공연에 필요한 무대와 음향, 조명 등도 시간이 생길 때마다 공부했다. 내가 원해서 하는 공부였기에 힘들다는 생각보다 즐거운 마음으로 매 순간 임했다.

그 노력의 순간들이 모여 지금은 희곡을 써서 창작극을 공연하는 극단의 대표로 활동하고 있다. 연기를 배우면서 알게 된 사람들의 성공을 지켜봤을 때는 자극이 되기도 했다. 자극을 부정적인 것으로 끝내지 않고, 부정적인 나와 긍정적인 나 모두를 인정하고 받아들이며 살아갔다. 일상에서 느끼는 감정과 생각들을 기록하고 틈틈이 글을 쓰며 단단한 밑거름을 만들었다. 그 밑거름이 좋은 바탕이 되어 몇 달 뒤에 새로운 연극을 공연하게 되었고, 여성들의 이야기로 단편영화도 준비하고 있다.

예술을 하는 사람들과 무용과 연극, 음악, 낭독, 글, 그림이 함께 어우러지는 특별한 공연과 전시회도 준비하고 있다. 도전을 두려워하지 않고, 장르를 넘나드는 실험극을 내년에는 선보일 예정이다. 지금도 예술적으로 하고 싶은 것이 많아 끊임없이 배우고, 새로운 것을 경험하고자 한다.

새벽 혼자 있는 시간에 오랫동안 글을 썼고, 그 글들을 그림책과 소설책으로 출판했다. 배우가 아닌 작가로서 독자들을 만날 때 즐겁다. 특히 도서관에서 '작가와의 만남' 시간에 독자들과 대화를 할 때, 또 다른 기쁨과 보람을 느낀다. 얼마 전, 북 콘서트에서 낭독공연과 독백극을 선보여 큰 호응을 받기도 했다.

다음 달에는 가족들과 호주와 뉴질랜드로 해외여행을 가기로 했다. 그동안 알뜰하게 모았던 가족 여행 적금으로 가는 거라 더 행복하고 설레고 기대된다. 거기 가서 그동안 열심히 공부했던 영어를 마음껏 사용해 봐야겠다. 그곳에서 외국인들과 대화하면서 인생 친구를 만나게 될지 아무도 모르는 일 아닌가? 남편과 아들은 해외여행 갈 생각에 내색은 하지 않지만, 분명히 설레고 있는 듯하다. 남편은 지난달부터 옷을 사고, 아들은 거울을 자주 보고 사진 찍는 연습을 하고 있다. 나는 인터넷이 안 될 경우를 대비해 지도를 외우고 여행 일정과 루트를 점검하고 있다. 올해 고등학교 2학년이 된 아들은 내년이면 고3이 된다. 어릴 적 자동차와 변신 로봇을 좋아했던 아들은 대학에 가서 로봇공학을 전공하려고 한다. 지금 어엿한 청년으로 잘 자라준 아들이 기특하고 자랑스럽다. 삼총사인 우리 가족은 언제나 그랬듯이 서로를 사랑하고 아끼면서 잘 지내고 있다.

나는 다양한 것에 관심이 많고 욕구의 만족도 수치가 높아 여간해서는 만족스럽다는 말을 잘 하지 않는다. 요즘은 나의 일상이 만족스럽다는 생각이 자주 든다. 그만큼 잘 살고 있다는 증거가 아닐까. 앞으로도 있는 그대로 나를 사랑하고 받아들이면서 매일매일 충실하게 잘 살고 싶다.

인생은 그렇게 흘러가는 것

· · · ·

솔직히 이야기하자면 이번에 나에 대한 어떤 글을 써야 할지 오랫동안 생각했다. 전부터 써보고 싶은 주제였지만 선뜻 글을 쓴다는 것에 주저하고 있었다. 이번 기회에 내 성격의 장점과 단점을 먼저 쓰고, 그것이 내 삶의 모토나 인생철학과 어떻게 연결되는지 써보기로 했다. 글쓰기 수업을 들을 때 가장 좋은 점은 평소 깊이 있게 생각하지 않았던 부분에 대해 생각할 수 있는 표지판을 제공한다는 것이다. 그 생각들을 바탕으로 글을 쓰기 전까지 많은 생각을 하고 또 한다. 그 생각들이 정리가 잘 되어서 바로 글을 쓰면 좋겠지만 보통 글을 쓰면서 생각을 정리하기에 많은 시간이 든다. 어렵고 힘든 과정이지만 충분히 가치 있는 시간이 된다.

요즘은 성격에 대해 설명하는 데 있어 많이 사용하는 것이 MBTI[22]이다. E인지 I인지로 외향적인지 내향적인지 설명할 수 있다. 그것으로 사람의 성격을 온전히 판단할 수는 없지만, 백지상태로 사

---

[22] MBTI는 마이어스-브릭스 유형 지표의 약자로, 개인의 성격을 16가지 유형으로 분류하는 심리 검사이다.

람을 알아가는 것보다는 조금은 도움이 된다. 심리학책을 보면 MBTI에 대한 의견이 분분하지만, 과거 혈액형(?)으로 성격을 알아가는 것보다 효과적인 것 같다. 작년에 MBTI 검사를 했을 때는 ENFP[23] 로 나왔다. 재기발랄한 활동가라는 설명이 나왔지만, 설명을 읽어보니 나와 다른 부분도 상당히 많았다. 아마 지금 다시 검사한다면, INFP[24]가 나올지 모른다. 그 이유는 요즘은 사람을 만나는 시간보다는 혼자만의 시간을 보내는 것이 때때로 편하고 행복하기 때문이다. 나조차도 모르는 낯선 나를 발견할 때의 생경한 느낌이 좋다.

나의 장점은 호기심이 많고, 새로운 것을 좋아한다는 것이다. 내 친구는 나이가 들면서 기존의 방식을 고집하고 새로운 것에 대해 거부감이 든다고 하는데 나는 그렇지는 않다. 지금도 새로운 것에 대한 왕성한 흥미와 호기심이 있다. 새로운 분야에 대해 알아가고 배우는 것에 대한 흥미도 가지고 있다. 그래서 그 분야를 접하게 될 때 최소한 편견 없이 다가가고자 한다. 그리고 새로운 장소에 가고 낯선 사람을 만나는 것을 좋아한다. 새로운 곳을 여행하려 할 때 정보를 알아보는 것이 귀찮고 번거로운 것이 아니라 일상의 반짝임으로 그날부터 하루가 다르게 보인다. 낯선 사람을 만나고, 이야기 나누면서 알아가는 것을 좋아한다. 사람을 알아가는 것은 또 하나의

---

23 ENFP는 외향적(Extroverted), 직관적(Intuitive), 감정적(Feeling), 인식적(Perceiving)의 약자로, MBTI 성격 유형 중 하나이다.

24 INFP는 내향적(Introverted), 직관적(Intuitive), 감정적(Feeling), 인식적(Perceiving)의 약자로, MBTI 성격 유형 중 하나이다.

새로운 세계를 알아가는 것으로 생각한다. 특히 여행하거나 새로운 것을 배울 때 알게 되는 인간관계 속에서 기분 좋은 활력과 편안함을 느낀다. 인간관계에서 서로의 생각과 속도가 달라 어려울 때도 있었지만 살다 보면 충분히 있을 수 있는 일이라고 생각하고 이해하려는 편이다.

나의 단점은 장점과 함께 나타나는 그림자 같은 것이다. 새로운 것을 좋아하고, 흥미가 있는 반면에 때로는 오랫동안 끈기를 유지하는 것이 쉽지 않다. 내가 진심으로 좋아하는 것들은 오랜 시간 끈기를 가지고 열심히 하지만, 그 외의 반짝이는 호기심에서 비롯된 것들은 오래가지 않는 경우가 있다. 그렇기에 반복된 삶을 살아가는 것이 남들보다 힘이 든다.

아들이 태어나 돌이 되기까지 거의 일 년 동안 집에서 매일 반복되는 일상을 살아가는 것이 때때로 힘에 부쳤다. 아들이 건강하게 하루하루 잘 자라는 것이 매우 행복하고 기쁜 일이었지만, 큰 변화 없이 집안에서 반복되는 일상을 살아가는 것이 힘이 들고 우울하기도 하였다. 당시에는 이사 온 지 얼마 되지 않아 주변에 알고 지내는 사람도 거의 없었기에 외로움과 고독함이 더 크게 다가왔다. 사람들과의 소통 부재로 인해 육아 우울증이 무엇인지 제대로 알게 되었다. 그 뒤로 코로나19가 터지고 몇 년 동안 외출 및 사람들의 만남이 통제되었을 때도 코로나 블루가 찾아왔었다.

그리고 나는 감정 기복에 있어 큰 파도를 가지고 있다. 평균의 에

너지와 기분이 적정 수준으로 유지된다면 더할 나위 없겠지만 우울의 파도가 찾아오면 혼자서 견디려고 한다. 나의 이야기를 타인에게 하는 것이 지금도 어렵다. 근본적인 원인이나 증상을 알고 고쳐야 하는데 이때 나의 가장 큰 단점이 나타나 방해한다. 바로 미루기이다. 나에게 미루기는 게으른 성격에서 나온 게 아니라 직면하고 있는 문제의 어려움을 피하고자 심리적으로 하는 행동에서 시작된다고 할 수 있다. 나를 둘러싸고 있는 문제들을 생각하면 내가 한없이 부족해 보이고, 자책감에 잠들지 못할 때가 있다. 그럴 때면 걱정이나 불안들을 모조리 생각해내고, 그 생각을 하는 것을 미룬다. 지금 당장 고민한다고 해서 해결되는 것도 아니니까 차라리 내일 눈뜨면 하자 이런 식으로 생각하는 것을 미루기도 했다. 그런데 그게 거기에서 끝나는 것이 아니라 중요한 것들도 미루기 시작한다. 다음 주에 해야 할 일들, 안 쓰는 물건 정리하기 등 하고 나면 분명히 나에게 좋은 일들을 미루면서 또다시 나 자신을 괴롭힌다. '왜 나는 이렇게 미룰까? 이것밖에 안 되는 사람일까?' 자책의 우물로 나를 몰고 깊은 곳으로 점점 들어간다.

완벽주의가 내재되어 있고 나에게 엄격해서 그런 것인지 모르겠지만, 스스로 만족스럽다고 느낀 적이 별로 없다. 남들의 칭찬이나 좋은 이야기를 들으면 기분 좋지만, 나 자신에게는 후한 점수를 주지 못한다. 그렇게 바닥으로 기분이 내려갈 때쯤이면 또 다른 감정의 파도가 나를 올려준다. 모든 부정적인 생각과 에너지가 빠져나간 그곳에 조금씩 빛이 들어온다. 그때는 그 빛을 거부하지 않고 있는 그대로 들어오기를 기다린다.

나의 인생 철학은 바로 나를 알고 만족하는 삶을 살아가고자 하는 것이다. 소크라테스가 했던 '너 자신을 알라'라는 말이 심오하고 깊이 있는 말이라는 것을 나이가 들수록 느낀다. 나 자신에게 만족하는 경우보다는 그 반대인 경우가 많아 심적으로 힘들 때가 많았다. 그렇기에 지금은 있는 그대로의 나를 인정하고 받아들이려고 노력하고 있다. 과거가 아닌 지금의 내가 좋아하는 것이 무엇인지, 혹은 싫어하는 것이 무엇인지 생각하고 느끼며 '2025년 나에 대한 보고서'를 작성하려고 한다. 지금 당장의 만족만을 위해서가 아니라 나의 감정을 속이지 않고, 투명하게 바라보고 싶다.

꼭 무엇인가를 해야 하고 그 결과를 이루어내야 하는 강박을 가지지 않고, 하루하루의 소소한 행복을 느끼면서 살아가고 싶다. 가족들에게는 더 나은 사람이 되고 싶다. 함께 살아가는 가족들에게 생에 에너지를 주고, 긍정적인 힘을 주는 사람이 되고 싶다. 그리고 나로 인해 누군가가 좋은 영향을 받는다면 말할 수 없을 만큼 큰 기쁨과 행복을 느낄 것이다.

나는 인생이 흡사 보물찾기 같다는 생각을 할 때가 있다. 어딘가에 숨어 있는지 아무도 모르는 보물들이 인생 살아가는 길 곳곳에 숨어 있을 것이다. 물론 보물이 아니라 꽝이나 벌칙들이 나타나 인생을 괴롭게 할지도 모른다. 그럴 때면 우연의 만남은 선물과도 같으니 즐기면서 현재를 살아가면 된다. 모든 경험은 나를 만들 것이고, 성장하게 할 것이다. 인생의 파도는 내가 만드는 것이 아니니 자연스럽게 바라보면서 흐름을 느끼며 살아가는 것이다. 인생은 그렇게 흘러가는 것이다.

사랑은 언제나 그 자리에 있다

••••

안녕, 아들아! 엄마야. 너에게 편지를 오랜만에 쓴다. 예전에는 편지를 써서 너에게 하고 싶은 말을 담고는 했었는데 지금은 말과 행동으로 표현하려고 하네.

요즘 학교 다니느라 힘들지? 어린이집을 다니다가 전혀 다른 생활을 해야 하는 학교에 적응하는 게 쉽지는 않을 거야. 그래도 아침에 "학교 다녀오겠습니다." 하고 씩씩하게 인사하고 학교 가는 널 보면 뿌듯하고 사랑스럽단다.

"아들, 학교에서 집까지 혼자 걸어오면 무섭지 않아?"라고 물어보면,

"엄마, 나 이제 많이 컸어. 초등학생이야"라고 말하는 네가 기특하고, 자랑스러워.

너는 지금 이 순간에도 나에게 수많은 질문을 하는구나.

"엄마, 지금 뭐하고 계세요?"라고 물어보는 너에게 솔직하게 말해 줄게.

엄마는 너에게 자랑스러운 엄마가 되고 싶어서 올해부터 새로운 것을 배우고, 하고 싶은 일들을 하나씩 해보려고 해. 난타와 연극동아리 활동을 하고 있고, 그림을 배우고, 글쓰기 수업을 듣고 있어.

그중에서 글쓰기는 창작하는 데 있어서 기본이 되는 아주 중요한 것이란다. 엄마는 글을 쓰는 것을 좋아하지만 엄마 이야기를 하는 것에 두려움이 있었어. 그래서 글쓰기 수업을 들었는데, 자꾸 글이 잘 쓰게 되는 때를 기다렸던 것 같아. 지금이 아닌 다음에 글을 쓰면 더 잘 쓸 수 있을 거라는 생각으로 글쓰기를 주저하는 순간들이 많았단다. 하지만 글을 잘 쓰게 되는 때라는 것은 언제 올지 모르는 것이고, 그때라는 것은 내가 만드는 것이라는 생각이 들었어. 그래서 두려워하지 않고, 글을 자주 쓰기로 엄마 스스로 약속했단다. 엄마 자신과의 약속을 지키기 위해서 여기 이렇게 앉아 글을 쓰고 있는 거야.

지금 무슨 글쓰기를 하고 있냐고? 비밀이지만 특별히 가르쳐줄게. 엄마가 전부터 너에게 말해주고 싶었던 사랑이 무엇인지에 대해 쓰고 있어. 글을 쓰기로 마음먹은 순간부터 지금까지 '사랑은 무엇일까? 너에게 어떤 방법으로 사랑에 대해서 가르쳐줘야 할까?' 계속 생각을 하고 있어.

먼저 너에게 물어보았지.

"아들, 넌 사랑이 무엇이라고 생각해?"

"사랑은 아이러브유예요."

"그럼 아이러브유는 뭐야?

"음, 그건 귀엽고 예쁘고 보고 싶은 거야."

"그래, 사랑하게 되면 그 사람이 항상 보고 싶은 거야. 노래 가사에도 있는 것처럼 보고 있어도 보고 싶은 게 사랑이란다. 또 그 사람이 어떤 행동을 해도 귀엽고 예쁘게 보이는 거야. 그건 남들 눈이 아니라 내 눈에만 예쁘고 귀엽게 보일 수도 있어. 그리고 사랑은 아주 많은 의미와 형식을 가지고 있단다."

길어진 나의 말에 너는 흥미를 잃고 곧장 작은 방으로 가는구나.

아들아, 너에게는 사랑이 복잡하거나 어렵지 않고 가까이 있다고 느끼며 살아갔으면 좋겠어. 엄마는 사랑이 어렵고 대단해서 멀리 있다고 생각하면서 살았어. 그래서 살면서 힘든 순간이 왔을 때 그 사랑을 느끼지 못하고 스스로 외딴 섬으로 내몬 적도 있단다. 세상에 나 혼자라고 생각하고 나를 도와줄 사람은 없다고 생각했거든. 살아가다 보면 망망대해에 초라한 배를 타고 살아간다는 생각이 들 때가 있을 거야.

하지만 그건 사실이 아니야. 너의 옆에는 너를 세상에서 가장 사랑하는 엄마와 아빠가 있고, 너에게 무슨 일이 생겨도 너를 응원하고 사랑할 거야.

'사랑은 무엇일까?'라는 질문에 한 마디로 이야기하기에는 어렵지만 '사랑은 조건 없이 한없이 주고 싶은 마음'이라고 생각해. 그 마음은 언제나 너를 향해 있을 거야. 따뜻하고, 부드럽게 너의 마음속에 단단한 푸른빛으로 있을 거야. 그리고 사랑은 말과 행동, 마음으로 많이 표현하는 거야. 나의 마음을 상대방이 당연하게 알고 있을 거라고 생각하면 안 돼. 그 마음을 말이든 글이든 표현해야 알 수 있어. 엄마는 이번에 다리를 다치고 나서 말과 글의 힘이 크다는 것을 새삼 느꼈단다. 택시를 탈 때마다 걱정해 주시는 기사님들의 따뜻한 말 한마디가 감사했고, 지인들의 애정과 진심 어린 연락을 받고 찌그러졌던 엄마의 마음을 가득 채울 수 있었어. 그 외에도 사랑이 무엇인지 설명할 수 있는 말들은 수없이 많이 있단다. 나머지는 네가 세상을 살아가면서, 배우고 느끼고 깨달았으면 좋겠어.

인생을 살아가다가 힘이 들어서 너 자신에 대한 사랑을 스스로 느끼고 싶을 때가 있을 거야. 그럴 때 네가 좋아하는 것을 해봐. 만약에 네가 나처럼 산을 좋아하게 된다면, 호젓한 산속에 들어가서 자연에 온전히 너를 맡겨봐. 그리고 바위에 앉아 바람을 느끼고 멀리 능선을 바라봐. 가끔 모든 게 삐죽삐죽, 빼뚤빼뚤하게 보이고, 삶의 모양이 마음에 안 들어도 멀리서 보면 아름다운 능선을 그리고 있을 거야.

지금은 안 보일지라도 미세하게 변하는 생에 대한 의지와 열기를 느껴봐. 너를 있는 그대로 바라보고 살아가면 돼.

엄마는 네가 딱딱하고 뾰족한 세상이 아니라 부드럽고 사랑을 자주 느낄 수 있는 세상을 살아갔으면 좋겠다. 한 가지만 더 바란다면 너를 진심으로 사랑하면서 살아갔으면 좋겠어. 세상에 태어나 존재하는 모든 것에는 이유가 있고, 너는 있는 그대로 충분히 사랑스러운 아이란다. 세상을 살아가는 기준은 속도가 아니라 방향이라는 말이 있어. 너의 인생 방향에 순풍이 불고 매 순간 푸른 마음이 함께 하기를 바랄게.

엄마는 네가 세상에 태어나기 오래전부터 널 가슴 가득히 사랑해 왔어.

사랑은 언제나 그 자리에 있단다. 아들아, 언제나 사랑한다.

나를 만난 일주일

••••

지금 나의 인생에서 내 마음으로 할 수 있는 것은 시간과 물리적으로 한정적이기 때문에 많다고 할 수는 없다. 인생을 만약 내 마음대로 살 수 있다면 어떤 삶을 살 것인지 상상만으로도 잠시 행복했다. 하지만 그 행복은 현실적인 이유로 인해 짧게 끝났다. 나는 초등학생 1학년 아들을 키우고 있는 엄마이자 아내이기에 가장 부족한 것은 시간이라고 할 수 있다. 지금은 미혼이었을 때의 생활로는 하루도 살아갈 수 없을 것이다.

그래서 내 마음대로 살 수 있는 기간을 현실과 타협해서 일주일이라고 가정해 보았다. 먼저 월요일은 가방을 챙겨서 강원도로 여행을 갈 것이다. 미혼이었을 때 나는 여행을 정말 좋아했다. 그 어떤 목적성을 갖추지 않고, 떠나는 여행은 나에게 가장 큰 만족과 행복을 선물해주었다. 때로는 매 순간 계획해서 미션 수행하듯이 여행을 떠나기도 했고, 출발해서 목적지까지 모든 것을 즉흥적으로 떠나는 여행을 하기도 했다. 친구나 지인들과 함께하는 여행도 즐거웠지만, 시간이 지날수록 혼자 하는 여행을 많이 하게 되었다. 나이가 들수록 알게 된 나의 성격은 남을 많이 의식하고 배려하느라 생각보다 많은 신경을 타인에게 쏟으며 살아가고 있었다. 여행을 가서도 남을 배려하느라 양보하는 시간이 많았고 다녀오고 난 후 '내가 왜 그랬을까?'하고, 후회되는 경우도 종종 있었다. 그래서 일주일의 시간이 생긴다면 아무도 신경 쓰지 않고, 혼자서 시간을 보낼 수 있는 여행을 떠날 것이다.

첫날, 강원도의 해변을 걷고 하염없이 바다를 바라보고 싶다. 나의 걱정과 불안을 바다에 내려놓고, 묶어두었던 생각들을 마음껏 펼치며 공상의 수영을 하고 싶다. 밤이 되면 해변 근처 숙소에서 파도 소리를 들으며 편하게 잠들고 싶다. 다음 날은 강원도의 산속 푸른 숲길을 천천히 걷고 싶다. 피톤치드 가득한 숲 향기 맡으며 내 안의 쌓여있던 피로를 풀고 싶다. 바람에 일렁이는 풀잎 소리 들으며 단단히 엉켜있는 마음을 날리고 싶다.

화요일까지 강원도에서 시간을 보내고 다음에는 서울에 갈 것이다. 그곳에서 보고 싶었던 연극을 보고 밤새 한강을 걷고 싶다. 목요일에는 미술관이나 박물관을 갔다가 밤에는 락 공연에 가고 싶다. 화려한 조명과 박력 넘치는 사운드 속에서 잠들어 있던 불타는 열정과 젊음을 느끼고 싶다. 지하철 막차 시간에 지하철을 타고 숙소에 가서 그곳에서 만난 사람들과 밤새도록 즐겁게 시간 보내고 싶다.

다음 날 김포공항에 가서 비행기를 타고 제주도에 가고 싶다. 그곳에서 하루는 올레를 오르고 바다를 바라보며 여유 있는 시간을 가지고 싶다. 글을 쓰고 싶으면 글을 쓰고, 그림을 그리고 싶으면 그림을 그리면서 순간순간 내 감정의 지휘를 따르고 싶다. 토요일에는 제주도에서 평소 가고 싶었던 곳을 계획적으로 다니면서 분주하게 하루를 보내고 싶다. 아침부터 밤까지 시간을 꽉꽉 채워 알찬 하루를 나에게 선물하고 싶다.

　마지막 일요일에는 나의 아름다운 시절을 보냈던 곳을 찾아가 혼자만의 시간을 보내고 싶다. 나만이 알고 있는 추억들을 들여다보며 천천히 걷고 싶다. 시절 인연이었던 사람들을 생각하고, 충분히 그리워하고 싶다. 그리고 그곳에서 나를 위한 편지를 쓰고 싶다. 여행했을 때 내가 좋아했던 것은 바로 편지쓰기였다. 엽서를 가지고 다니면서 쓰기도 했고, 우표와 편지지를 챙겨서 숙소에서 편지를 쓰기도 했다. 연애할 당시, 사귀던 사람에게 관광지에 있는 느리게 가는 편지(보통 일 년 후 발송한다)를 쓴 적이 있다. 나는 여행에서 돌아와 그 편지를 썼다는 것을 까맣게 잊은 채 일상생활을 했다. 일 년 후, 헤어진 그 사람에게서 느리게 가는 편지를 받았다는 다소 황당한 연락을 받은 적도 있었다. 그래서 다음부터는 가족이나 확실한 사이가 아니면 느리게 가는 편지는 쓰지 않는다. 내가 여행지에서 썼던 편지나 엽서를 받은 친구들은 대부분 크리스마스 선물을 받은 것처럼 기뻐하고 고마워했다. 나는 소소한 선물이라고 생각했는데 받는 사람에게는 특별한 의미의 소중한 편지가 될 수 있다는 생각이 들었다.

　누구에게 어떤 편지를 보낼까 즐거운 고민을 했는데 이번에는 나를 위한 편지를 정성스레 쓰고 싶다. 일주일 동안 보냈던 시간을 돌아보고, 나에게 어떤 의미였는지 생각해보고 싶다. 오랜만에 나를 만났고, 나와 함께했던 그 시간은 아주 자유로웠고, 행복했다. 남에게 어떻게 보일지 고민하지 않고, 지금 이 순간 솔직하게 느끼고 생각하는 마음을 담아 나에게 보내고 싶다.

당신을 바라보다

. . . .

    안녕하세요. 당신은 내가 누구인지 잘 알지 못합니다. 그저 우연히 벤치에 적힌 글귀를 보고 당신에게 편지를 씁니다. 당신이 이 편지를 읽기를 간절히 바라지만 그렇지 않더라도 나의 마음이 꼭 전달되기를 바랍니다. 어제 공원을 산책하다 벤치에 앉았습니다. 해마다 이쯤이면 아카시아꽃이 활짝 피어서 그 향기가 온 동네를 장악하듯 뒤덮습니다. 그 진한 향기에 취해 산책을 하다 벤치에 앉으면 아카시아 나뭇가지가 내려와 또 다른 향기를 선물하고는 했습니다.

    이곳은 산책길 둘레로 작은 텃밭들이 있습니다. 땡볕에서 잡초를 제거하고 거름을 주는 사람들의 모습을 보면 알 수 없는 행복을 느낍니다. 내가 갖지 못한 부지런함을 가진 사람들을 보면 낯설기도 하지만 새롭게 보이니까요. 그리고 그 사람들의 일상을 상상해 보기도 합니다. 그들의 하루는 나와는 다르게 꽉 채워져 있을 것 같습니다. 기분 좋게 아침에 일어나 운동을 하고 여기에 나와 텃밭을 가꾸겠죠. 특히 [3-2] 텃밭의 주인은 꽃도 아름답게 가꾸고 아름다운 글귀도 나무판에 적어둡니다. 유심히 쳐다보면 그 글귀가 바뀌는 것을 알 수 있어요. 그 글귀도 정성스럽게 또박또박 쓰는 [3-2] 텃밭 주인은 분명히 깔끔하고 다정한 사람일 것 같습니다. 텃밭을 가꾸고 꽃나무를 가지치기하고 나서, 사용한 장갑과 장화를 말끔하게 뒷정리하는 모습을 보기도 했어요. 당신은 그 텃밭을 유난히 좋아하는 것 같습니다. 당신이 그 텃밭 앞에서 한참을 서서 꽃을 보고 사진을 찍는 것을 봤으니까요. 그리고 그 근처에 있는 쓰레기를 줍는 것도 보았습니다.

전 당신을 우연히 지켜봤습니다. 왜냐하면, 그 꽃을 바라보는 모습이 아름답게 보였으니까요. 잠시 머물다 간 미소도 아름다웠어요. 당신이 자주 앉는 벤치를 저도 앉아 보았어요. 그리고 그곳에 당신이 무엇인가를 적는 것을 보았습니다. 그리고 하늘을 바라보다 한참을 앉아 있다가 떠났어요. 시간이 지나고 저는 거기에 앉아 당신이 적은 것이 무엇인가 찾아보았어요. 작은 글씨로 당신이 적은 것을 보고 매우 놀랐습니다. '35의 삶을 끝내자…'라고 적혀 있었어요. 그곳에 다른 글은 없었으니 당신이 적은 것이 확실하다고 생각했습니다. 그래서 당신을 더 유심히 지켜봐야겠다고 결심했습니다. 당신이 그 생각을 행동으로 언제 옮기는지 알 수 없지만, 그 사실을 알게 된 이상 나는 막아야겠다고 생각했습니다.

하지만 나는 그 행동을 할 수 없다는 사실을 알게 되었습니다. 나는 당신의 시간에 사는 게 아니라 미래의 당신이니까요. 나의 목소리와 움직임은 당신에게 전달되지 않고, 그저 나만이 당신을 지켜볼 뿐입니다. 다행히 당신에게 편지를 보낼 수 있다고 하는데 전달될지는 알 수 없다고 합니다. 간절히 바라면 이루어질 수도 있기에 마음을 담아 당신에게 편지를 쓰고 있습니다.

당신은 지금 실패와 절망의 늪에 빠져 하루하루 겨우 살아가고 있을 거예요. 가족, 친구들과 연락하지 않고 혼자만의 삶을 위태롭게 보내고 있다는 거 잘 알아요. 하루의 끝에 가끔 찾아오는 일렁이는 설렘이 잠시 현실을 벗어나게 하죠. 하지만 그 순간이 지나면 또다시 반복되는 절망적인 생각들이 당신을 밤새 괴롭히고 있습니다. 용기 내어 누군가에게 말하고 싶다는 생각이 들 때도 있지만 힘겹게 손을 내밀다 거부당할까 두렵고 그저 이 세상을 끝내고 싶다는 생각을 계속할 뿐이죠. 당신은 지금 매일 눈을 뜨고 하루를 살아가야 한다는 것이 지독한 형벌 같다고 생각하고 있어요.

　하지만 당신에게 세상은 절망으로 가득하지 않습니다. 산책길에 마주하는 사람들의 눈인사와 동네를 가득 채우고 있는 아카시아 꽃향기, 텃밭에서 매일 피는 꽃들, 조금씩 자라고 있는 살아야겠다는 생각이 당신의 일상에 찾아오고 있습니다. 그 생각들이 사소한 것이고 당신에게 의미 없다고 생각하지 마세요. 그 소중한 순간들이 모여 결국 당신에게 큰 생의 에너지를 줄 거예요. 지금은 매일 산책하고 그저 아카시아 향기를 맡고 가끔은 공원에 가서 자전거도 타세요. 자전거를 타고 쭉 가다 보면 당신이 좋아하는 숲길이 나옵니다. 거기를 쭉 걸어가다 보면 강이 보이고, 새들의 지저귀는 소리, 풀과 바람이 만나는 소리가 가득할 거예요. 그곳에서 당신의 절망과 슬픔을 모두 쏟아내도 좋아요. 크게 울어도 새들의 소리에 묻힐 테니까요. 그렇게 하루하루를 살아가면 됩니다. 미래의 당신에 대해 너무 두려워하지 마세요. 앞으로의 삶은 큰 지진을 일으키는 게 아니라 당신이 살아갈 수 있는 평온하고 부드러운 대지로 기다리고 있습니다. 그곳에 당신이 오기를 간절히 바랍니다.

그해 여름

조현주

＊＊＊＊

시린 발끝에서
너를 꿈꾼다

에일 듯한 바람 속에서
남겨진 열기를
기다린다

피우지 못하고
사라진 꿈이
모인 곳은 온기 없는 바닥

낯선 발자국 따라가면
그곳에 서린
철썩이는 기억

일렁이는 파도 속에
맡겨본다

마주친 단단한 생의 눈빛들이
지켜줬던 시간

놓인 돌을 하나씩 치우니
다시 계절의 강이 흐른다
소리도 없이 흐르고 흐른다

옥지영

누에의 삶

. . . .

감자탕 먹는 날

어릴 적 항상 일하셨던 엄마는 한 달에 한 번 돌아오는 월급날이면 오빠와 나를 데리고 감자탕집에 가셨다. 높은 건물들 사이 뒷골목에 있었던 감자탕집을 걸어가는 길이 마치 게임 속 미로의 출구를 찾아가는 길처럼 느껴져 걸어가는 길마저 신나고 설레었다. 건물후문 쪽 1층, 쨍한 형광등 간판에 빨간 글씨로 감자탕이라고 적혀있는 게 눈에 들어오는 순간부터 오빠와 나는 누가 먼저 도착하나경주하듯 뛰어갔다. 그러면 꼭 엄마는 "뛰지 마!"라고 우리를 채근하곤 했는데, 그 소리마저 듣기 좋았던 날이었다.

우리는 가게에 가면 언제나 안쪽에 있는 자리가 아닌 바깥에 있는 간이테이블에 앉았다. 혹 어린 우리가 시끄럽게 할까 봐 항상 밖에 앉았다는 걸 내가 아이를 낳고 나서야 그 이유를 이해할 수 있었다. 휴대용 버너 위에 놓인 감자탕이 나오면 끓기를 기다리며 감자탕이 담긴 냄비를 뚫어져라 쳐다보았다. "언제 돼? 언제 먹을 수 있어?" 그때가 되면 나와 오빠가 엄마를 채근했다. 억겁의 시간보다길게 느껴진 시간이 지나면 드디어 엄마가 나와 오빠의 접시에 감자탕을 덜어주었다. 모락모락 김이 나는 감자탕을 한입에 넣으면 입안이 데일 듯 뜨거웠지만 뜨거운 만큼 온몸에 행복함이 퍼지는 기분이었다. 접시에 코 박고 먹는다는 게 이런 건가 싶을 만큼 허겁지겁 감자탕을 먹었다.

이제는 기억해보려 해도 그 맛은 기억나지 않는다. 그저 기억의 잔상처럼 그 당시의 모습만이 내 기억 속에 남아 있다. 감자탕 말고도 우리가 좋아할까 싶어 가끔 경양식 집이나 피자 뷔페에도 데리고 가주셨지만, 결국엔 다시 감자탕집으로 돌아갔다. 우리 가족에게는 감자탕집에서 보낸 시간이 제일 맛있었나 보다. 너무 어려 천진난만하던 나에게는 행복한 기억으로 남아 있지만, 누구보다 고단했을 엄마에게도 한 달에 한 번 그 시간이 행복했었길 이제는 바라본다.

2등 하던 날

초등학교 3학년부터 6학년까지 내내 육상부를 했었다. 아침에 등교하면 육상복을 입고 학교 운동장을 뛰고, 끝나면 우유와 빵을 먹고 또 운동장을 뛰는 것이 일상이었다. 나에게 맞는 종목을 찾는 시기라 높이뛰기, 중장거리, 단거리, 계주, 멀리뛰기 등등 여러 종목을 경험할 수 있었다. 여러 종목 중 가장 성적이 좋았던 것은 중장거리였다. 800m를 뛰어야 했는데 그 당시 동네에서 가장 큰 트랙이 있는 운동장을 2바퀴 뛰어야 했다. 1바퀴 뛰고 나면, 숨이 차오르면서 주변 소리가 사라진다. 200m 남은 시점에선 오직 내 숨소리만이 들리고 입안에서 피 맛이 돌면서 심장이 터질 것 같은 느낌이 든다. 100m가 남으면 터질 것 같던 심장이 점점 괜찮아지면서 눈에 결승점이 들어온다. 그리고 전력 질주, 골인!

이 과정이 나에겐 재미있고 신나는 일이었다. 중장거리로 종목을 바꾼 이후에는 1등을 많이 했었고, 그 1등이라는 결과는 나에게 큰 자신감과 꿈을 주었다. 6학년 2학기가 되자 육상 대회가 끝나면 중학교 육상부 코치님이 오셔서 눈여겨본 친구들에게 학교에 와서 연습을 같이하자고 스카우트 제의하셨다. 나 또한 중학교에 가서도 육상을 하고 싶어서 연습에 참여하고 싶었지만, 엄마의 반대가 완강하여 참여할 수 없었다. 대신 나 말고 우리 학교에 다른 중장거리 선수였던 친구가 매일 중학교로 가서 연습에 참여했다. 그 친구가 부러웠지만, 엄마의 반대를 이겨낼 재간이 없어서 포기했다. 가을쯤 6학년 마지막 육상 대회가 열렸다. 마지막 대회라 꼭 1등을 하고 싶었다. 1등을 해서 엄마에게 육상을 계속하고 싶다고 말하고 싶었다. 여느 때와 같은 컨디션으로 출발선 앞에 섰고, 총소리와 함께 출발했다. 언제나 하던 패턴으로 숨을 쉬고, 같은 패턴으로 뛰었고, 여전히 1등으로 달리고 있었다. 그리고 결승선을 100m 앞둔 시점이었다. 이제 마지막 힘을 쥐어짜 내 전력 질주를 시작했다. 심장이 터지라 뛰고 있는데 뒤에서 소리가 들렸다.

탁탁 탁탁.

스파이크 신발이 땅을 밟고 튀어 오르는 소리였다.

남은 50m 뒤에서 누군가가 나를 제치고 지나갔다. 중학교에 가서 연습하던 그 친구였다. 남은 힘을 쥐어짜 뛰어봐도 5m 남짓한 격차가 좁혀지지 않았다. 결국, 그대로 골인하여 친구가 1등을 하였다.

6학년 내내 2등만 하던 친구가 나를 제치고 1등을 하였다. 결승선에 도착하자마자 입안에서 비릿한 피 맛이 맴돌았다. 마지막에 무리해서 뛴 탓이었다. 바로 멈추면 안 되기에 운동장 주변을 걷고 있는데 폭포수처럼 눈물이 쏟아져 내렸다. 처음 느껴보는 패배감과 좌절이었다. 한 번도 시합에 졌다고 운 적은 없었는데 그날은 그렇게 눈물이 났다. 그저 2등을 했다고 나는 눈물은 아니었다. 그 친구가 중학교에 가서 연습한 노력이 결국 나를 이겼기에 그 기회를 잡지 못한 후회와 1등을 해서 엄마에게 당당하게 중학교 육상부에 들어가고 싶다고 얘기하려던 나의 포부가 와르르 무너져 내렸기 때문이다. 그렇게 그날 노력이 어떤 것인지, 누군가에게 진다는 것이 무엇인지, 더 잘하고 싶어서 분한 것이 어떤 마음인지 가슴팍에 선명한 눈물 자국처럼 새겨졌다. 엄마의 완강한 반대로 육상부 생활을 이어 나가진 못했지만, 여전히 뛰는 것을 좋아하는 나는 가끔 그 반대를 이겨내고 뛰었다면 어땠을까 생각해본다.

독어 선생님의 스카프

고등학교 시절 2학년이 되면 제2외국어를 선택해야 했고, 그 선택에 따라 반이 나뉘게 되었다. 중학교 때부터 단짝 친구였던 나와 3명의 친구는 같은 반이 되기 위해 상대적으로 반이 적은 독어를 선택하기로 했고, 예상대로 정확히 들어맞아 5년 만에 처음으로 4명 모두 같은 반이 되었다. 이제 와 생각해보면 정말 하찮은 치밀함이었다. 그래도 그 당시엔 마치 로또에 맞은 것처럼 네 명이 함께 부둥켜안고 환호를 질렀었다. 그렇게 배우게 된 독일어는 정말 난생처음 들어보는 발음의 언어였다. 구텐 탁! 구텐 모르겐!

신승훈의 보이지 않은 사랑이라는 노래 도입부에 나오는'이히 리베 디히'가 독일어였다는 걸 그때 알았다. 노랫말처럼 사랑해선 안 될 게 너무 많은 독일어였다. 낯설고 재미없기만 했다. 그래서였을까? 우리는 독어 선생님을 별로 좋아하지 않았다. 항상 우아하게 차려입고 고상하게 독어를 내뱉으시며 수업하는 모습이 정글 속의 시간을 보내던 우리에겐 아니꼽게 보이기만 했다. 의심할 여지 없는 사춘기였다. 어느 날 독어 수업이 끝나고 나서 한 친구가 독어 선생님이 놓고 가신 스카프를 발견했다. 여러 가지 색이 섞여 있는 하늘하늘한 느낌의 스카프였다. 네 명의 사춘기 소녀가 이 기회를 놓칠리가 없었다. 덫에 걸린 먹이를 보듯 스카프로 무엇을 할지 장대한 회의가 이어졌다. 긴 회의 끝에 우리는 스카프를 학교 구령대 옆에 있는 동상에 매어 놓기로 했다. 결정이 끝난 후 실행은 일사천리였다. 빠르게 급식을 먹고 구령대 앞으로 모였다. 생각보다 동상이 꽤 높이 있었기에 올라가기 쉽지 않았다. 그나마 운동신경이 좋았던 내가 올라가기로 하고, 친구들은 나를 올려보내기 위해 기꺼이 자신들의 등을 내어주었다. 눈물겨운 우정이었다. 계단처럼 친구들의 등을 밟고 등반에 성공한 나는 재빨리 동상의 목에 선생님의 스카프를 묶기 시작했다. 튼튼하고 바람에 날려 잘 보일 수 있도록. 그리고 운동장 쪽으로 뻗고 있는 동상의 오른손 위에는 매점에서 사 온 따끈한 김치 찐빵을 올려주었다. 하나의 작품이 될 수 있도록.

재빠르게 완전범죄를 저지르고 우리는 반으로 돌아갔다. 금방 들킬 줄 알았는데 다음 날 아침 등교 시간까지도 스카프는 여전히 동상에 매어져 있었다. 공범인 우리는 킥킥대면서도 들키지 않도록 입을 꼭 다물고 있었다. 그리고 독어 시간. 선생님은 우리 반에 들어오셔서 스카프를 동상에 메어 놓은 사람이 누구냐며 화를 내셨다. 지금 얘기하면 혼내지 않겠다고 하셨지만, 우리는 도원결의를 맺은 것처럼 그 누구도 입을 열지 않았다. 그렇게 스카프 사건은 범인을 찾지 못한 채 끝이 났다. 정말 사춘기 때만 할 수 있었던 철없는 짓이었다. 이제 와 생각해보면 너무도 어리석고, 누군가를 향한 이유 없는 미움이 섞여 있는 창피한 행동임이 틀림없다. 추억이라는 명목 아래, 어리다는 이유 아래 그저 별일 아닌 것처럼 느껴질 수도 있겠지만, 우리의 그 행동이 선생님에게는 상처로 남을 수 있겠다는 생각이 이제야 든다. 우리는 선생님의 스카프 때문에 잊을 수 없는 추억이 생겼지만, 선생님께서는 속상하셨을 거 같아 죄송하다. 나중에 친구들이랑 얘기하면서도 "우리가 그때 왜 그랬지?" 하며 스카프 사건을 떠올리곤 했다. 약간 미쳐있던 사춘기임을 감안하여 선생님께서도 너그러이 넘어가 주시지 않았을까 생각해본다. 다시 한번 선생님을 뵐 수 있다면 멋쟁이였던 선생님께 예쁜 스카프 하나 선물해 드리고 싶다.

나, 우리 그리고 또다시 나

....

결혼하고, 아이를 낳고 나서 나란 사람의 위치와 역할엔 꽤 큰 변화가 있었다. 그전에는 그저 나의 사회적 역할과 위치, 나란 사람에 대해서만 고민하고 책임지면 되었는데 원가족이 아닌 다른 가족이 생기고 나서는 떠안아야 할 책임과 신경 써야 할 게 많아졌다. 더이상 늘어날 거 같지 않았던 가족이란 테두리 안에 많은 사람이 들어왔고, 그 안에서 나의 역할들이 증식하는 기분이었다. 너무 많아 얼굴 외우기도 힘든 친척들을 만나야 했고 누군가의 아내, 누군가의 며느리, 누군가의 엄마가 되어야 했다. 역할이란 나를 구성하고 나를 설명하지만, 그것이 내가 될 순 없었다. 아이러니하게도 나는 그 역할에서 떨어져 있을 때 가장 나다울 수 있었다. 그 간극은 나를 꽤 혼란스럽게 만들었다. 언제나 내가 하고 싶은 것과 해야 하는 것들의 싸움에서 허우적댔지만, 결혼 후엔 해야 하는 것들의 압승이 이어졌다. 새롭게 부여받은 역할들을 해내는 것만으로도 버거웠고, 결국 나는 생각을 멈췄다.

처음 받은 역할은 아내와 며느리라는 역할이었다. 꽤 잘 해내고 싶어 초반엔 열심히 했던 것 같다. 가정 내에서 내가 해야 할 일들을 잘 해내려 부단히 노력했다. 빈틈없이 집안일을 해내고 싶었고, 아이를 가지려 노력했으며, 나의 일상보단 남편의 일상에, 시댁의 일상에 맞추려 노력했다. 하지만 노력하면 노력할수록 나에게 몰려오는 것은 공허함이었다. 물론 나만 노력한 것은 아니겠지만, 원가족과의 분리가 어려웠던 남편을 보면서 시간이 지나면 지날수록 내가 바란 역할이 이게 맞나?라는 생각이 몰려왔던 거 같다. 남편과 새로운 가족을 만들었다고 생각했는데 남편의 원가족에 내가 껴들어 가야 하는 모양새가 되고 말았다. 결국 쌓이고 쌓였던 감정이 폭발하는 순간이 올 수밖에 없었고 많은 대립과 대화들이 오고 간 후, 내가 감당할 수 있는 역할의 크기가 가늠되었다. 너무 잘하려 하지 말고, 너무 애쓰지도 말고, 난 내가 할 수 있는 만큼만 하기로 결심했다. 그렇게 아내의 역할에 중심을 잡는 것만 해도 오랜 시간이 걸렸다.

치열하게 역할을 해내는 와중에 나는 또 하나의 역할을 부여받았다. 누군가의 엄마가 되는 일이었다. 내가 재워주지 않고, 먹여주지 않으면 아무것도 못 하는 아이를 품에 안았다. 품고 있었을 때도 믿기지 않았지만, 낳고 나니 정말 내가 낳은 건지 더 믿기지 않았다. 누군가의 딸이기만 했지, 누군가의 엄마가 되는 건 해본 적이 없었기에 더 혼란스러웠다. 혼란의 혼란을 더한 시간. 아이가 내게 온 시간이었다. 하지만 아이는 내가 한 번도 느껴보지 못한 감정과 시간을 선물해주었다. 세상 어떤 귀한 선물도 아이가 준 것만큼 귀할 수는 없다는 생각이 들었다. 그래서 모든 걸 제쳐 두었다. 나의 일, 나의 이름, 나의 시간을 모두 그 애에게 주었다. 나조차도 누구의 엄마, 누구의 아내로만 나를 소개했다. 내 이름을 말할 일은 거의 없었고, 다른 사람들조차 나를 역할의 이름으로만 부르기 시작했다. 하지만 아이는 자란다. 아이는 이제 스스로 할 수 있는 일이 많아졌고, 혼자 학교에 오갈 만큼 커버렸다. 그렇다. 나의 시간이 돌아오고 있었다.

나는 아이 친구들의 엄마를 누구 엄마, 누구 엄마라고 부르지 않는다. 이름을 물어보고 그들의 이름으로 그들을 부른다. 나도 누군가에게 내 이름으로 불리고 싶은 마음이 컸었나 보다. 점점 내 이름을 찾고 나를 이름으로 불러주는 사람들의 비중을 늘리기 시작했다. 나의 일들을 찾아갔고, 내가 아이 엄마인 것보다 나라는 사람 자체로 있을 수 있는 곳을 찾아다니기 시작했다. 그렇다고 해서 온전히 나만 생각하며 살 수는 없었다. 나는 내가 가지고 있는 역할들과 나를 조율해야 했다. 누군가의 엄마, 누군가의 아내, 누군가의 딸 그리고 나.

나는 역할이 아니다. 나는 나일 뿐이다. 그렇다면 지금 나의 역할 중에 나는 어디에 서 있어야 하는가. 아직은 엄마의 역할이 나에겐 1순위이다. 아이는 아직 배워가는 중이다. 머지않아 나의 손길 없이도 자신의 할 일을 해내는 날이 오겠지만, 아직은 내가 옆에서 같이 걸어야 하는 나이이다. 그렇기에 나를 최우선으로 생각하며 사는 것은 이른 시기인 것 같다. 그래서 나의 1순위는 아직 누군가의 엄마이다.

2순위는 남편의 아내이다. 남편과 나는 동갑이다. 그 또한 누구보다 치열한 삶을 살아가고 있는 나이라는 것을 나는 안다. 자신의 미래를 고민하고, 부모님과 나와 딸 사이에서 행복보단 책임감이 더 크게 느껴질 사람. 몇 년 전부터 어머니가 아프서서 어머님과 함께 병원 오가는 게 일상이 되었다. 절망과 희망 사이를 이리저리 뛰어다녔을 남편. 치료에 차도가 없다던 어느 날 어머님이 타신 차가 멀어지는 걸 쳐다보는 그의 뒷모습 속 빨개진 귀를 보니 소리 없는 그의 울음소리가 들리는 것 같았다. 그의 곁에서 따뜻한 위로와 응원을 보내주어야 하는 시간이다.

3순위는 엄마의 딸이다. 어느 날 문득 엄마의 나이를 생각해본다. 일 년 중 가족들의 생일과 연휴 때 엄마를 만나곤 하는데, 횟수로 세어보니 엄마가 20년을 더 산다 해도 엄마를 만날 수 있는 시간이 많지 않구나라는 생각이 들었다. 부모님이 언제까지 나의 곁에 계셔주실지 그 끝에 대해 생각해보게 되는 시기. 그렇게 깨달은 마음은 초조함의 영역으로 나를 데려간다. 당연히 모든 관계는 헤어짐이 있다는 걸 머리로는 알지만, 엄마가 없는 삶은 사실 생각해 본 적이 없다. 그런 생각이 들면 엄마에게 잘하고 싶다고 생각하지만 정작 엄마를 만나면 엄마에게 난 아직도 칠칠치 못한 딸이고, 아직도 10대처럼 엄마에게 철없는 딸이다.

이 3가지 역할 중에 나는 지금 어디에 서 있는 걸까? 예전엔 맨 꼴찌로 서 있었던 것 같다. 나를 돌보기엔 그보다 더 중요한 것들이 많다고 느껴졌다. 하지만 이제는 나를 돌보고 싶다. 나를 사랑하고 싶다. 맛있는 딸기를 사서 예쁜 딸기만 골라 씻어 예쁜 접시에 담아 남에게 주고, 정작 나는 멍든 딸기만 먹던 것을 그만하고 싶어졌다. 나도 나를 아껴주고 싶어졌다. 지금 나는 남편의 아내라는 역할 앞에 그리고 누군가의 엄마라는 역할 뒤에 서 있는 것 같다. 그쯤에 서서 가족이란 이름으로 만난 우리의 행복을 조율해 보려고 한다. 나를 찾는 것이 혼자만 행복해지는 게 아닌 우리가 모두 행복해지는 일이 될 수 있기를.

혼자 떠나는 여행처럼 보여도 결국 우리는 각자의 칸이 있는 하나의 기차라는 생각이 든다. 함께 출발하였으니 즐겁게 기차여행을 즐기다가 각자의 종착역에 무탈하게 도착하길 바라본다.

개미의 초대장

••••

삶을 살다 보면 무수한 터닝 포인트를 만나게 되는 것 같다. 관계에 관한 것일 수도 있고, 일에 관한 것일 수도 있고, 사랑에 관한 것일 수도 있다. 각각의 터닝 포인트는 각자 다른 시간, 다른 곳에서 찾아오는 것 같다. 그것은 나를 깨달음의 한 계단 위로 올려놓을 때도 있고 절망의 늪으로 밀어 넣을 때도 있다. 다만 나를 변화하게 만든다는 것은 부정할 수 없는 사실이다. 변화는 나를 혼란스럽게 만든다. 좋은 변화든 좋지 않은 변화든 변화는 항상 과도기를 동반하고 과도기는 언제나 나를 가장 밑바닥까지 끌어내려 의심하게 만든다. 오늘 나는 내 인생에 가장 처음 찾아온 터닝 포인트에 관해 이야기해 보려 한다.

초등학교 5학년 때 집에서 걸어서 10분 남짓 거리에 있었던 도서관이라는 곳에 처음 가봤다. 집 뒤편에 있던 산 둘레길을 따라 걸으면 어렸을 때 매일 물을 떠다 먹던 거북이 약수터가 있었는데 그 약수터 뒤편에 있는 건물이 바로 도서관이었다. 어린 나에게 도서관 가는 길은 계절마다 신비스러웠다. 봄이면 철쭉꽃이 쏟아질 듯 만개했고, 여름이면 매미 소리가 쏟아질 듯 길에 울렸고, 가을엔 도저히 사람이 만들어 낼 수 없을 것 같은 색들이 길거리에 널브러져 있었다. 겨울엔 내린 눈 위에 처음으로 발자국을 내는 게 제일 즐거운 일이었다. 그 길을 걷는 것만으로도 숨이 트였다. 그곳에 조금씩 나의 숨과 추억이 쌓였다. 그땐 너무도 커 보였던 비밀의 숲속 신비로운 길을 따라 걸어 도착한 도서관은 그 숲 끝에 있는 나만 아는 비밀의 성 같았다. 2층으로 올라가면 종합자료실이 있었다. 거기서 나의 이름과 주소를 적고 처음 발급받은 플라스틱 대출 카드는 내가 태어나 처음 가져본 카드였다. 그 카드가 너무 소중해 지갑 제일 잘 보이는 곳, 가장 좋은 자리에 항상 넣어 다녔다.

도서관에 있는 수많은 책장에 꽂힌 책들을 구경하는 것은 너무 재미있었다. 내가 술래가 되어 책장에 숨어 있는 책들을 찾아내는 숨바꼭질 놀이를 하는 것처럼 온종일 그곳에 있어도 질리지 않았다. 그렇게 마치 놀이하듯 찾아낸 첫 책이 베르나르 베르베르의 『개미』라는 책이었다. 지금 생각해도 그 두꺼운 책을 왜 골랐는지 모르겠다. 초등학교 5학년인 내가 읽기엔 너무도 두껍고, 어려운 책이었는데도 제목에 이끌린 건지, 책을 펴보고 읽은 첫 몇 문장에 이끌린 건지, 홀린 듯이 그 책을 빌려 무작정 읽었다. 그 책을 이해하기엔 난 너무 어렸지만, 꾸역꾸역 『개미』를 읽어냈다. 그리고 너무 큰 충격을 받았다. 그때까지 글이란 교과서나 동화책, 만화책이 전부였는데 글만 가득 쓰여 있는 지루할 것만 같은 책이 이리도 재밌다니.

글을 읽으면서도 영화를 보는 것처럼 머릿속으로 영상화하여 읽을 수 있다는 건 이제껏 글을 글자로만 읽은 나에게는 신선한 경험이었다. 숙제나 글짓기 대회에 제출하기 위해 억지로 썼던 글이 나에게 다른 모습으로 다가왔다. 『개미』를 읽고 나서 처음으로 '글을 써야겠다.'라는 생각이 들었다. 그때부턴 마구 썼던 거 같다. 일기도 쓰고, 어설픈 시도 쓰고, 산문도 쓰고. 지식이 없는 나는 두서없이, 장르도 없이 그냥 써댔다. 그렇게 써낸 글은 대단한 비밀같이 느껴졌다. 그래서일까? 그때 나의 일기장엔 다 자물쇠가 달려 있었다. 20줄 남짓한 공책의 한 면에 빼곡히 나의 마음을 쏟아내면 모든 것이 괜찮아졌다. 나의 사춘기 탈출법이기도 했다. 지금 다시 읽어보면 너무 유치하지만, 너무 진지하고, 당시 제일 힘든 고민이 묻어있는 글들이다.

우연히 읽게 된 『개미』라는 한 권의 책이 날 독서와 글이라는 세상으로 초대했다. 난 그 초대를 기꺼이 받아들였다. 이유를 따질 새도 없이 독서에 대한 열망과 글에 대한 갈망이 튀어나오기 시작했다. 그날 이후 다 읽지도 못할 책들을 잔뜩 빌려와 읽어내는 것에 힘을 썼다. 의학 소설에 매료되어 한때는 그 작가의 책만 연달아 읽어댔고, 어느 날은 시만, 어느 날은 나라별로 소설을 읽어보기도 했다. 그리고 책으로 얻은 감정들과 삶의 경험을 한데 모아 목적 없이 그저 써 내려갔다. 쓰고, 쓰고, 써져 지금의 내가 되었다. 그래서 난 감히 나의 첫 번째 터닝 포인트를 『개미』라는 책이라고 생각한다. 책 내용이 기억이 잘 안 날 만큼 이제는 오래된 기억이지만, 날 지금 이곳으로 이끈 건 바로 『개미』라는 책과 그 책이 꽂혀 있던 도서관이 아닐까 싶다.

그리고 또 10년 후

. . . .

18살 겨울, 친구들과 10년 후에 우리는 뭘 하고 있을까?에 대해 이야기했던 적이 있다. 그때 유행하던 〈섹스 앤드 더 시티〉[25]라는 미국 드라마가 있었는데 여자 주인공 4명이 각자 전문적인 직업을 가지고 멋지게 자기 일을 해내고, 만나서 여유롭게 브런치를 먹으며 대화를 나누는 모습을 보면서 우리도 10년 후에는 각자 하고 싶은 일 하면서 여유롭게 브런치 먹자는 이야기를 나눴었다. 그리고 맞이한 10년 후, 20대 후반의 나는 별로 여유롭지 못했다. 하고 싶은 일은 하고 있었지만, 마치 맨땅에 헤딩하듯 없는 길을 개척하며 지내다 보니 많이 지쳐 있었다. 그 외에도 주변에서 터지는 사건 사고에 중심을 잡을 수가 없었고, 브런치를 먹을 순 있지만 마음이 여유로울 순 없었다. 흔들리는 청춘의 끝자락에서 나는 더 이상 10년 후가 궁금하지 않았고, 나의 삶은 하루를 살아가는 것이 아닌 하루를 살아내는 삶으로 변해 있었다. 미래를 생각하면 두려움이 앞섰고, 어두운 터널 안으로 발을 내딛는 기분이었다.

---

25 1998년부터 2004년까지 HBO에서 방영한 드라마.

그리고 또 10년이 훌쩍 지난 오늘 40대의 초입에서 10년 후에 나의 삶에 대해 상상해서 써보라는 과제를 받게 되었다. 감사하게도 여전히 좋아하는 일을 하지만, 여전히 나는 불안하다. 열정만으로 일하기엔 금전적인 것을 따질 수밖에 없는 나이가 되었다. 좋아하는 일을 돈벌이로 삼기엔 현실적으로 힘들고, 또한 나이가 들어 한계점에 다다랐다는 것이 느껴진다. 게다가 N잡러라는 말이 생길 만큼 이제는 한 가지 일만 해서 살아남을 수 없는 세상이 되었고, 10년 후를 생각하면 지금 당장 뭐라도 시작해야 할 거 같은 조급함이 나를 휘감아 온다. 새롭게 관심이 가는 일들이 있지만 좋아하는 것을 직업으로 삼으면 따라오는 딜레마가 무엇인지 알고 있기에 그 일을 직업으로 삼는 게 정말 좋은 선택인지에 대한 의문은 언제나 내 주변을 맴돈다.

'주(主) 객(客) 전(顚) 도(倒)'

언제나 좋아하는 일과 돈을 벌어야 하는 일은 분리하고 싶지만 그렇게 하다 보면 주객전도가 되는 일이 많았다. 둘 사이에서 마음과 시간 분배를 잘하지 못해서 결국 나의 잣대가 무너져버리는 것의 반복이었다. 지금도 크게 달라지지 않는 상황 속에서 나는 어느 길을 따라가야 하는지 여전히 고민 중이다. 좋아하는 일을 하면서도 느껴질 금전적인 압박감, 그렇다고 금전적인 것을 중심에 놓으면 느껴질 허탈감 사이에서 무엇이 정답인지 알 수 없다.

10년 후의 나는 그 사이에서 갈팡질팡하지 않으면 좋겠다. 노련하게 좋아하는 일과 금전적인 일을 잘 나누고, 시간과 마음의 분배를 잘해서 내가 세워 놓은 잣대가 더 뿌리 깊게 단단히 박혀 지금보다 훨씬 현명한 사람이 되고 싶다. 나의 단단한 뿌리가 내뿜는 여유로움으로 주변 사람들에게도 편안함과 안정감을 선사해주고 싶다.

10년 후에도 여전히 책 읽는 걸 좋아하고, 글 쓰는 걸 즐기는 사람이 되고 싶다. 글이 주는 위로를 잊지 않고 싶다. 전자책보단 여전히 종이책을 좋아하는 나는 그때쯤엔 꼭 정식 출판이 아니어도, 내가 쓴 글로 만든 책 한 권을 소장하고 있었으면 좋겠다. 열심히 써 내려간 나의 하루가, 나의 삶이 고요히 종이에 스며, 티끌만큼이라 하더라도 그 안에 나의 유의미함을 남겨놓고 싶다.

10년 후, 인생에서 가장 아프고 흔들릴 10대의 마지막에 있을 나의 딸을 위해 단단한 고목이 되어 응원해 주고 싶다. 비난보단 격려를, 채근보단 여유를 선물하는 엄마가 되어 또 다른 인생의 막을 여는 그 애에게 첫 계단이 되어주고, 그 애가 어른이 되어가는 모습을 보며, 딸을 향한 내 마음속 첫 번째 작별 인사를 무사히 건네고 있기를 바란다.

가장 바라는 것은 10년 후에는 그다음 10년이 궁금하지 않았으면 좋겠다. 살아가는 하루하루가 너무도 행복해서, 그 하루가 온전하여 나의 미래가 궁금하지 않은 그런 삶을 살아가는 중이면 좋겠다. 온전한 하루가 쌓이고 쌓여 나를 두르는 갑옷이 되어 나와 내가 사랑하는 것들을 지키며 살아가고 싶다. 포화 속에서도 유유히 피어 있는 꽃 한 송이처럼 주변에 흔들리지 않는 단단하고 유연한 사람이 되어 있었으면 좋겠다.

다음 세대에게 남기는
사랑이라는 이름

....

〈디스토피아(Dystopia)[26]적 배경으로 죽기 전 벙커에서 편지를 쓰는 설정을 담았습니다.〉

나의 편지를 읽게 될 이름 모를 누군가에게

안녕하세요? 어두운 벙커 안에서 이제 곧 사라질 나라는 시간 앞에 무엇이라도 남겨보고자 힘겹게 펜을 들어 글을 써봅니다. 이 편지가 언제 발견될지 모르겠지만 아마도 많은 시간이 지난 후가 아닐까 싶습니다. 무엇을 글로 남길 수 있을까 많은 고민 끝에 사랑에 대해 몇 자 적어보려 합니다.

제가 처음 만난 사랑은 숭고한 사랑이었습니다. 사랑의 기준이 너무 높아 그 기준으로 가늠해 본다면 그 누구도 사랑한다고 말할 수 없던 시절이었습니다. 종교적인 사랑의 개념을 배우게 된 시기이기도 했고, 나를 향한 신의 희생적인 사랑에 내가 품은 사랑이란 감정이

---

26 현대 사회의 부정적인 측면이 극단화한 암울한 미래상.

너무도 작고 하찮게 느껴지기만 했었습니다. 아직은 어릴 때라 사랑이란 감정이 어떤 것인지 정의하기 너무 어려웠고, 그것을 주고받는 방법 또한 한없이 서툴렀습니다. 누군가가 나를 사랑해서 희생했다는 숭고한 사랑 앞에 나의 치기 어린 마음을 감히 사랑이라 부를 수 없었습니다. 사랑이란 단어에 큰 죄책감을 느끼고 살았습니다.

　숭고한 사랑이 나를 스쳐 지나가고, 치기 어린 사랑이 세상 전부가 된 순간도 있었습니다. 내가 사랑하는 사람이 나의 세상이 되고, 나의 중심이 되어 돌아가던 시간이었습니다. 그를 위해 내 시계를 맞추고, 벅차오르는 감정을 주체할 수 없었습니다. 행복이 마음 안에 가득 찰 수 있다는 걸 처음 알게 되었습니다. 그 사랑이 감당할 수 없이 크게 부풀어 올라 한계점에 도달하여 터진 후에는 절망과 후회가 잔해처럼 남는다는 걸 배우기도 했습니다. 그렇게 사랑이 파도처럼 밀려왔다가 다시 멀어지는 것이 반복되었습니다. 그 반복 안에서 깨달은 것이 있다면 내가 준 사랑을 돌려받으려 하지 말아야 한다는 것이었습니다. 사랑의 크기를 재고, 가치를 재다 보니 어느새 나는 사랑이 아닌 내가 만든 조건을 사랑하고 있었습니다. 그럴수록 나는 불행해졌고, 처음 느꼈던 그 행복은 찾아오지 않았습니다. 사랑은 내가 주는 만큼 돌려받는 것이 아니라 내가 주는 만큼 다시 차오르는 것이었지만, 돌려받을 사랑만을 기다리며 마음 밖에만 쳐다보다가 정작 내 마음속에 차오르는 사랑을 볼 수가 없었습니다. 그렇게 눈먼 장님이 되어 내 안에 사랑을 두고도 애먼 곳만 찾아다녔습니다. 이 편지를 읽는 당신은 부디 당신 안의 고갈되지 않는 사랑을 느끼길 바랍니다. 조용히 당신만을 기다리는 그 사랑이 소중한 이만을 위해서가 아닌 당신 자신에게도 쓰이길 바랍니다. 그리고 당신이 겪는 그 모든 불행이 당신 탓이 아니라는 걸 깨달아 만나는 모든 사람을 행복하게 사랑하고, 잘 떠나보낼 수 있길 바라봅니다.

시간이 흘러 사랑이라는 이름으로 가족을 만들게 되었습니다. 날 때부터 가족은 있었지만, 그땐 받기만 했었는데 내가 주는 사랑으로 가족을 만드니 새삼 가족이란 의미가 더 소중하고 내가 알던 것과 다르게 느껴졌습니다. 부모님이 내게 주신 사랑이 얼마나 위대하고 내어주기 힘든 것인지 자식을 가져보니 더 뼈저리게 느껴졌습니다. 가족이란 존재는 다시 한번 나의 사랑을 변화시켰습니다.

자식이 생기니 사랑해야 할 것이 너무도 많아졌습니다. 사람뿐만 아니라, 그 아이가 살아가게 될 세상과 자연, 그 아이를 둘러싼 모든 것을 사랑해야 했습니다. 어떤 소녀가 눈물을 흘리며 우리에게 말했습니다. 왜 지금 세대의 문제점을 자신들의 세대에 떠넘기는 거냐고. 돈과 경제만을 생각하며 무너져가는 지구를 외면하는 거냐고. 나라는 존재로 혼자 살아갈 땐 몰랐습니다. 내가 떠난 후에 그다음 세대의 삶은 생각해본 적조차 없었는데 아이가 생기니 그 소녀의 말이 가슴에 비수처럼 꽂혔습니다. 나는 사람만을 사랑할 것이 아니라 내가 살아가고 있는 이 지구와 나를 둘러싸고 있는 모든 것들을 아이를 아끼는 마음처럼 사랑해야 했구나. 후회가 밀려왔습니다. 사과를 얻으려 사과나무를 심으려 해서는 안 되었습니다. 우리는 지금 이 편지를 읽고 있는 당신이 숨 쉴 공기를 위해, 당신이 밟고 살아갈 이 땅을 위해 나무를 심었어야 했습니다. 당신을 위해 이 땅의 모든 것을 아끼고 사랑해야 했습니다. 소모품처럼 써선 안 되었습니다. 이제 와 이 모든 사태를 돌이킬 수 없지만, 진심으로 사죄합니다.

　사랑은 단편적인 것이 아니었습니다. 이어지고 이어져 계속되는 무한한 연결고리 같은 것이었습니다. 사람에서 사람으로만 이어지는 것도 아니었습니다. 사람에서 온 우주로 이어지는 것이었습니다. 너무 늦게 깨달았지만, 이 편지에 저의 사랑을 담아봅니다. 저의 사랑이 당신에게 닿아 이 편지가 읽히는 날, 당신을 걱정하고 사랑하는 제가 있었단 걸 기억해 주십시오. 그리고 당신도 다음 세대를 위해 당신의 사랑을 남기시길 바랍니다. 그러면 언젠가 우리는 돌고 돌아 모두를 사랑하는 하나의 존재로 만날 수 있지 않을까 바라봅니다.

그때가 되면

옥지영

• • • •

삶을 뜻대로 살 수 있다면
난 바람이 될까
강물이 될까
나무가 될까
돌이 될까

바람결에 몸을 맡겨 나부끼는 나뭇잎처럼
이리 휙 저리 휙 뒤집혀봐도 좋을 테지

폭풍 속에 거친 파도 마냥 부서질 것처럼
무언가에 부딪혀 보는 생도 좋을 테지

깊은 심해 어두운 바닥에 가만히 앉아 있는 돌처럼
사유하는 생도 좋을 테지

맘처럼만 흘러간다면 이런들 또 어떠하고[27]
저런들 또 어떠하리

맘처럼만 흘러간다면 백골이 진토 될 때까지[28]
누군가에게 일편단심을 바쳐봐도 좋으리

혼자 사는 생이라면
뜻하는 대로 흘러가고
원하는 대로 살겠지만

혼자 사는 생은 홀가분할까
전생의 업보 같을까

함께하는 생은
내 뜻처럼 가지 않아도
길 난 곳으로 걷겠지만

함께 하는 생은 든든함일까
짐 덩이 같은 무거움일까

---

27 이방원의 하여가 중 '이런들 어떠하리 저런들 어떠하리' 부분을 인용하였습니다.
28 정몽주의 단심가 중 '백골이 진토 되어' 부분을 인용하였습니다.

지금의 생도 다 살아내지 못해
아직 어리석은 나에게
다른 생은 축복일까 속박일까

물음표만 가득한 나의 생은
아직은 자유로울 자신이 없네

지금의 생을 각근히 살아내고 나서야
생의 물음에 답을 쓸 수 있겠지

그때가 되면
생의 마지막 눈을 감으며
내 한 번 마음껏 살아보겠소

옥지영

웃으며 안녕!

. . . .

'기다렸던 순간이 왔구나!'라는 마음이 들면 혹여 너는 상처 받을까? 태어나면서부터 떠나는 날을 위해 달려온 것만 같은 기분이 들었거든. 점점 숨이 가빠지는 삶 속에서 삶의 환희가 버거움으로 바뀌었던 건 사실이었던 것 같아. 나는 내 삶을 충만하게 해내었을까? 나의 옆 가장 가까이 나를 지켜본 너는 어땠던 것 같아? 너의 눈 속 담긴 나의 삶도 궁금해. 죽음을 앞두면 모든 게 다 허무하고 부질없다던데 난 사실 더 평온한 마음이 들어. 다만 나 없이 남게 될 너희 둘이 걱정인 거지. 하지만 남아 있다고 생각하기 싫어. 그저 내가 떠날 뿐 삶은 계속되는 거니깐.

내가 떠난 후 걱정되는 건 그저 일상 속 더 이상 내가 줄 수 없는 도움들인 것 같아. 너에게 차려주지 못할 아침밥, 고된 하루를 보내고 온 너에게 건네는 "오늘 어땠어?"라는 한마디, 고민되는 일이 있을 때마다 들어주지 못할 나의 귀, 기쁜 일이 있을 때 진심으로 축하해줄 마음, 챙겨주지 못할 너의 학교 가방, 졸업식에서 상을 받을 때 쳐주지 못할 박수. 이런 사소한 것들이 쌓여 너희에게 상처로 남을까 그게 걱정이야.

예고 없이 찾아온 이별 앞에서 원망에 많은 시간을 쏟진 않으려고. 좀 더 내 건강을 보살피지 않은 게으름, 빨리 알아채지 못한 나의 병, 왜 나에게 이런 일이 일어났는지에 대한 억울함에 시간을 쓰고 싶진 않아. 평생 정리정돈에 소질이 없던 나라도 마지막 시간은 잘 정리하고 가야 할 것 같거든. 남은 6개월은 우리 이 세상에서 가장 행복한 가족처럼 보내자. 행복이란 수납 칸이 있다면 그곳을 빼곡히 채워 앞으로의 행복은 어디다 넣어야 할지 고민이 될 정도로 가득 채워 보자. 행여 내가 없어 우울한 날에 꼭 그곳에서 하나씩 꺼내 보며 나를 그리움이나 슬픔이 아닌 행복으로 기억해줘.

난 항상 엄한 엄마였지만 마음속엔 언제나 너에게 건넬 다정한 말들을 만들어내는 공장이 있었어. 너의 질문 하나에도 더 진심을 담아 이야기해주고 싶고, 불가능에 가깝다는 걸 알면서도 아픈 경험은 조금 피해 갔으면 싶어서 너에게 잔소리를 많이 했던 것 같아. 사실 엄마는 잔소리하려 했던 게 아닌데. 요즘 부쩍 늘어난 너의 짜증이 나의 탓인 것만 같아 미안하기도 해. 혼자서도 씩씩하게 자라날 너지만 행여 고단한 날 울면서 하소연할 곳이 없을까 그게 제일 걱정이야. 하지만 곁에 없어도 엄마는 어디서든 널 지켜보고 있을 거야. 그리고 아빠가 너의 곁을 지키고 있잖아. 그런 날엔 아빠에게 펑펑 울면서 마음속 이야기를 다 털어놓고 코 훌쩍거리면서 맛있는 거 먹으러 가. 그러면 힘든 일이 마법처럼 아무것도 아닌 일처럼 느껴질 거야. 행여 아빠의 위로로도 부족한 날에는 엄마가 잔뜩 쓰고 갈 편지들을 하나씩 읽어봐. 편지글 안에 엄마를 남기고 갈게. 엄마는 비록 볼 수 없는 존재가 되어도, 너의 마음 안에서 느낄 수 있는 존재로 살아갈 거야. 사랑해 우리 딸.

검은 머리가 파뿌리가 될 때까지 같이 있자고 약속했는데 그러지 못해 미안해. 나의 병이 너에게 죄책감으로 남지 않았으면 좋겠다. 벌써 결혼한 지도 10년이 넘었네. 그동안 우리 아이도 만나게 되고, 많이 울고 웃고, 싸우기도 하고, 많은 일이 있었네. 서로에게 맞는 모양이 될 때까지 다사다난한 일이 많았지만, 그 과정이 꼭 힘들지만은 않았어. 너를 만나고 진짜 가족이 무엇인지 알게 된 것 같아.

고마워. 이 한마디에 나의 온 마음을 담아봐. 내가 떠나고 난 후 앞으로의 너의 생 안에 행복만이 가득했으면 좋겠어. 너무 길게 울지 말고, 조금만 울어줘. 마음속에 나를 너무 담아두지 말고, 날려보내줘. 당신 안에 나는 웃고 있는 모습으로 남았으면 좋겠다.

미안해. 너무 큰일들만 너에게 남기고 가는 것 같아서. 곧 사춘기가 올 딸과 너무 투덕거리지 말고 잘 지내봐. 그 아이 안에 슬픔이 남지 않게 즐거운 일들 많이 만들어줘. 무슨 대단한 비밀인 양 내 얘기 피하지 말고, 둘이서 나를 기억하면서 즐겁게 이야기해줘. 건강에 항상 신경 쓰고, 밥도 잘 챙겨 먹고, 운동도 좀 열심히 하면서 아이와 함께 끝까지 걸어가 줘. 성급히 아이를 떠나는 건 나만으로 충분한 것 같아. 맨날 집에만 있지 말고 여기저기 여행도 다니고 해. 너에겐 끝까지 잔소리만 하게 되네. 이 잔소리가 나의 사랑이라고 생각해줘. 무너지지 말고 행복하게 살다 와.

엄마. 이름만 불러도 애틋한 이름이 된 건 언제부터일까? 엄마의 삶 속 수많은 헤어짐 중에 나는 없었으면 했는데 이렇게 되었네. 먼저 떠나게 되어서 미안해. 어떤 말로도 이 미안함을 전할 길이 없네. 나도 엄마가 되고 나서야 비로소 엄마를 이해할 수 있었어. 사근사근한 딸이었으면 좋았을 텐데 무뚝뚝한 딸이어서 미안해. 그래도 남아 있는 시간 동안은 사근사근한 딸이 되어보려고 노력할게. 자주 만나자. 언제나 엄마 얼굴을 자주 못 보는 게 마음에 걸렸거든. 나이를 먹으면 더 엄마가 보고 싶나 봐. 먼 거리도 아닌데 핑계만 대면서 자주 가보지도 못했네. 엄마 나는 웃으면서 떠나고 싶어. 그러니 엄마도 웃으면서 나 보내줘. 너무 안쓰러워하지 말고, 너무 목메어 하지 말고, 가슴에 얹혀 병 같은 거 나지 말고 남은 시간 알차게 쓰면서 우리 즐겁게 헤어지자.

오빠. 남매라 더 많이 싸우기도 했고, 고분고분한 동생이 아니라 투덕대기도 많이 했던 거 같아. 그래도 오빠가 있어서 항상 든든했어. 엄마 잘 부탁할게.

나의 오래된 친구들에게.

오랫동안 이상한 나와 친구 해줘서 고마워. 나의 유년 시절 너희와의 기억들이 아직도 생생해. 빛나던 순간 너희가 있어서 정말 행복했어. 다들 결혼하고, 직장 생활에, 육아에 치어 자주 보진 못했어도 너희를 만나 이야기 나누면 마음만은 10대 그 시절로 돌아갈 수 있었어. 언제나 내 마음을 불쑥 꺼내도 그 마음을 잘 보듬어주어서 잘 자랄 수 있었던 것 같아. 우리 다음이 있다면 그때도 꼭 친구로 만나자.

내가 사랑하는 사람들 모두 웃으며 안녕!

여름의 끝자락

....

올해는 봄부터 여름까지 매주 글을 쓰며 지냈다. 단절된 채 버려져 있던 나의 공책을 다시 한번 열어보는 시간이었다. 매주 분주하게 글을 쓰다 보니 벌써 두 개의 계절이 나를 지나쳐 갔다. 그리고 책의 한 부분으로 들어갈 글들이 완성되었다. 책으로 완성될 글을 처음 써보면서, 나의 글을 곱씹고 또 곱씹어 읽어본 시간이었다.

써놓고 방치만 해두었던 나의 글들은 이제 잘 정리되고 싶은 것 같았다. 글을 정리하면서 무엇이 들었을지 궁금해하며 열어보기만 하고 정리하지 못한 나의 감정들도 함께 정리되었다. 이제야 나를 용서하고, 추슬렀다.

삶을 사계로 나눠본다면 나의 삶은 여름의 끝자락을 스쳐 가을로 가고 있는 것 같다. 뙤약볕 아래 정수리가 뜨거워지는 게 못내 괴롭다가도 어디선가 불어오는 시원한 바람이 뺨을 스치고, 가을이 올 거라는 예감에 못내 가는 여름이 아쉬운 마음이 드는 요즘 나는 그런 삶의 계절 속에 살고 있다. 줄어가는 매미 소리가 아쉽고, 몸 색깔을 바꾸는 나뭇잎들이 더 처량해 보이고, 바람에 흔들리는 갈대라도 보이면 눈물이 먼저 고이는 여름의 끝자락은 저물어 가는 나의 젊음에 대한 아쉬움이기도, 이 삶이 유한하다는 깨달음이 주는 조급함이기도 하다. 여름이 끝나가는 마음을 어딘가에라도 담아두고 싶었다. 그래서 여름이 가는 내내 주변을 보며 한 편, 두 편 마음속에 시를 모았다. 곧 가을이 되어서도 여전히 나의 여름을 기억하고 싶어서. 그렇게 모은 시 두 편을 써 내려 가 본다.

개미집

자그마한 것들이 분주하게도 움직인다
제 몸보다 더 큰 것을 이고
제 숨을 걸고 길을 걷는다
나의 선의가 너에겐 살의가 될까 봐
방법을 몰라 바라만 본다

가야 할 곳이 있다는 것
도착지가 있는 너의 걸음엔
망설임이 없다
방향을 몰라 주춤하는 기색도 없다
나는 그런 너를 응원할 뿐이다

행여 나의 무심함에 밟힐까 봐
디디는 걸음마다 조심스럽다

뙤약볕에 서 있기만 해도 녹아내리는데
너의 걸음은 지치는 법이 없다
뽈 뽈 뽈 뽈 잘도 지나간다

꼭 여름이어야 할 이유가 있을까
바람이 시원한 계절도 많은데
꼭 이 더운 계절에 열심히 일하는 너는
무엇을 채비하나!
무엇을 쌓아 올리나!

베짱이의 마음을 가진 나는
알 수 없다
정처 없이 닿는 대로 다니는 나는
종착지가 있는 여정의 위대함이
궁금하다

생이 걷는 거리

자전거 길옆 지독히도 뜨거운 볕에 반사된
반짝이는 보도블록 위로 생이 지나간다

발이 작아 영 속도가 나지 않는 한 무리가
같은 옷을 맞춰 입고 더운 볕 사막을 손잡고 헤쳐간다
선생님의 걸음을 따라 그들의 소풍은 이제 시작이다

그 뒤로 말간 청춘이 뒤따른다
귀속으로 흘러들어오는 노랫말과 함께 걷는 그의 걸음을 보니
싱그러움이 여름 볕보다 빛난다

만고불멸할 것 같던 청춘이 흘러가고 노부부가 그 뒤를 따른다
함께 또 따로 적당한 거리를 두고 각자의 움직임을
멈추지 않고 유유히 걸어간다

자전거 타고 가는 길
걸음보다 조금 빠른 속도로
이름 모를 누군가의 일생을 본다

나의 생도 자전거바퀴의 속도로
누군가의 생 옆을 지나쳐 가겠지
온전한 나의 생은 나만 볼 수 없겠지

자라나는 생에 뿌릴 물들이 충만하기를
지나치는 모든 생이 평안하기를
여름 볕 아래 나의 생이 아직은 싱그럽기를
찰나의 시간 소원해본다

이연주

시린 마음

••••

　초등학교에 다닐 때 엄마는 딱 한 번 학교에 오신 적이 있었다. 속이 매스껍고 어지러워서 토하고 조퇴를 했던 날이었다. 엄마는 기어가다시피 집에 돌아온 나를 기어이 학교로 데리고 가셨다. 명예로운 개근상을 향한 엄마의 집념이 그 당시에도 가지 않았던 큰딸을 등에 업고 학교로, 학교로 발걸음을 옮기게 했던 원동력이었을 것이다. 지금 생각해보면 뭘 위해 다들 그리 열심히 살았을까 싶다. 뭘 위해서 쉼 없이 앞으로만 나아가려 애썼을까? 그런데 사실 학교에 와주는 엄마가 필요했던 때는 Y 초등학교 4학년 5반에서 부반장을 했던 시기였다.

　스승의 날이면 꽃다발과 선물 사이에 촌지를 몰래 넣어주던 그 시절에, 나는 담임 선생님의 눈에는 덜 매력적인 학생이었다. 엄마는 초등학교 입학식에도 졸업식에도 오신 적이 없었으니, 자주 얼굴을 비추고 선생님과도 친분이 있었던 당시 반장의 엄마와는 비교가 될 수가 없었다. 담임 선생님께는 반장 박은미를 예뻐하셨다. 나뿐만 아니라 다른 친구들도 어렴풋이 그런 분위기를 눈치채고 있었다. 특별히 그로 인한 차별이나 불편함은 없었기에 그냥저냥 속으로만 약간

부러울 뿐 별다른 감정 없이 학교생활을 하고 있었다.

반장과 부반장의 역할은 주로 조례와 종례 시간에 인사하는 것을 시작으로 하교 후에는 가끔 담임 선생님의 지시로 교실 바닥을 청소하는 것이었다. 하루는 방과 후에 반장과 함께 기름 대걸레로 교실 나무 바닥을 윤나게 닦고 있었다. 갑자기 반장이 복도를 뛰어가는 6학년 언니를 보고 욕을 내뱉었다. 어라? 저 언니는 동네에서 함께 고무줄놀이하는 나영 언니인데. 순간 머리가 멍해졌다. 그 언니는 그런 욕을 들을 만한 사람이 아니었다. 불쑥 마음속에서 일종의 정의감이 불타올랐다. 언니에게 이 얘기를 꼭 해줘야 할 것만 같았다. 왜 반장이 언니에게 욕했던 건지, 무슨 일이 있었던 건지 정말 이해가 되질 않았다. '이간질'이라는 단어가 아직은 어린 머리에 확실히 자리잡히지 않았던 때에, 호기심과 정의감이 뒤섞인 무명의 행동이 어떤 큰 사건을 불러일으킬지 그때는 몰랐다. 나영 언니는 다음날 당장 반장을 찾아가서 따지고 들었고, 반장은 자신은 결코 그런 얘기를 한 적이 없다고 거짓말쟁이로 몰아세웠다. 그 뒤로 어떤 일이 있었는지 기억이 잘 나지 않는다. 그저 커다란 폭풍우가 몰아친 듯 여기저기로 불려 다니며 내몰렸던 상황만 생생하게 남아 있다.

자, 이제부터 펼쳐질 이야기는 참 차갑다. 누구도 내 편이 아닌 교실 한구석에서 얼음이 되어 있었다. 반장이 했던 말은 사실이고 그걸 영미 언니에게 전달한 것뿐이라는 말을 단 한마디도 할 수가 없었다. 담임은 나를 벼랑으로 몰아세웠다. 나는 완벽한 '선'을 마주하고 있는 '악'이었다. 반장의 말은 절대적으로 진실이며 심지어는 누명을 쓴 애처로움 그 자체였다. 그토록 따뜻하고 즐겁던 동무들이 한순간에 나를 외면하고 차갑게 대했다. 심지어 나를 피하고 집단으로 따돌렸다. 한동안 Y 초등학교 3층 4학년 5반이라는 공간은 공포이자 두려움이었다. 세상에 내 편은 아무도 없는 듯 그곳에 홀로 외딴섬처럼 둥둥 떠 있었다.

지금도 그때를 기억하면 마음이 시리다. 왜 부모님께 모든 상황을 말하고 도움을 청하지 않았을까? 어쩌면 마음 한구석에는 말해도 별로 달라질 게 없을 거라는 실망스러운 경험들이 자리 잡고 있었을 것이다. 반장 엄마와 담임 선생님의 단단한 친밀감이 철옹성처럼 느껴져서 그 또한 어찌할 수 없다고 지레 겁을 먹었다. 그 시절 그 행동이 비록 미숙했지만, 정답이 이미 정해진 답안지처럼 모든 상황을 규정하고, 해석하고 판단했던 그 폭력을 정당화할 수는 없다. 마흔이 넘은 나이에도 오래된 기억은 아프게 떠오른다. 또한 억울하고 외로운 마음을 잘 알게 되었다.

알고 있으면 들여다보게 된다. 먼저 하루를 맺고 지내는 사람들을 유심히 들여다본다. 말과 행동으로 인해서 상처받은 사람들이 없는지 살핀다. 마음에 떠오르는 즉각적인 기억은 하루를 떠나보내기 전에 가볍게 카톡이나 전화로 사과하고 풀어낸다. 말이 많아진다는 건 실수할 확률이 높아짐을 의미하기 때문에, 말하기보다는 들으려 노력한다. 또한 가르치는 아이들이 최소한 수업 시간에는 서로 억울함이 없도록 살핀다. 경험하지 못했으면 알지 못했을 일이다. 어릴 적 깊이 느꼈던 '시린 마음'은 타인을 살피고 이해하는 데 도움을 준다. 상처가 세월을 만나 성숙함을 걸쳐 입으면 참된 내면의 나이가 든다.

오늘은 다른 사람들의 '시린 마음'에 어떤 옷을 입혀줄까?

황홀경! 경필 쓰기 대회

....

초등학교 시절 내내 '교내 경필 쓰기 대회'에서 최우수상을 받았다. 내가 매년 상을 받으니, 친구들도 담임 선생님도 최우수상은 의심할 것 없이 당연했다. 전교생 앞에서 학교 운동장 교단에서 상을 받는 것은 늘 긴장되었다. 손에서는 땀이 나고 가슴은 콩닥거렸다. 상을 받고 교단을 내려올 때는 황홀했다. 초등학교 생활 내내 내면의 자신감은 경필 쓰기 대회로 점점 높아지고 다른 친구들에게 증명되었다.

회색에 가까운 질이 썩 좋지 않은 경필 쓰기 종이 위에 내용이 기억나지 않는 긴 글을 연필로 꼭꼭 따라 써 내려가던 그 기분이 묘하게 좋았다. 끝까지 긴장을 놓치지 않고 손에 땀을 쥐며 글자를 따라 쓰다 보면 주변 모든 것은 보이지 않고 눈앞에는 오직 글자와 단둘이만 있는 듯 황홀했다. 지금 생각하면 그때 경험했던 것이 '몰입의 마법'이었다. 잘하려고 했던 게 아니었다. 아니 잘하려고 애썼으면 오히려 잘할 수 없었을 것이다. 그저 눈앞에 있는 것에 집중하고, 그것을 그냥 했을 뿐이었다.

살면서 뭘 그렇게 열심히 하려고 애쓰지 않았다. 주변 사람들에게서 밤을 새워가며 무언가를 했다는 이야기를 심심치 않게 듣는다. 다들 삶을 열심히 사는 것 같은데 나만 아닌 것 같은 기분이 들면 내면에 깊숙이 숨어 있던 열등감이 고개를 드는 시기가 온다. 그냥 저냥 하루를 보내는 게 한심하게 느껴지기도 한다. 그럴 때면 당당하게 교단에 서서 경필 쓰기 대회 최우수상을 받던 그 모습을 떠올린다. 그러면 마음이 편해지고 다시금 이름 모를 자신감이 샘솟는다. 특별한 이유나 목적이 없어도 좋아하는 것을 몰입해서 할 때 생각지 못한 큰 마법 같은 일이 펼쳐진다는 것을 경필 쓰기 대회를 통해 경험했다.

여느 날과 같은 지루하다 못해 무기력한 오늘, 스스로 말해준다. 애쓰지 말고, 물 흐르듯이 살면서 그저 가끔 '몰입'의 황홀한 마법에 시간이 멈춘 듯 취해보자고. 그러면 기적 같은 일이 벌어질 수도 있다고 말이다.

도시락 한 개는 괜찮지 않아

＊＊＊＊

고등학교 때는 하루에 도시락 두 개가 필요했다. 하나는 점심용, 하나는 저녁용. 그런데 책가방엔 항상 도시락이 한 개였다. 엄마에게 도시락을 하루에 두 개씩 싸가야 한다고 말하지 않았었나? 가끔, 혹시 그랬었나? 하는 생각이 든 적도 있었는데, 아무리 생각해봐도 말을 했던 것 같다. "엄마, 매일 도시락 두 개를 가져가야 해요." 그때나 지금이나 먹는 것을 참 좋아하는 걸 보면 말이다. 그런데 왜 늘 도시락이 한 개였을까? 다 커서도 엄마한테 물어본 적은 없었다. 그냥 뭐 그럴만한 이유가 있었겠지. 괜찮아. 뭐 그래도 괜찮아.

같은 반 친구 지혜의 엄마도 점심용 도시락을 한 개만 싸주셨다. 대신 그 친구 엄마는 저녁을 먹을 시간이면 늘 학교에 방금 싼 저녁용 도시락을 가져다주셨다. 잘 먹지도 않는 걸 자꾸 왜 가져다주는지 귀찮다고 투덜거리는 친구를 따라서 매일 저녁 교문 앞으로 친구의 도시락을 가지러 나갔다.

저녁 식사 시간이 되면 친구들은 대부분 식은 밥에 차가운 반찬을 책상에 꺼내 두고 도시락을 먹었다. 지혜의 도시락은 늘 따뜻했다. 알록달록한 도시락 뚜껑을 열면 뽀얀 국물에 향긋한 파 한 줌과 칼칼한 후추가 툭툭 뿌려진 뜨끈뜨끈한 사골국이 있었다. 함께 먹으면 찰떡궁합인 깍두기도 반찬통에 맛깔나게 담겨 있었다. 흰 밥은 열자마자 김이 폴폴, 침이 꼴깍꼴깍 넘어갔다. 친구가 손도 대지 않는 도시락의 뚜껑을 열고 사골 국물에 밥을 말아서 잘 익은 무김치와 함께 한 그릇을 뚝딱 비워냈다. 정성 어린 뜨끈한 도시락을 친구는 거의 매번 차갑게 외면했다. 지혜는 어찌 이 사랑을 느끼지 못하는가! 한없이 부러운 친구의 저녁 도시락은 엄마의 사랑이었다.

회상하면 조금 슬픈 이야기인데, 나는 그때나 지금이나 '괜찮아 병'에 걸린 사람이다. 그 당시에 도시락 한 개는 분명 괜찮지 않았는데, 스스로 괜찮다고 최면을 걸었었다. 지금도 웬만한 일에는 늘 괜찮다고 말하는데 사실 속으로는 괜찮지 않다. 조금씩 쌓여가는 마음의 짐이 가끔 가슴을 짓누르고 어느 순간 터져버리는 순간이 온다. 그럴 때면 세상 까칠한 사람이 되어 버린다.

퇴근 후에 저녁 식사를 준비하면서 전기밥솥을 보고 있자니 고놈이 참 똑똑하다는 생각을 해본다. 밥이 되기 전에 고운 목소리로 신호음을 보내주고 증기 배출구로 '삐'하는 소리를 낸다. 밥을 짓느라 고생한 마음을 훌훌 털어 한 김 내보낸다. 그러고는 보란 듯이 윤기가 좌르르 흐르는 맛 난 밥을 내어주는 멋진 녀석 'KK 전기밥솥'.

어쩌다가 도시락에 얽힌 추억이 전기밥솥까지 이어졌는지는 잘 모르겠지만, 가만히 일상을 들여다보면 깨달음을 얻게 되는 순간들이 온다. 글쓰기를 통해서 한없이 떠돌던 과거의 아픔을 차분히 바라보게 되었다. 글을 쓰면서 울고 웃다 보면 답답한 마음속에 켜켜이 쌓여있던 응어리가 풀어진다. 이렇게 계속 글을 쓰다 보면 언젠가는 깃털보다 가벼운 마음으로 웃으면서 도시락 한 개를 회상할 날이 올 것이라 믿는다.

이연주   283

내 인생의 우선순위를 정해보자!

••••

멋진 이름 '이연주'가 있어야 이 세상이 존재하니 나는 1순위다. 돌아가신 큰이모부가 지어주신 이름, 연(妍: 고울 연) 주(周: 두루 주). 고운 마음이 두루두루 미친다는 뜻을 가진 이름이다. 어렸을 때도 그랬지만 지금 들어도 그리 촌스럽지도 않고 뭔가 힘이 있는 느낌이라 좋다. 사실 이름이 가진 뜻에 대해서는 큰 비중을 두지 않고 살아왔는데, 이번 기회에 한자어를 다시 찾아보면서 그 뜻을 음미해 보니 '연주'는 꽤 괜찮은 이름이다. 평생을 살아갈 이름을 멋지게 지어주신 것에 감사한 마음으로 이모부를 간직해야겠다고 생각했다.

가족 공동체의 일원으로서의 나는 2순위이다. 초등학교 4학년 때부터 엄마는 해외 입양아들을 돌보시는 위탁모 일을 하셨다. 엄마가 아이들을 돌보기 시작하면서 우리 집은 마치 작은 보육원 같았다. 늘 두세 명의 아이들과 함께 지냈고, 한 아이가 입양되어 미국으로 떠나게 되면 다른 아이가 그 자리를 채웠다. 덕분에 나는 분유 타기, 기저귀 갈기의 달인이 되었다. 아이들에게 분유를 먹이고 트림시키고 놀리고 재우고 학교를 마치고 집에 오면 또 다른 일과가 잠이 들 때까지 계속되었다. 아니 잠이 들 수도 없었다. 아이들은 보통 생후 6개월에 와서 2년이 채 안 되어 미국으로 떠났기 때문에, 밤에는 서너 시간에 한 번씩은 깨서 분유를 타서 주고 기저귀를 봐 줘야 했다. 엄마를 도와서 집안일도 잘했다. 쓸고 닦고 음식도 만들고 뭐든지 다 잘했다. 무엇이든 일이 있으면 척척 해내는 믿음직스러운 첫째 딸이었다.

행복하기도 했고 즐겁기도 했고 부담스럽기도 했고 뿌듯하기도 했고 화가 나기도 했고 분노하기도 했고, 다른 색깔의 갖가지 감정들을 온몸에 흠뻑 바르면서 자랐다. 서른이 넘어서도 비슷한 날들이 계속되었는데, 학원 강사 일을 마치고 퇴근하는 어느 날 버스 차창에 비친 모습이 낯설었다. 부모님의 든든한 맏딸이 구겨진 텅 빈 얼굴로 바깥세상을 응시하고 있었다. 나는 어디로 간 걸까? 가족 안에서 장녀 역할을 하면서 사는 게 당연하다고 생각하고 있었고, 이만하면 잘해 내고 있다고 생각했는데 정작 그곳에 '이연주'는 없었다.

번뜩 아빠와 비슷한 다정한 누군가를 만나 가족을 만들어야겠다는 생각이 들었다. 부부가 종교가 다르면 시작부터 삐그덕거릴 테니, 가톨릭 신자를 만나야 했다. 그때부터 매주 성당에서 미사[29]가 끝나면 주보[30] 뒷면을 살펴보았다. 어느 날 주보에서 '가톨릭 청춘남녀 만남'에 관한 광고를 보았다. 이메일로 신청서를 보내고 '모곡피정

---

29 '미사(Missa)'는 가톨릭 교회에서 성찬례를 일컫는 표현이다. 〈출처: 나무위키〉
30 가톨릭의 미사나 개신교 예배의 이해를 돕기 위해 성당이나 예배당에서 나눠주는 것으로 보통 예배 안내 및 소식이 적혀 있는 종이이다. 〈출처: 나무위키〉

의집'에서 2박 3일을 보내고 돌아왔다.

그 후 피정[31]에서 만난 착한 남자와 짧은 연애 후에 가정을 이뤘다. 남편의 직장에서 가까운 경기도 시흥에서 결혼생활을 시작했다. 아이를 낳고 키우면서 힘든 일도 많았지만, 지금은 비교적 평안하게 지내고 있다.

남편과 딸과 함께하는 가족 공동체에서 온전한 모습으로 살아가고 있다. 물론 출산과 육아로 존재를 잊고 사는 시간은 존재했지만, 남편은 다정하고 마음이 따뜻한 사람이니 육아로 지친 아내의 마음을 무심히 내버려두진 않았다. 딸은 몸과 마음이 건강한 아이로 자라고 있다. 이 안에서 나는 행복하며 남편과 딸에게 무한한 사랑과 감사를 느낀다.

3순위는 '영어쌤'이다. "영어쌤! 오늘은 뭐해요?", "영어쌤! 다했어요.", "영어쌤! 잘 모르겠어요." 아이들은 하루에도 수십 번씩 '영어쌤'을 불러댄다. 그 소리를 들으면 어떨 땐 머리가 지끈지끈하고, 어떨 땐 마음이 따뜻해진다.

다솜이는 늘 수업 시간이 되면 학교에서 있었던 일들을 이야기하

---

31 피정(避靜, retreat)이란 피세정념(避世靜念)의 줄임말로, 일상에서 벗어나 한적하고 조용한 곳에서 머무르며 종교적인 수양을 하는 것을 말한다. 피정이라는 단어는 주로 가톨릭에서 많이 사용하지만, 다른 종교에도 비슷한 개념이 존재한다. 〈출처: 나무위키〉

려 든다. 내용이 길고 반복되기 때문에 수업에 집중하려면 어쩔 수 없이 다솜이의 이야기를 끊고 교재를 준비하라고 얘기한다. 그래서 다솜이는 영어쌤은 '대문자 T'라는 별명을 붙여 주었다.

민지는 오늘도 정성스러운 그림에 '영어쌤 사랑해요.'를 또박또박 적은 작은 종이를 내밀었다. 귀여운 작은 인형도 슬쩍 내민다. 민지가 준 그림과 편지를 모두 모아서 구겨지지 않게 잘 보관하고 있다. 그런데 민지는 수업에는 영 관심이 없다. 9개월간 알파벳 실력이 제자리인 걸 보면 말이다.

마지막으로 아영이는 봄을 맞이한 후부터 하굣길에 떨어진 꽃잎을 다채롭게 주워다가 작은 손에 받쳐서 내민다. 아영이는 수업 시간에 가끔 다른 생각을 하기도 하지만, 단어 실력도 좋아지고 발음도 정확해진 친구다. 그러다 문득 "영어쌤, 언제까지 여기에 있을 거예요?" 묻기에 "왜?" 대답하니, 영어쌤이 일을 그만두면 자기도 학원에 그만 다니려고 한단다. 빈말이어도 기분이 좋았다.

'영어쌤'이란 호칭을 20년간 들어오면서 호칭에 대해선 큰 의미를 둔 적이 없었다. '영어쌤'으로 불린 시간이 무슨 의미가 있었을까? 결혼 전엔 직업으로 거의 유일한 사회적 인간의 역할이 '영어쌤'이었고, 결혼 후에는 아내이자 엄마로 살아가면서 '영어쌤'으로서 당당할 수 있었다.

삶의 우선순위를 정하면서 역할이 명확해지고 그에 따른 의미가 분명해졌다. 우선순위를 들여다보니 앞으로 나아가야 할 방향에 초점이 맞춰진다. 삶의 나침반이 흔들릴 때면 곁가지를 쳐내고 중심을 바라보자. 한결 가벼운 마음으로 인생을 마주하고 여유롭게 생을 살아갈 힘을 얻을 수 있을 것이다.

청개구리의 첫사랑

* * * *

고등학교 시절 모든 교실은 한 반에 50명이 넘는 아이들로 콩나물 시루처럼 빽빽이 들어차 있어 늘 답답하고 갑갑했다. 높낮이도 맞지 않은 책상 걸상에서 아침부터 저녁까지 모두 그냥 앉아만 있어야 했다. 그 당시 획기적으로 유행했던 '서태지와 아이들[32]'의 '교실 이데아[33]'는 혁명이었다. "됐어. 됐어. 이제 그런 가르침은 됐어." 당시 길거리 어디서든 흘러나오는 노래를 함께 따라 부르며 소리쳤다. 그런데 마치 가위에 눌린 듯, 내 몸은 움직이질 않고 아무도 그 노래를 듣질 않았다. 매 교시에 선생님들의 일방적인 주입식 수업을 감상하고, 칠판에 빼곡하게 적힌 글자들을 의미 없이 따라서 적었다. 수업시간 중에 질문하거나 토론을 주고받는 것은 외국영화에나 나오는 꿈같은 장면이었다. 그나마 참을 만했던 건 국어 선생님은 국어를,

---

32 1992년에 데뷔하여 1996년 은퇴 및 해체하였으며, 이름에서 알 수 있듯이 보컬, 작사, 작곡 및 연주, 프로듀서, 공연 기획 등 음악 및 활동 전반을 책임진 서태지를 리더로 둔 그룹이었다. 〈출처: 나무위키〉

33 1994년 발매된 서태지와 아이들 3집의 네 번째 트랙 수록곡이자 3집 활동 당시 두 번째 활동 곡. 당시 한국의 교육 문제를 직접적으로 비판하는 노래이며, 예나 지금이나 정도 차는 있을지언정 본질적으론 비슷한 문제를 품고 있는 공교육 때문에 오늘날에도 그 메시지가 회자되는 명곡이다. 〈출처: 나무위키〉

영어 선생님은 영어를 가르쳤다는 것이었다.

　수학 선생님 최강수는 달랐다. 수학 수업을 벗어나서 매번 자본주의를 비판하고, 서태지와 아이들이 능력에 넘어서는 돈을 벌어들이면서 노동자들의 사회적 불평등을 일으킨다고 일장 연설을 했다. 수학 수업을 하러 왔으면 수업만 하면 될 일이다. 마음에서 참을 수가 없는 분노가 일었다. 그렇다고 무얼 어찌하겠는가? 독심술이 초능력이라는 사실이 다행일 뿐. 그런데 최강수가 나를 보고 불만이 있거나 다른 의견이 있으면 일어나서 말을 해보란다.

　최강수에게 초능력이 있었나 보다. 들켰구나! 다 들켜버렸구나. 이왕 이렇게 된 거 혼이 나든지, 매를 맞든지 일단 속 시원히 얘기나 해보자. 첫 번째로 수학 시간에 수학과 관련이 없는 이야기를 너무 길게 하면서 수업 시간을 사용하는 게 마음에 들지 않는다고 말했다. 두 번째로 자본주의의 단점에 너무 치중해서 자본주의가 없어져야 하는 것처럼 편파적으로 말하는 것이 마음에 들지 않는다고 말했다. 세 번째로 서태지와 아이들은 그냥 쉽게 곡을 써서 돈을 버는 것이 아니라, 대중의 마음을 움직이고 대변하는 예술적인 능력으로 돈을 번 것이므로 노동자들 돈의 가치와 동등하게 비교할 것은 아니라고 말했다.

　수업을 마치는 구원의 종이 울렸다. 과연 나를 교무실로 부를 것인가? 말 것인가? 아마 그도 고민했을 것이다. 그는 아직은 부임한지 얼마 안 된 애송이 교사였다. 그래서일까? 걱정과는 달리 교무실로 불려가는 일은 없었다.

그렇게 고등학교 생활 내내 처음이자 마지막으로 목소리에 힘을 실었다. 그리고 남들과는 조금 다르다는 것을 알았다. 당연한 주입식 교육을 편안하게 받아들일 수 없는, 불편한 청개구리 학생이라는 걸 알았다.

공부를 잘하는 학생도 아니었다. 어찌어찌 가톨릭대학교 철학과에 입학했다. 교정도 아담하고 자그마한 언덕도 있는 정감 있는 학교였다. 운 좋게도 서울대를 졸업하고 독일로 유학도 다녀온 삼십 대의 열정적인 이동우 교수님의 강의를 들었다. 마치 뷔페에서 입맛에 맞는 음식을 모두 한 접시에 담아 먹듯, 교수님의 강의로 모든 시간표를 채우고 조금씩 아끼면서 철학을 맛보았다.

논리학 수업 시간에는 학생들이 찬성과 반대로 갈라져서 상대편의 논제를 서로 반박하고 뒷받침할 증거들을 쏟아내는데, 무언가 꿈틀꿈틀 살아있는 게 느껴졌다. 벌겋게 상기된 얼굴로 수업을 마치고 나면 열띤 토론을 함께했던 상대편 학생들을 마주하면서 서로 대견스러웠으며, 달아오른 열기를 가라앉히고는 알 수 없는 꽉 찬 마음으로 개선장군처럼 교정을 거닐었다.

고대 철학 시간에는 만물의 근원은 '물'이라고 말했던 탈레스[34]를 기억할 때, 그의 위대함은 '정답'이 아니라 최초의 '물음'에 있다고 하셨던 교수님의 말씀이 마음에 문신처럼 새겨졌다.

같은 과 오빠들은 자기들과 나이 차이가 별로 나지 않던 교수님을 못 마땅히 여겼는데, 특히 교수님이 채점 후 돌려주는 리포트를 아주 싫어했다. 빨간색 색연필로 줄이 죽죽 그어져 있고, 논리적 오류나 맞춤법 등을 동그라미로 교정한 후 돌려주는 '교수님 표' 리포트에 자존심이 상했던 모양이었다. 나는 리포트를 받아 보고 질투심이 가득한 험담을 주고받는 오빠들이 바보천치들이라고 생각했다. 살면서 어디서 그런 정성이 가득한 리포트를 받아 보겠는가? 왜 철학을 하겠다는 사람들이 있는 그대로를 받아들이고 앞으로 나아가질 못하고, 눈앞의 비판에 칼날을 세우고 으르렁대는가? 지금 생각해보아도 오빠들은 어리석었다.

캠퍼스에서 시간은 정말 빠르고 짧았다. 벚꽃이 눈처럼 흩날리던 계절엔 작은 동산에 누워 플라톤을 생각했고, 내 마음이 어느 날은 기차를 타고 아리스토텔레스[35]의 니코마코스 윤리학[36]을 달렸다.

---

34 고대 그리스의 소크라테스 이전(Presocratic) 철학자. 밀레투스학파의 창시자이자 최초의 철학자 〈출처: 나무위키〉
35 고대 그리스에서 활동했던 마케도니아 왕국 출신의 철학자 〈출처: 나무위키〉
36 아리스토텔레스가 아테네에 세운 학당 리케이온에서 강의한 행복에 관한 논설이다. 〈출처: 나무위키〉

그 시절에 배우고 느꼈던 철학적 지식은 지금 남아 있지 않지만, 반짝이는 호기심은 새싹처럼 언제나 푸릇하고, 자유로운 사유는 변화하는 구름으로 유유자적 흘러간다.

이 모든 것이 대학교 때 만난 첫사랑 '철학' 덕분이다. 나의 대학 생활은 새로운 삶의 '전환점'이다. 불만 가득한 청개구리가 첫사랑을 만나 봄의 문턱을 넘은 인생을 살게 되었으니 말이다. 아직도 도서관에 가면 제일 먼저 철학책을 만나고 책 속으로 빠져든다. 지루할 법한 그 시간이 참 행복한 것을 보면 대학 시절 철학을 만난 것은 무지개 끝에서 만난 행운이다.

ENTJ 여자의 비밀병기

• • • •

「논리적이고 합리적이다. 효율성을 중시한다. 통솔력이 강
하다. 자신감이 높다. 독립적이다. 타인의 감정을 알아차리
지 못한다. 지시받는 상황을 참을 수 없다.
　자기애적 경향이 있다. 고집스럽고 완벽주의적일 수 있다.
지배 욕구가 강하다.」

　어쩜 이렇게 마음속에 들어갔다 온 것처럼 성격을 잘 설명해 놓
았는지. MBTI[37] 검사를 해보고 나온 결과, 내 성격유형은 ENTJ였
다. 비논리적인 상황을 잘 받아들이지 못하고 때로는 분노한다. 노
력과 시간에 대한 효율성을 따져서 행동하는 편이고, 사람들을 만
날 때도 의미 없는 대화나 시간 보내기식 만남을 피한다. 어떤 문제
를 해결해야 하는 경우, 결론이 나질 않고 서로 머뭇거리는 분위기
에서는 적극적으로 의견을 내고 상황을 정리하는 편이다. 일을 시작

---

37 MBTI 또는 마이어스-브릭스 유형 지표(영어: Myers-Briggs Type Indicator)는 개인이 쉽게
　응답하는 자기보고서 문항으로 개인이 인식하고 판단하면서 각자 선호하는 경향을 찾
　고, 이러한 선호 경향들이 개인행동에 어떤 영향을 미치는지 파악하여 실생활에 응용하
　려는 주장을 바탕으로 구성한 심리 검사이다. 〈출처: 나무위키〉

할 때 두려움이 없는 편이고, 새로운 사람들을 만나는 일에 어려움이 없다. 그렇다고 누구에게나 마음을 열고 친하게 지내는 것은 아니다. 마음속 깊은 곳 '꽃꽂한 기준'으로, 비교적 빠른 시간에 다른 사람을 판단하고 이 사람이 앞으로 계속 만나도 괜찮을 사람인지, 아니면 거리를 둘 사람인지를 가린다.

업무에 있어서 정확한 기준과 경계를 중요하게 생각하며, 그것이 모호해지고 책임소재가 불분명해지는 상황에 스트레스를 받는 편이다. 또한 일방적이고 막무가내식 지시에는 바로 응하지 않고 논리적인 타당성을 따진다. 솔직하고 자기주장이 강한 편인데, 때로는 직설적인 말로 타인에게 상처를 주기도 한다. 또한 자기합리화의 일등 대장이기도 하다. 모든 일에 분명한 선호가 있으니, 결정장애가 있는 사람들을 잘 이해하지 못한다.

성격의 장단점을 적어나가다 보니 ENTJ는 사람들이 무난하게 좋아하는 유형이 아니다. 그런데 나는 신기하게도, 직장이나 모임에서 사람들과 두루두루 친하게 지내고 농담도 주고받으며 편하게 관계를 잘 유지하는 편이다. 이는 보통의 ENTJ들과는 다른 나만의 비밀 무기 덕분인데 지금부터 그에 관한 이야기를 해보려고 한다.

어릴 적부터 많은 사람과 함께 살았다. 집에는 엄마가 돌보는 위탁 아동들이 기본으로 두세 명 있었고, 할머니와 아빠, 동생들이 있었다. 18평 연립에 기본 열 명 남짓의 사람들이 부대끼며 살았다.

친인척들은 왜 그렇게 딱한 사정투성이인지 몇 년은 막내 고모네 식구가, 그다음 몇 년은 둘째 고모네가, 그 뒤로는 사촌 오빠와 언니들이 줄줄이 돌아가면서 비좁은 우리 집에 터를 잡았다.

다양한 연령대의 다채로운 군상들 사이에서 어쩔 수 없이 더불어 살아가면서, 살기 위한 '생존 눈치'를 터득했다. 얄미운 친척 언니는 나와 함께 방을 썼는데 미제 과자를 서랍장에 숨겨두고 혼자만 그것을 야금야금 먹었다. 어느 날 언니의 과자를 몰래 먹었다가 엄청 혼이 난 적도 있다. 지금 생각해보면 속상한 상황이지만, 그 모든 상황에서 '갑'이 아닌 '을'로 조용히 엄마의 맏딸로 살아야만 했다.

서른 중반의 결혼 전까지 온전히 방을 가져본 적이 없었다. 늘 아이들의 이부자리가 방 한쪽에 펼쳐져 있었고, 기저귀와 젖병이 방에서 뒹굴었다. 방에는 아이들이 먹다가 흘린 분유 비린내가 향수처럼 은은하게 퍼져 있었다. 가끔 일상이 꿈이었으면 좋겠다고 생각했는데, 그러면서 '유머'를 또 다른 생존 무기로 삼았다. 웃어야 그나마 기분이 좋아지고 잠깐이나마 현실을 코미디로 재미있게 바꿀 수 있었다.

비호감의 ENTJ 여자가, 성장하면서 겪은 복닥거림으로 인해 어디서든 비교적 잘 지내고 여유롭게 잘 살아남을 수 있는 호감형 ENTJ가 되었다. 강하게 뿌리내린 ENTJ 기질은 저 깊숙이 간직하고 있기에, 누가 함부로 하거나 적대적으로 대하면 '그러거나 말거나' 정신으로 타격감이 거의 없다. 힘들었던 지난날들도 비밀병기를 갖추게 한 나름의 의미가 있었으니 좋다. 이제 '정말 나쁘기만 한 것'도 '아주 좋기만 한 것'도 없다는 것을 알고 있다. '모든 것에 의미가 있다'라는 말이 멀찍이 떨어져 있는 격언이 아니라 삶 속에 녹아들어 웬만한 일은 웃으면서 대처할 수 있는 여유가 생겼으니 그 또한 좋다.

스웨그

••••

스웨그(swag): 명사, 다른 사람과 달리 자신만이 낼 수 있는 특정한 멋이나 분위기

'에곤 실레'[38]의 자화상을 처음 보고 떠올랐던 단어가 스웨그였다. 손가락에 모든 신경이 집중되고, 쪼개어 그려진 근육들에 눈이 집중되면서 자화상이 내면을 뚫고 나올 수도 있는 거구나 생각했었다. 그의 자화상은 신선한 충격이었다.

나의 스웨그는 무엇일까 생각해본다. 둥글넓적한 얼굴에 동그란 눈, 검은 머리에 다소 강해 보이는 외모. 어릴 적 나는, 늘 인상을 쓰고 다니고 불만이 많았던 투덜이 스머프 같은 아이였다. 집에선 아이들을 돌봐야 했고, 깔끔한 걸 좋아하는 엄마를 둔 탓에 아침, 저녁으로 방을 닦아도 엄마에겐 늘 부족한 딸이었다. 어차피 해도 욕먹고 안 해도 욕먹는 집안일이 늘 짜증이 나고 지겨웠으니 투덜이

---

[38] 에곤 실레(독일어: Egon Schiele, 1890년 6월 12일~1918년 10월 31일)는 오스트리아 출신 화가이다. 〈출처: 나무위키〉

스머프는 그나마 귀엽게 표현한 어린 시절의 자화상이었다. 친구들이 하는 말은 배부른 투정처럼 느껴졌고, 어른들의 말은 곱게 들리지 않았다. 친절함은 드라마에서나 나오는 예쁘고 고운 주인공들의 전유물로 나와는 거리가 멀었다.

오늘 창밖으로 비친 내 모습은 둥근 얼굴에 동그란 눈은 변함없지만, 뭔가 편안해 보인다. 최고로 보람되진 않아도 할 수 있는 일을 매일 하고 있고, 조건 없는 사랑을 주는 가족이 곁에 있어서 안정감을 느낀다. 나는 원래 이렇게 웃음이 많고 친절한 사람이었구나. 오래된 친구의 고민에는 내 일보다 더 마음을 쓰는 진지하고 무거운 사람이며, 때로는 누구에게나 편하게 농담을 주고받는 깃털처럼 가벼운 사람이었구나. 그렇다면 나의 스웨그는 무엇일까? 아직은 잘 모르겠지만, 언젠가는 '에곤 실레'처럼 스웨그가 뚝뚝 떨어지는 사람이 되고 싶다. SWAG!

담이에게

••••

일주일 동안 받은 스트레스를 어떻게 풀어낼까? 생각하다가 아빠가 당진으로 출장 갔을 때 우연히 만난 보물 같은 장소가 생각이 났어. 바로 삼선산 수목원 황톳길! 길 따라 수줍게 웃고 있던 데이지꽃도 보고 싶고 누렁이 황톳길을 따라서 걸으며 맞은편에 우뚝 솟은 산등성이도 만나고 싶었지.

주말에 당진으로 바람 좀 쐬러 가자는 말에 흔쾌히 응해준 딸에게 참 고마웠어. 마침, 전날 비가 와서 흙이 적당히 부드럽고 말랑말랑해서 우리가 발가락 장난을 치기 딱 좋은 상태였잖아. 충분히 걷고 배가 좀 고파와서 담이가 좋아하는 떡볶이 뷔페에 가서 맛있게 떡볶이도 먹었지. 놀고먹고 즐거웠던 주말을 마무리하고 너는 꿈나라로, 아빠는 TV로 엄마는 식탁으로 각자의 공간에서 각자의 시간을 보내는 중이야.

지금부터 엄마는 숙제를 해보려고 해. 엄마가 요새 도서관에서 글쓰기 강의를 듣고 있는 거 알고 있지? 매주 숙제가 있는데 이번 주에는 선생님께서 '다음 세대에게 사랑이 무엇인지 가르치고 전수할 내용'을 편지 형식으로 써보라고 하셨어. 사실 처음에는 거창한 걸 생각했었는데 이 기회에 오랜만에 사랑에 관해서 딸에게 편지를 쓰면 좋겠다고 생각했어.

담아, 엄마가 올해 디지털대학교에 편입해서 심리 상담 수업을 듣고 있잖아. 마침, 이번 주 심리학 개론 강의에서 심리학자 로버트 스턴버그[39]의 '사랑의 삼각형' 이론을 배웠어. 이왕이면 너에게 사랑에 관한 멋진 말들을 해주고 싶었는데 마침 잘 됐다고 생각했어. 스턴버그 아저씨는 사랑을 열정, 헌신, 친밀감이라는 세 가지 요소로 이루어진 삼각형으로 설명하셨어.

첫 번째 '열정'은 사랑의 '뜨거운 측면'이야. 함께 있고 싶고 하나가 되고 싶은 마음이지. 엄마 아빠가 처음 만났을 때 서로를 바라보면 두 눈에서 하트가 뿅뿅 나오고 언제나 함께 있고 싶어 했던 그 마음. 어디든 손을 꼭 잡고 다니고 어떨 땐 아빠가 엄마를 뒤에서 살포시 안아주기도 했어. 그럴 땐 마음이 콩닥콩닥 뛰고 아빠가 정말 좋아서 데이트를 마치고 집으로 돌아갈 땐 헤어지기가 싫었어.

두 번째 '헌신'은 사랑의 '차가운 측면'이야. 상대를 사랑하겠다는 결정과 행동적 표현이지. 상대와의 관계를 위해서 자신을 구속하는 행위를 말해. 엄마랑 아빠는 짧은 시간을 만났지만, 많이 사랑했기

---

39 로버트 스턴버그(Robert J. Sternberg, 1949년 12월 8일 ~)는 미국의 뇌신경과학 및 인지심리학의 권위 있는 심리학자이다. 〈출처: 나무위키〉

때문에 빨리 결혼해서 함께 살고 싶었어. 결혼해서 같이 살면 헤어질 일도 없고 아이도 낳아서 잘 기르면서 행복한 가정을 이루고 싶다고 생각했지.

남녀가 만나서 사랑하고 결혼을 약속하는 과정은 예상치 못한 걸림돌의 연속이야. 엄마 아빠도 결혼을 준비하면서 여러 가지 어려움을 겪었어. 결혼까지의 힘든 과정을 잘 이겨내고, 이후에도 가족을 위해서 서로 헌신하는 모습이 있어야만 결혼생활을 잘 유지할 수 있어. 물론 나의 욕구도 중요하지만 각자 결혼 전의 자유로운 생활만을 고집한다면 행복한 가족의 모습으로 살 수는 없었을 거야.

세 번째 '친밀감'은 사랑의 '따뜻한 측면'이야. 이건 보다 정서적인 측면인데 가깝고 편한 느낌, 잘 이해해주는 마음 그리고 원활한 의사소통과 긍정적인 지지를 해주는 것을 말하지. 결혼하고 지금까지 10년을 넘게 살면서 엄마도 아빠도 서로에게 실망하고 이견이 좁혀지지 않아서 싸웠던 적이 많았어. 최대한 담이가 모르게 싸우려고 노력했는데 가끔은 들켜서 너를 불안하게 하고 상처를 준 적도 있었을 거야. 엄마가 이 기회를 빌려서 진심으로 사과할게.

담이도 새로 사귄 친구와 좋을 때도 있지만 사이가 안 좋아질 때도 있잖아. 엄마 아빠도 서로를 오해하고 서운한 마음이 커져서 사이가 벌어졌던 때가 왕왕 있었어. 담이도 '비 온 뒤에 땅이 굳는다'라는 속담을 들어본 적이 있지? 이 속담을 적용해서 생각해보면 싸움을 피하기보다는 잘 싸우고 다시 잘 지내는 게 중요하다는 거야. 그렇게 시간을 함께 지내다 보면 각자의 주관적 안녕감이 높은 단단한 가족이 되어간다는 뜻이야.

지금의 우리 가족은 감정을 잘 공유하며 서로를 가깝게 여기고 응원하면서 지내고 있잖아. 엄마는 스턴버그 아저씨가 말하는 '친밀감'을 담이와 아빠를 통해서 담뿍 느끼면서 매일매일을 살고 있어.

엄마는 로버트 스턴버그 아저씨의 '사랑의 삼각형 이론'이 사랑을 이해하는 데 많은 도움이 된다고 생각해. 여기에 엄마가 생각하는 사랑에 관한 내용을 덧붙이자면 사랑은 열정이자 미움이고, 헌신이자 자기 만족감이며, 친밀감인 동시에 거리감이고 감사함이면서 당연함이고 행복감이면서 두려움이야. 사랑은 모든 감정의 총합을 넘어서는 것이고 '그런데도'를 어려운 상황의 시작에 붙여서 말할 수 있는 넓은 마음이라고 생각해.

담이는 엄마를 볼 때마다 사랑한다고 말해주잖아. 어쩌면 담이가 엄마보다 사랑을 더 많이 알고 있을지도 모르겠다. 담이가 생각하는 사랑은 무엇인지 듣고 싶어. 답장을 기대해 볼게. 오늘은 어제보다 더 사랑해. 내일은 오늘보다 더 사랑할게.

2025년 5월 18일 22시

엄마 이연주 보냄

Fly high!

....

"밴쿠버[40]행 대한항공 KE0079 탑승이 곧 시작됩니다. 탑승객 여러분들은 7번 게이트 앞에서 탑승 준비를 해주시길 바랍니다." 매끄럽게 뻗은 비행기 뒤로 빨간 해가 하루를 넘어가고 있다. 20대의 나도 지금처럼 마음이 설레고 가슴이 뛰었으리라. 긴장된 마음은 고이 접어 비행기 수화물 칸에 함께 실어 보내고 싶다. 발표나 강의를 앞두고 긴장되고 불안한 마음은 흰머리가 희끗거리는 50대 후반의 나이에도 여전하구나. 작년에 완성한 '트라우마[41]의 재해석'에 관한 논문이 국제학회에 실리면서 꿈꿔왔던 일들이 하나하나 이뤄지고 있는 요즘이다. 체력 관리를 위해서도 '열정'이라 이름 붙인 욕심을 적절히 배분하면서 강의나 인터뷰 일정을 잡고 있는데, 이번에 UBC[42]에서 요청한 강의에는 대놓고 욕심을 부려보고 싶었다. 바로

---

40 밴쿠버시(City of Vancouver): 캐나다 서부 태평양과 맞닿은 브리티시컬럼비아주의 최대 도시이다. 〈출처: 나무위키〉

41 트라우마: 과거에 경험했던 공포와 같은 순간이 발생했을 때 당시의 감정을 느끼면서 심리적 불안을 겪는 증상으로 정신적 외상의 의미가 크다. 〈출처: 나무위키〉

42 University of British Columbia: 브리티시 컬럼비아 대학교
세계적인 명문 대학으로 캐나다에서는 토론토 대학과 더불어 1, 2위를 다투는 학교 〈출처: 나무위키〉

'존' 엄마를 볼 수 있는 '일석이조(一石二鳥)'의 기회이기 때문이다.

캐나다는 어릴 적 어학연수를 위해서 집을 떠나 처음으로 머물렀던 곳이었다. 고양이를 키우는 '존' 아줌마의 집에서 1년간 생활하면서, 왕복 2시간씩을 버스로 시내의 학교로 통학했다. 비용과 시간을 아낀다는 이유로 홈스테이의 다른 친구들이 하나둘씩 시내의 아파트로 떠나갔지만, 나는 끝까지 아줌마 곁에 머물렀다. 생일엔 한인 마트에서 파는 플라스틱 통에 한가득 담긴 썰린 배추김치를 선물해주시고, 본인의 취미생활인 스퀘어 댄스에도 데리고 가주셨다. 쉬는 날이면 밴쿠버에서 두 시간 남짓 떨어진 아줌마의 오두막 별장에서 진짜 야생 캠핑을 경험하기도 했다.

영어 공부를 마치고 밴쿠버를 떠나올 땐 무척 슬펐는데, 엄마를 두고 집으로 돌아가는 기분이 들었기 때문이었다. '존' 아줌마는 그 이후로 '존' 엄마가 되었다. 이메일로 서로 안부를 주고받았지만, '존' 엄마를 그리워하는 마음에 늘 엄마를 눈앞에 두고 보고 싶었다. 그런데 이렇게 좋은 기회가 오다니 지체할 이유가 없었다.

9시간 30분간의 비행을 마치고 공항에 새벽에 도착해서 바로 밴쿠버 시내의 한 호텔로 이동했다. 몇 시간의 단잠을 청한 후 진한 커피 한잔에 향긋한 빵과 샐러드 한 접시로 간단하게 아침을 먹었다. 11시쯤 학교에 도착해서 영화 속에 나올만한 풍경들과 맑은 하늘로 긴장감을 덜어내고 강의실로 향했다. 어느덧 3시간의 강의는 폭풍우처럼 지나가고, 질문을 주고받은 후에 몇몇 학생들은 감사하다는 말을 남기고 자리를 떠나갔다.

아! 드디어 여기에 다시 온 이유, '존' 엄마를 만나러 갈 시간이다. 택시에 몸을 싣고 눈을 감는다. 잠시 후를 그려보니 입가에 미소가 떠나질 않는다. 엄마의 따뜻한 품을 온몸으로 느끼고, 엄마의 얼굴을 어루만지리라. 식탁에 앉아 그동안의 시간을 엄마표 가지 라자냐와 붉은 포도주 한 병으로 데워서, 서로의 온기를 나누며 밤이 떠나는 줄도 모르고 이야기를 나눌 것이다.

나무 의자 위의 엉덩이가 배겨올 때쯤, 우리는 낡고 푹신한 소파에 마주 앉아 존이 직접 만든 담요를 무릎에 덮고 또다시 새벽을 맞이할 것이다. 그러다 깔깔대고 그러다 흐르는 눈물을 그대로 내보이며 아름답고 시린 날들을 추억할 것이다. 미숙했던 날들과 익어가는 날들을 바닥에 펼쳐서 그 위에서 맘껏 뒹굴다가 스르르 잠이 들 것이다.

내 맘대로의 삶에 대한 사유

• • • •

봄바람처럼 설레는 '내 맘대로 살 수 있다면'이라는 말에 살랑대지 않는 마음은 왜일까 궁금해진다. 인생은 내 마음대로 되지 않는다는 말을 아직 뼈저리게 깨달을 기회가 없었던 게 아닐까 싶다.

주어진 것, 선택받은 것으로부터의 출발이 우리 모두 인생의 부조리함 시작이다. 그런 의미에서 살아가는 모든 것은 태초부터 슬픔을 갖고 있다. 일 년 내내 눈과 얼음이 덮인 끝없는 추위 속에 태어난 이누이트족의 아이, 기근과 분쟁으로 고통받는 곳에서의 탄생 그리고 사계절이 온화하고 평온한 샌프란시스코의 어느 중산층 가정에서 축복의 울음은 그 출발점이 다르다. 인간의 태어남 그 자체가 운명적이고, 제한적이며 불공평하기에 인간 내면의 슬픔과 두려움 그리고 불안은 수면 저 아래 깊은 곳에 언제나 몸을 숙이고 자리 잡고 있다.

다른 동물들과는 달리 스스로 먹이를 구하고 홀로서기를 하기까지의 과정이 긴 까닭에 출생의 불평등은 어떤 환경에서 양육되었는지와도 긴밀히 연결되어 있다. 어른이 되어서까지 어릴 적의 상처가 그림자처럼 따라다니는 경우가 허다하여 나의 아픔을 직면하고 회복하고 싶어 하는 사람들이 많아지는 이유가 여기에 있다.

나 또한 어린 시절의 복잡하고 다사다난했던 가정환경으로 지금도 밀집도가 높은 장소를 꺼리고 혼자만의 시간과 공간을 절대적으로 갈구하는 경향이 있다. 내 맘대로 살 수 있다면 가장 먼저 조용히 살고 싶다. 사람들과 어울리는 것을 좋아하긴 하지만 특별한 목적이 없는 만남을 선호하지는 않는다. 가장 먼저 하고 싶은 것은 강원도 정선에 조그마한 마당이 있는 벽돌집을 짓고 주중에는 지금처럼 이곳에서 일하고, 주말에는 그곳으로 떠나고 싶다.

딸은 학년이 올라가면서 주말에도 학원에 갈 일이 생기겠지만, 본인이 원한다면 언제나 함께할 것이다. 현재는 남편과 나는 직장에서, 딸은 학교와 방과 후 돌봄센터에서 식사를 해결하고 있는데, 주말에는 우리의 강원도 별장에서 삼시 세끼를 함께 먹고 싶다. 각 계절의 맛을 흠뻑 느끼면서 든든하게 배를 채울 것이다. 주말엔 '정선 전통시장'에서 말린 곤드레나물과 취나물을 사서 며칠을 푹 담가놓겠다. 불린 나물을 부드럽게 삶아서 들기름 양념장에 곤드레밥을 비비고, 취나물을 맛소금과 참기름에 조물조물 무쳐서 밥상을 차린다. 가끔은 시장에서 바로 갈아서 부쳐주는 감자전에 막걸리를 곁들이면 그곳이 천국일 것이다.

혹시 주중에 우리의 별장에서 휴식을 취하고 싶어 하는 사람들이 있다면, 일주일에 한 팀만 숙박객을 받고 싶다. 저렴한 가격에 쉴 공간을 제공하고 사람들이 편안하게 공간을 사용한다면 더없이 좋을 것이다. 사람에 대한 기대가 낮아서 좋은 사람들이 더 많다는 꿈같은 이야기가 현실이었으면 하고 생각한다. 낯선 이들에게서 사람 냄새를 느끼고 정을 느끼고 더 나아가 사랑을 느낀다면 인간에 대한 회의감이 조금은 희석될 수 있을 것 같다.

남편과 나는 딸이 대학생이 되면 스페인으로 여행을 떠날 것이다. 가장 먼저 산티아고 순례길을 함께 걸어보고 싶다. 힘들고 고된 여정 후에 흐르는 경건한 눈물을 볼에서 느껴보고 싶다. 언젠가 EBS 세계여행프로그램에서 봤던 엄청나게 큰 납작한 냄비에 쌀과 각종 해산물을 넣어서 만든 파에야도 직접 먹어보고 싶고, 뮤지컬 '노트르담 드 파리'의 어여쁜 여자 주인공의 고향인 스페인의 안달루시아도 가보고 싶다. 딸이 개강을 앞두고 먼저 귀국하면 남편과 나는 스페인에 더 머물면서 소소한 즐거움을 느낄 것이다.

아이의 돌이 지나면서 시작된 가족 여행은 가족 구성원을 각자의 역할 분담이 확실한 여행 동반자로 자리 잡게 했다. 우리는 세상 어딜 가도 행복을 만끽할 준비가 되어있는, 꽤 궁합이 잘 맞는 여행자들이다. 그 어떤 것도 하루아침에 이뤄지는 것은 없다. 빡빡하게 욕심을 내어 서두르던 공허한 여행자들이 시간이라는 숫돌을 만나 각자가 여유롭고 행복한 진정한 여행을 즐기게 되었다.

생각해보니 지금의 삶에서나 내 맘대로의 삶에서나 남편은 빠지지 않고 등장한다. 내 맘대로의 삶에서도 같은 남편과 사는 걸 보면 남편을 꽤 아끼고 사랑하는가 보다. 내 맘대로의 삶을 그리다 보니 내가 살아가고 있는 날들이 더 소중해진다. 일상을 권태로이 여기지 않고 감사히 살아가다 보면 모든 바람이 빠짐없이 채워지는 날을 만나게 될 것이다. '내 맘대로의 삶'은 미래시제가 아니라 현재진행형이다. 오늘의 하루하루가 나의 소중한 미래를 만드는 것이니 말이다.

지진

....

은호는 지금 더 이상 기댈 곳도 갈 곳도 없는 막다른 길모퉁이에 서 있다. 증상의 첫 시작은 어지럼증이었다. 단순히 며칠 쉬면 나아질 거로 생각했는데 그게 아니었다. 누구는 이명 증상이 심하면 그럴 수 있다고 했고, 누구는 이석증도 심한 어지러움을 일으킨다고 했다. 은호는 동네 이비인후과에서 검사를 진행했다. 빙빙 도는 판을 보고 점을 찾아서 맞추기도 했고, 서서 균형을 유지하는 검사를 받았다. 어지럼증 검사를 하면서 더 어지러웠다. 완전 방음이 된 방에 들어가서 여러 가지 테스트도 해야 했다. 검사 결과 그의 병명은 이석증도 이명도 아니었다. 의사는 조심스레 정신과 진료를 권했다. 스트레스가 심하면 갑자기 두통과 어지럼증이 생길 수도 있다고 했다. 은호는 자기주장이 강하지만, 다른 사람의 의견도 일리가 있다고 생각하면 잘 받아들이는 편이었다.

몇 달간 그는 머리에 안개가 껴 있는 듯 뿌연 느낌에 늘 심한 두통이 있었다. 쉽게 피곤해지고, 퇴근하면 쓰러지듯 바로 잠자리에 들기 일쑤였다. 그렇게 일찍 잠이 들고 나면 어김없이 이른 새벽에 깨어났다. 식구들에게 방해가 될까 싶어서 살금살금 거실로 나가

해가 뜰 때까지 아침을 기다렸다. 알 수 없는 두려움과 불안감에 자주 가슴이 두근거렸고, 가끔 눈물이 났다. 남들처럼 가을을 타는 건가 싶긴 했지만, 자신의 상황이 이렇게까지 될 거라고는 꿈에도 생각하지 못했다.

그날도 여느 날과 똑같은 하루였다. 매주 돌아오는 월요일. 분과별 아침 회의에 그는 커피 한잔을 들고 구석 자리에 앉았다. 별로 중요하지 않은 회의 내용에 이미 다 알고 있는 뻔한 업무 지시 사항들과 한 주를 힘차게 보내자는 박 차장의 격려가 이어졌다.

그때였다! 진도 7[43]은 족히 넘을 듯한 지진이 발생했다. 전례가 없는 무시무시한 규모의 지진이었다. 사무실의 바닥이 갈라지고 멀쩡하던 의자가 나뒹굴었다. 왜 다들 아무렇지도 않은 거지? 왜 다들 시시한 농담을 주고받으며 평소처럼 웃고 있는 거지? 이해할 수 없는 기괴한 일들이 은호의 눈앞에 펼쳐졌다. 그는 그대로 굳어진 채 무시무시한 지진이 지나간 어둡고 두려운 여진을 온몸으로 맞고 있었다. "김은호 씨! 오늘까지 마감인 프로젝트 몇 시쯤 결과 보고 해주실 수 있으세요?" 은호는 눈물이 그렁그렁 흐릿한 눈으로 김 과장을 바라봤다. 정신을 차려야 한다. 정신을 차려야 한다. "김은호 씨 괜찮아요?, 김은호 씨!"

---

43 진도 7(일본어: 震度7 신도나나[*])은 지진에 의한 흔들림인 진도 중 하나로 10단계로 나눠진 일본 기상청 진도 계급에서 가장 높은 계급이다. 〈출처: 위키백과〉

은호는 시끌시끌한 소리에 눈을 떴다. 여전히 빙빙 도는 느낌에, 그는 다시 눈을 감고 귀를 크게 열어 주변을 탐지했다. 우는 아이를 달래는 여자의 소리, 다소 딱딱한 말투의 의료진들과 강한 소독약 냄새. 그의 몸은 나풀나풀 하얀 천으로 구획이 정해진 응급실 구석 한쪽, 불편한 침대 위에 놓여있었다. 그는 어떻게, 왜, 그곳에 오게 된 건지 도통 아무 기억이 없었다. 일어난 모든 일이 머릿속으로 정리가 되질 않았다. 잠시 후, 안경을 쓴 다소 앳된 얼굴의 여자 의사가 그에게 말을 걸었다. "김은호 씨, 좀 어떠세요? 혹시 무슨 일이 있었는지 기억이 나시나요?" 그는 눈도 뜨지 않은 채로 아니라는 시늉의 손짓을 해 보였다. 간단한 검사 결과 큰 이상은 없으며 잠시 후 보호자가 도착할 터이니 조심히 귀가하시라는 말을 남기고 의사는 바쁘게 사라졌다.

2주에 한 번씩 오전 진료에 맞춰 은호는 병원 대기석에 앉아 제 차례를 기다린다. 그는 매번 정확히 병원 문 여는 시간인 오전 9시에 진료를 예약한다. 은호는 마스크와 모자로 깊은 마음의 상처를 가린 사람들에게 둘러싸여 있는 것이 불편했다. 정기 진료 후에는 '우울장애[44]와 공황발작[45]'을 잠재울 신경안정제를 처방받아 가방에

---

[44] 우울장애(憂鬱障礙, depressive disorder)는 침울한 기분이나 의욕 저하 따위가 지속되는 정신 이상 상태이다. 우울증(憂鬱症)으로도 불리며 뜻을 그대로 풀면 우울한 장애 내지 증세이나, 기분은 장애 내지 증세가 아니므로 감정 통제력이나 지속성이 비정상인 상태를 말한다. 〈출처: 나무위키〉

[45] 공황발작: 공황발작(패닉)은 예기치 않게 강렬하고 극심한 공포가 갑자기 밀려오는 것을 뜻한다. 〈출처: 나무위키〉

넣고 조용히 병원을 빠져나온다. 상태가 금방 좋아질 거라는 의사의 말은 모두 거짓말이었다. 약을 잘 챙겨 먹고 규칙적인 생활을 하다 보면 증상이 서서히 좋아질 거라고 말했다. 은호의 몇 달은 어느덧 변함없는 몇 년이 되고, 그는 쓰임을 다한 방전된 배터리가 되어 버렸다. 의사는 거짓말쟁이이며 허상의 선동꾼이었다.

혼적도 없이 사라지는 꿈을 여러 날 꾸었다. 심장이 조여오는 느낌이 며칠째 계속되던 어느 날, 그는 살고 싶지 않았다. 모든 것을 놓아버리고 싶었다. 은호의 괴로움은 매년 커지는 아이의 키만큼, 꼭 그만큼 커갔다. 물론 그의 아내도 생계를 위해 반나절을 일하면서 아이를 돌보고 은호의 곁을 지키고 있었지만, 가족은 그에게 있어 삶의 이유가 아니었다. 죽음의 유혹은 더 쉽고, 더 달콤했다. 깊은 번뇌는 그를 벼랑으로 몰아 저 어딘가에 존재할 법한 평화로운 유토피아[46]를 꿈꾸게 했다.

"김은호 씨, 들어오세요." 나는 이미 며칠 전부터 그의 심리 상담 결과지를 받고 '자살 위기 개입'을 준비 중이었다. 아직은 '중증도 자살 수준' 소견으로 판단되지만, 그는 꽤 위험한 상태였기 때문이었다. 우울 상태가 오랫동안 지속되면서 만성화된 무기력과 신체화 장

---

46 유토피아: 토머스 모어의 소설 『유토피아』에서 유래한 단어로, 현재는 '이상향'의 대명사로 쓰이고 있다. 〈출처: 나무위키〉

애[47]가 가장 심각했다. 심장을 조여오는 불안감도 그가 먹는 약의 종류가 늘어가는 만큼 고조되고 있었다. 여러 차례의 자살 시도 기록 및 자해 흔적을 바탕으로 일단 나는 그와 '자살 및 자해 방지 서약서'를 작성하고 첫 상담을 시작했다. 멍한 눈과 어눌한 말투, 선한 은호의 얼굴은 온통 잿빛 그림자로 덮여 있었다.

일주일에 한 번씩 이뤄지는 상담 시간에 그는 줄곧 예약 시간보다 정확히 30분을 늦게 도착했다. 그러고는 정확히 상담 종료 시각에 맞춰 젖은 솜덩이 같은 몸을 일으켜 상담실을 빠져나갔다. 흔히 이뤄지는 내담자의 상담 초반의 회피 및 거부 현상이었다. 내면의 두려움과 불안을 직면하는 것은 생각보다 더 많은 에너지를 쓰는 일이다. 그에겐 더 많은 시간과 더 많은 에너지가 필요하리라.

나는 서두르지 않는 자세를 유지하며 그의 도착시간을 5분씩 앞당겼다. 아직은 5년 차 초보 상담자이지만 그를 위해, 어린 날의 나를 위해, 자살에 대해 더 많은 책을 찾고 논문을 뒤져가며 열심히 공부해 나갔다. 그의 목소리를 듣고, 그의 어린 날의 상처에 함께 울고 웃으며 다시 현실로 돌아와 성인 김은호를 따뜻한 눈길로 바라봐주었다. 내담자의 경험과 감정에 귀 기울이면서도 객관적인 태도로 상담자의 자세를 유지하라는 지도교수님의 말씀은 교과서에 실

---

47 신체화 장애(身體化障碍, 영어: somatization disorder) 또는 신체화증후군(身體化症候群, 영어: somatizing syndrome) 또는 신체 증상 장애(somatic symptom disorder)는 아무런 내과적 이상이 없이 다양한 신체증상을 반복적으로 호소하는 질환을 말한다. 〈출처: 위키백과〉

린 잘 써진 '설명서'일 뿐이었다.

어느덧 나는 김은호 씨를 기다리는 못난 상담자가 되어있었다. 그나마 다행인 것은 상담이 지속되면서 그의 얼굴이 미세하게 밝아지고 있다는 사실이었다. 우리는 함께 그의 '기억의 문' 앞에서 조심스럽게 노크하고 조용히 방문을 열었다. 어떤 문은 들어가 보지도 못하고 돌아서야 했지만 적어도 하루에 한 곳씩은 들어가 그를 엿볼 수 있었다.

상담이 후반부에 접어들던 어느 날, 멈추지 않던 눈물을 쏟아낸 후 그는 나를 응시하며 말했다. "누군가가 제 말을 들어준다는 게 저를 이렇게 살게 할 줄은 몰랐습니다. 솔직히 처음엔 기대도 희망도 없었거든요. 아내와 아이가 울면서 한 부탁 때문에, 어쩔 수 없이 상담실로 찾아오긴 했지만 저는 줄곧 죽음을 생각했었습니다. 그런데 선생님, 제 마음을 드러내고 공감받는 자체로 저는 살고 싶어졌습니다. 불안과 두려움이라는 가면에 가려진 깊은 슬픔을 선생님 덕분에 찾았습니다. 감사합니다. 정말 감사합니다, 선생님."

그 순간 나는 생각했다. 못나고 부족한 상담사이면 어떠랴. 그가 다시 살고 싶어졌다고 말했다. 그거면 됐다, 그거면 충분하다. 그의 진심을 마주하고 나의 얼굴에도 뜨거운 것이 흘러내렸다.

그날 밤 나는 햇볕에 말려 사각사각 소리를 내는 새 이불을 덮고 잠자리에 들었다. 꿈에서 나는 김은호 씨와 함께 또 다른 방문을 열고 있는 작은 아이를 보았다. 얼굴이 동그랗고 눈이 큰 통통한 꼬마 아이였다. 낯익은 얼굴을 자세히 들여다보니, 그 아이는 다름 아닌 어렸을 적 '나'였다. "왜 울고 있니? 꼬마야, 왜 울고 있는 거니?" 꼬마에게는 내 목소리가 들리지 않는 듯했다. 작은 손으로 방문을 열고는 차마 한 발도 들여놓지 못하고 흐느끼는 아이는 '슬픔' 그 자체였다.

심연의 꽃, 어둠의 숨결, 차마 말하지 못한 이야기. 아이는 울고 있었다. 나는 아이의 어깨를 감싸고 품속에 꽉 안았다. 나는 토닥이며 말했다. "괜찮아, 꼬마야. 실컷 울어도 괜찮아. 내가 여기에 너의 목소리를 들으러 왔다는 걸 기억해. 나는 언제든지 여기에서 너의 이야기를 들어 줄 거야. 괜찮아, 꼬마야. 실컷 울어도 괜찮아."

오전 7시. 핸드폰 알람이 '오늘의 뉴스'로 나를 깨웠다. 꿈에서 본 김은호 씨는 편안해 보였다. 꿈에서 본 그 아이도 내 품에서 편안해질 것이다. 오늘은 5명의 상담 예약이 있는 날이다. 모두 각기 다른 이야기들이 나를 기다리고 있다. 나는 오늘도 사람들을 바라보고, 그들의 이야기를 듣고, 따뜻한 눈길로 그들을 위로할 것이다. 공감이 주는 위대한 힘을 향해서 그들과 함께 나아갈 것이다. 내 위로와 공감이 누군가를 살게 할 수 있다는 믿음으로 오늘을 살 것이다.

김서영

하얀 슬픔

....

눈 내리는 풍경을 바라보고 있으면 하얀 눈 위에 피어있는 복수초 같은 기억 하나가 내린다. 비탈진 산기슭에 일곱 채의 농가들이 부실하게 박혀 있던 작은 시골 마을. 내 유년이 성글게 영글어 가던 그곳에 동식이 엄마와 동식이가 있었다. 가정 간의 속내를 속속 알 만큼 작은 동네에서 일가친척이었던 동식이네와 우리 집은 따로 또 같이 사는 가족처럼 지냈다.

동식이는 농아였다. 농아가 된 이유는 동식이와 3살 터울의 큰누나, 즉 나와 동갑내기 친구인 경이로부터 어느 밤 이불 속에서 듣게 되었다. 초등학교에 갓 입학한 내게는 끔찍한 이야기였다. 그 시절은 심심치 않게 마을에서 굿판이 벌어졌고, 미신의 힘이 어른들 사이에서 여전히 펄떡이던 때였다. 동식이 할머니는 집안에 쌍둥이가 태어나면 불운을 가져온다는 믿음을 강하게 가지고 있었다. 그런 노인을 시어머니로 모시고 살던 동식 엄마는 경이 밑으로 쌍둥이를 낳았고, 그 밑으로 또 쌍둥이를 출산한 것이다. 첫 쌍둥이를 출산할 때는 어찌어찌 두 아이를 지켜냈지만, 두 번째 출산에서는 여자 아이를 시어머니에게서 지켜내지 못했다. 결국 동식만이 살아남아

이름을 가지게 되었다. 그리고 그 죄는 아무 죄도 없는 동식이에게 돌아갔다. 동식이 할머니가 스스로 마을을 떠난 이유이면서 동식 엄마가 시어머니를 죽도록 미워하는 이유였다. 그 뒤로 동식이를 볼 때면 나는 종종 죽은 여자아이의 그림자를 붙여보곤 했다.

동식이는 듣지 못하기에 말도 할 수 없었다. 말하려고 입을 벌릴 때면 구름 같은 뭉실뭉실한 소리가 나왔다. 하지만 나와 동네 아이들은 기막히게 그 소리를 말로 바꾸어 알아들었고, 우리와 다르다는 것에는 아무 신경도 쓰이지 않았다. 다만, 동식이는 우리가 보호해야 한다는 결의 같은 것들이 연결되어 있었다. 아마 그건 동식 엄마의 유별난 편애가 아이들에게 이식된 것인지도 모른다. 또 동식이가 벌이는 막무가내 투정과 말짓거리는 마을 전체가 이해하고 넘어가야 하는 일로 여겨졌기 때문이다.

산과 들을 놀이터 삼아 뛰놀던 동네 아이들 꼬리에 언제고 동식이가 있었다. 하지만 농아인 동식이가 언제까지 아이들 뒤만 따라다닐 수는 없다는 것을 어른들은 알고 있었다. 여덟 살이 되면 학교에 가야 한다는 것은 동식이도 예외가 아니었다. 마을에만 살 때는 장애가 큰 불편이 되지 않지만, 아이는 자라날 것이고 살아가야 했기에 먼 도시의 수화 학교로 보내야만 했다. 학교를 알아보러 도시를 몇 번 오가던 동식 엄마는 어떤 희망을 보고 온 듯 날로 웃는 날이 많아졌다.

동식이는 막 일곱 살이 되던 2월 마을을 떠났다. 새벽을 밟고 갔기에 나는 동식이의 마지막 모습을 보지 못했다. 점심때가 가까워져서야 소식을 듣고 경이 집으로 갔다. 검은 구름 사이로 눈발이 흩날리고 있었다. 경이가 앉아 있는 방 사이로 침묵이 기어다니며 말을 집어삼켰다. 나와 경이 또 쌍둥이 남매의 눈물이, 슬픔이 눈송이처럼 내리고 있었다. 동식이의 난 자리는 유난히 길게 마을을 떠돌았다.

동식이가 떠난 날부터 눈은 몇 날 더 내렸다. 낮과 밤의 경계 없이 세상은 그저 하얀 빛이었다. 여느 날처럼 나는 경이 집에 있었고 화장실을 가기 위해 방문을 열었다. 마루 끝에 검은 실루엣이 보였다. 동식 엄마였다. 그녀가 앉아 바라보는 시선 끝에 하얀 눈뿐인 마을 초입 길이 보였다. 누군가를 기다리는 듯 미동도 없이 앉아 있었다. 추워서인지 어깨가 떨리고 있었다. 움츠린 등위로 눈송이가 날리어 내렸다. 그 순간 눈이 아닌 하얀 슬픔이 내리는 것 같았다. 영원히 녹지 않을 만년설이 동식 엄마의 등 위로 쌓여갔다.

몇 해 뒤 동식이네는 이사했고, 또 몇십 해 뒤 동식 엄마의 부고를 들었다. 유년의 기억은 어쩌다 농아를 보거나 눈이 쌓인 들녘을 보면 그녀를 떠오르게 한다. 어린 내 눈과 마음을 헤집던 등 뒤로 피어나던 하얀 슬픔과 함께.

선생님이 아니라 선생

• • • •

우리는 유치원 또는 초등학교를 시작으로 많은 선생님을 만난다. 어떤 선생님은 외모부터 말투까지 기억하는가 하면 어떤 선생님은 존재조차 희미하다. 나는 몇몇 선생님을 좋은 선생님과 나쁜 선생님 이라는 이분법적 방식으로 기억한다.

내가 학창 시절 나쁜 선생이라고 말할 수 있는 인물이 몇 있다. 그 중에서도 어른이 된 지금도 도저히 이해 안 되고 생각할수록 분노 가 치미는 선생이 있다. 바로 중학교 사회 선생 박학수가 그렇다.

중학교는 면 소재지에 하나뿐이었다. 네다섯 곳의 분교에 흩어져 있 던 초등학교 아이들은 졸업과 동시에 꼼짝없이 이 중학교로 입학해야 한다. 학생 수가 많지 않아 반을 두 개로 나누었지만, 실상은 한 반이 나 마찬가지였다. 아이들은 작은 담을 넘듯 서로의 마음을 넘나들며 금세 친구가 되었다. 현재 내 가장 친한 친구들 역시 그 시절 중학교 친구들이다. 작은 시골 학교는 이벤트가 많지 않다. 따분함을 자르기 위해 할 수 있는 건 친구들끼리 모여 노는 것뿐이었다. 친구 집에 삼 삼오오 모여 자고 오고, 친구 엄마를 쉽게 "엄마"라고 부르며 서로의 마음을 투명하게 드러낼 수밖에 없는 사이가 되었다.

선생님들도 크게 다르지 않았다. 학교에 부임해 오는 선생님들은 대학을 갓 졸업한 초임 교사들이 많았다. 그러다 보니 갈 곳 없고 할 것 없는 시골에서 그들도 쉽게 담을 넘어 친구가 되었다. 젊은 담임들은 활력이 넘쳤고 우리를 가만두지 않았다. 봄가을에는 버스를 타고 가까운 산으로 등산도 가고, 여름이면 학교 옆을 흐르는 강가로 나가 물싸움으로 수업을 대신하기도 했다. 어느 한 날은 비를 쫄딱 맞고 축구를 했고 축구가 끝나자, 학교 옆 강가에 모두 모여 선생님이 끓여 주는 라면을 먹기도 했다.

학교는 늘 푸르렀다. 산과 강이 지천에 있었고, 친구들의 웃음도 초록빛이었다. 그날도 그랬다. 적어도 점심시간까지는.

점심시간이 끝난 5교시 사회시간. 박학수 선생님은 중년의 남자 선생님이었다. 쌍꺼풀 없이 긴 눈꼬리의 눈과 뾰족한 매부리코, 딱딱한 말투는 교실에 들어서면 확실한 경계선을 긋고 있었다. 매섭게 생긴 인상만큼이나 성격도 차가워 3학년이 될 때까지 친구들은 선생님을 좋아하지 않았다. 그리고 언제나 그렇듯 그날도 등만 보이며 칠판에 수업내용을 흰개미 같은 글씨로 빽빽이 써 내려갔고, 우리는 노트에 검은 개미 같은 글씨를 써 가고 있었다.

그때 어디선가 웃음소리가 났다. 친구 하나가 옆 친구와 이야기하다 낸 짧은 웃음소리였다. 선생님은 휙 뒤를 돌아보며

"웃은 사람 일어나."

갑작스러운 선생님의 반응에 필기하던 친구들 모두 고개를 들어 선생님을 바라보았다. 중간 자리에 앉아 있던 친구는 머쓱해하며 일어섰다. 친구들 고개가 다시 일어선 친구를 향했다. 여자아이 중 키

가 제일 큰 친구였다. 그다음 선생님이 무슨 말을 했는지는 잘 기억나지는 않는다. 다만 친구가 다시 옅은 웃음을 지었다는 것. 순간 선생님이 신고 있던 검정 슬리퍼를 벗어 친구의 얼굴을 향해 던졌다는 것. 나머지 슬리퍼 한 짝을 손에 들고 친구에게 다가가 머리를 내리쳤고, 두 뺨을 사정없이 후려쳤다는 것이다. 한 번으로 끝이 아닌 여러 번의 반복이었다.

순식간에 벌어진 폭력에 우리는 시퍼렇게 질려버렸다. 누구도 그 폭력을 막을 수도, 말릴 수도 없었다. 무력감과 공포가 교실을 채웠고, 분노와 수치심이 교실 안의 눈빛들 사이를 날카롭게 스쳤다. 하지만 사회 선생님은 아랑곳하지 않았다. 아무 일도 없었다는 듯 칠판 앞으로 돌아가 분필을 놀렸다.

수업 종이 울리고 선생님이 나가고 누구도 쉽게 자리에서 일어나지 못했다. 교실에 있던 우리 모두에게 가해진 폭력이었다. 침묵 위로 욕설이 떨어지기 시작했다. 빨갛게 부어 있는 얼굴로 울고 있는 친구에게 어떤 말조차 쉽게 붙일 수 없었다. 잔인하고 무자비한 오후였다. 박학수는 우리에게 선생님이 아니었다. 그저 나쁜 인간으로 무의미화되었다.

그 사건은 나와 친구들에게 '부당한 폭력'이 무엇인가를 알게 한 최초의 사건이었다. 누구도 허락한 적 없는 선생의 일방적인 폭력은 그 시절 노골적으로 합리화되어 있었다. 훈육과 채벌이라는 삐뚤어진 교육관을 가지고 아이들을 상대로 권력을 휘두르던 몇몇 교사. 그들은 선생님이 아닌 선생이었다.

지금도 중학교 친구들을 만나면 그날의 일은 희미해질 기미 없이 늘 이야기의 중심에 떠오른다. 그리고 선생의 이름 뒤에는 그날처럼 욕설이 쉴 새 없이 따라붙는다. 그리고 그의 노년이 절대 평온하지 않기를, 우리는 간절히 바랐다.

다시 벚꽃이 아래로

....

흐드러지게 핀 벚꽃이 눈길 닿은 곳마다 소복이 피어 만발이다. 봄의 절정에 선 벚꽃을 눈과 마음에 담기 위해 사람들의 발길이 분주하다. 하지만 어떤 이들은 4월의 찬란함을 어둠으로 덮어버리고 무덤을 파고들어 가 문을 닫는다.

주말을 맞아 대부도에 사는 언니 집에 다녀오기로 했다. 나와 남편, 그리고 사촌지간인 언니와 오빠 내외가 함께하는 방문이었다. 우리가 언니네 집을 4월에 찾은 것은 십 년 만이다. 언니는 둘째 큰아버지의 큰딸이다. 우리는 한집에서 태어나 언니가 중학교를 졸업할 때까지 같이 살았다. 부모님과 떨어져 조부모와 함께 지낸 내게 그녀는 친언니 같은 존재였다.

언니를 만나는 모든 사람은 하나 같이 입을 모아 말한다. 참 착한 사람이라고. 타고 나길 그렇게 타고났고, 세상사에도 기질은 변하지 않아 그녀와 함께 있는 사람도 감히 나쁜 마음을 가질 수 없게 한다. 꼭 천사에게 죄를 짓는 기분이랄까. 그래서 어릴 적 상대적으로 나는 못된 아이가 되곤 했다. 어른들 입맛에는 말 많고 말 안 듣는 나보다 순하고 말 잘 듣는 언니가 더 맞았으리라. 어른이 되고 나니 이해는 한다. 그래도 그때는 괜히 억울해 언니가 밉기도 해 언니를 괴롭히기도 했었다.

하지만 그 시간은 오래가지 못했다. 언니는 고등학교 진학을 위해 도시로 떠나야 했고, 우리는 헤어졌다. 그리고 언니가 스무 살에 언니는 결혼을 해버렸다. 같은 회사에 다니던, 나이가 열두 살이나 많은 형부를 만났다. 착한 언니를 형부가 알아보고 날름 낚아챈 것이다.

나는 언니가 늘 걱정이었다. 언니의 기질이 착한 게 아니라 바보스럽다고 생각했고 바보라고 막말도 했었다. 그런데 결혼생활을 잘 해낼 수 있을지 내내 불안한 마음이 가시질 않았다. 걱정을 사서 한다고 했던가. 언니는 내 기우를 비웃듯 형부와의 사이에 연년생 두 딸을 낳았고 아내로, 엄마로 제법 근사하게 살아갔다. 종종 방문했던 언니의 집 풍경은 겨울 없는 계절처럼 따스했다.

신도 잘못을 저지른다. 악인에게 내려야 할 고통이 착한 언니에게로 내려졌다. 평화롭던 언니 가족에게 감당조차 할 수 없는 끔찍한 악몽이 찾아왔다. 4월 16일, 벚꽃이 찬란히 피어나던 아름다운 계절. 나라 전체가 패닉상태에 빠졌고 그 배에 언니 둘째 딸이 있었다.

소식을 전해 듣고 달려간 바다는 처참했다. 아이들이 있는 먼바다를 향해 울부짖은 부모들 절규는 지옥이었다. 하지만 신은 아이들을 끝끝내 돌려주지 않았다. 언니와 형부는 마른 눈물로 컥컥거리며 영혼 나간 횅한 눈만 껌벅거릴 뿐이었다. 그곳에 있던 자식 잃은 부모들 모두 같은 눈으로 밤바다를 유령처럼 헤매고 있었다.

조카는 조카의 생일날 천사가 되어 돌아왔다. 수학여행 간다고 집을 나선 지 6일 만이었다. 사람들은 이것을 다행이라고 했다. 그 '다행'이 죽음으로 돌아온 아이와 언니에게 할 수 있는 위로가 될 줄을 미처 몰랐다. 언니를 유독 많이 닮아 조용하고 순했던 아이. 그런 딸의 장례를 치르며 "보고 싶어, 보고 싶어" 수없이 되뇌던 말. 언니의 가슴이 찢어내며 부르는 울부짖음이었다. 언니를 생각하면 환청처럼 들리는 그 목소리. 그렇게 언니의 4월은 죽어버렸다.

벚꽃이 피면 생각나고, 벚꽃을 보면 화가 나고, 그래서 벚꽃이 싫다고 언니는 말하곤 했다. 시간이 아무리 흐른들 자식 잃은 마음의 시간이 흐르겠는가. 자식 데리고 간 계절 꽃이 뭐 그리 예쁘겠는가.

망각은 신의 선물이라 했던가. 시간이 약이 되는 어처구니 속에 산 사람은 또 살아야 한다. 매년 4월이면 숨 한 번 제대로 쉬지 못하고 살던 십여 년의 세월, 언니와 형부를 그렇게 계속 놔둘 수는 없어 시간의 힘을 빌려 무덤 밖으로 한 발짝 나올 수 있도록 해주고 싶었다. 물론 대부도로 와도 좋다는 언니와 형부의 허락이 있었다. 쉽지는 않을 것이다. 하지만 나는 또 나의 역할을 해야만 한다. 내가 할 수 있는 방법으로 조금씩 천천히.

언니를 생각하면 참 많은 생각이 든다. 어릴 적 착한 언니 옆에 있으면 나는 늘 못된 아이가 되어 있었다. 그게 또 억울해서 언니에게 더 못되게 굴었던 나. 서쪽 하늘 닮아 늘 쓸쓸하던 내 유년의 마음은 언니가 있어 덜 쓸쓸했고 덜 외로울 수 있었다.

이제 내가 언니의 4월을 함께 해보려 한다. 쉬 가시지 않을, 감히 안다고도 못할 고통의 한끝의 손을 잡고, 한 발씩 걸어 나와 보자고 말할 것이다. 그래서 내년에는 벚꽃 여행도 가보자고, 그래 보자고. 그렇게 4월을 다시 살아보자고.

어른의 말 한마디

....

지천명(知天命), 하늘의 명을 깨닫는다는 나이 쉰. 오래전 내가 생각했던 여자 나이 50은 실크 잠옷을 입은 부잣집 사모님 이미지나 짙은 화장을 한 회사 사장님 이미지가 컸다. 모든 것을 다 이루어 놓고 사회적으로 성공한 위치에 올라가 있는 나이, 그것이 내가 생각한 나의 쉰이었다. 환상과 현실 사이의 괴리는 미처 알지도 못한 채.

노력 없이 얻어지는 것이 있을까. 지천명이 코앞인데 현실의 나는 지리멸렬할 뿐, 오랜만에 만난 나이 어린 옛 직원에게 "너도 나이 들어봐" 같은 꼰대 같은 말을 하고 있었다. 하지만 나도 알고 있었다. 몸과 마음이 나이 어린 직원과 크게 다르지 않음을, 그저 게으른 나를 보이기 싫어 둘러댄 핑계임을.

인연이란 참 신비롭고 묘하다. 일하기는 싫으니 많지도 않은 나이를 유세 삼아 나무늘보처럼 살고 있었다. 그래도 마음 구석에 글을 쓰고 싶다는 꺼지지 않은 작은 불씨가 남아 있었고 어느 복지센터에서 진행하는 작곡과 작사를 가르쳐주는 프로그램으로 나를 이끌었다. 첫 수강 날 오랜만에 열 명 남짓한 사람 속에 앉아 있으려니 멀미가 났다. 긴장된 근육 같은 직장 생활에 익숙해 있던 나는 부드럽게 이완된 근육 같은 공기와 분위기 어색했다. 하지만 두 번째 수강 날 고요한 눈빛을 가진 옆자리 A와 말을 섞어 친해졌고, 평소 눈길이 가던 파도치는 해변의 몽돌 같은 친구 B와 마지막 날 연을 이었다. B는 도서관에서 독서 모임 주관자로 있었고 나와 A는 독서 모임 회원으로 초대되었다. 그렇게 연의 징검다리를 건너 독서 모임에 참석하게 되었다.

인원은 10명 정도였고 30대부터 70대까지 직업과 나이도 다양했다. 몇 번의 모임을 거치며 알게 된 것은, 어떤 책이든 토론하다 보면 각자 사는 이야기도 함께 이야기되어 책과 연결된다는 것이다. 그럴 때마다 가장 나이가 많은 분의 지혜가 빛을 발했다. 모임 구성원의 물음과 고민에 늘 낮은 자세와 높은 지혜로 어른다운 답을 주었다. 나는 독서 모임에 나갈수록 그분과 친구가 되고 싶었다.

그즈음, 글쓰기를 배워보고 싶다는 생각에 고민이 많았다. 하지만 내 나이에 무엇을 할 수 있을까, 끝과 시작이라는 딜레마에 빠져있었다. 마침 B가 사이버대학에 편입한다는 이야기를 들었고, 망설이는 내게 "하면 되는 거지 별거 아니야"라며 등을 밀어주었다. 그러나 그녀의 말을 들을수록 생각만 복잡해지고 결정은 미로 속에서 헤맬 뿐이었다.

복잡한 마음 상태로 그 주 독서 모임에 나갔다. 그날 토론한 책이 무엇이었는지 기억은 없다. 다만 토론 시간이 거의 끝나갈 때쯤 그

분은 홀리듯이 한마디를 하셨다. "지금 나이 때문에 무언가를 망설이지 말아요. 여자 나이는 60에서 70이 제일 황금기랍니다."

머리를 한 대 얻어맞은 듯했다. 엉켜있던 생각이 일순간 풀어지며, 캄캄한 밤길을 헤매다 야광봉을 흔들어 주는 사람을 만나 가야 할 길을 안내받은 기분이었다. 그 길로 집에 돌아와 노트북을 켜고 학교를 등록했고 글쓰기라는 숲에 한발 들어설 수 있었다. 안개가 걷히며, 꿈이라는 등선에 오르고 싶다는 꿈이 생겨났다.

그 어른의 말 한마디는 내 인생의 터닝 포인트가 되었다. 그날 왜 그런 말씀하셨는지 알 수는 없지만, 분명한 건 운명의 교차로에서 만난 이정표였다. 이후에도 그분과 따로 만나 많은 이야기를 나누었다. "자신의 속도로 천천히 가라"는 말씀은 글을 배우면서 성급함이 앞설 때마다 방향을 잡아주는 좌표가 되고 있다. 현실 속 어른의 말 한마디가 나를 완전히 다른 길로 인도한 것이다.

지천명은 공자 시대의 말이니, 지금 시대의 쉰 살과는 큰 차이가 있다. 내게 지혜의 말을 해주신 그분처럼 나이 일흔이 이 시대의 지천명이 아닐까 싶다. 오래전 환상 속 나이 쉰 살의 이미지 말고, 도전 속에 고민하고 괴로움을 즐기며 노력하는 현실을 사는 지금이 나에게는 환상보다 더 환상 같다. 그리고 그분을 만나며 들었던 생각은, 이 시대가 어른다운 어른을 목말라하고 있다는 것이다. 나와 우리, 그리고 사회는 어떤 어른이 되어야 하는지에 대해 한 번쯤은 성찰해 봐야 하지 않을까. 누군가 인생의 한길에 주저앉아 있을 때,

지혜와 혜안을 가진 어른으로 그들에게 이정표가 되어 줄 수 있다면, 그보다 더 가치 있는 삶이 있을까 한다.

2035년, 눈 내리는 겨울밤

....

산새마저 깊이 잠든 산골 마을의 겨울밤 사이로, 사뿐사뿐 눈이 날린다. 몰래 다녀갈 요량이었을 겨울밤 손님은 머리 식히려 창문을 열어버린 이 집 안주인인 내게 덜컥 들키고 말았다. 세상 가장 짙은 어둠 위로, 세상 가장 하얀 것이 소복이 쌓이고 있다. 순한 겨울바람이 얼굴을 훑는다. 깊이 숨을 들이쉬고 머릿속을 정리해 본다.

이제 자정이 지났으니, 오늘까지 글을 마쳐야 한다. 글 써보겠다고 깐족거리며 살아온 세월이 어느덧 십 년이 지났지만, 여전히 누군가 '작가님'이라고 부를 때면 가시 옷을 걸친 듯 따갑고 쓰리다. 그래도 입고 싶고, 듣고 싶은 그 부름에 응답하기 위해 나는 오늘도 잠을 이루지 못하고 있다. 다시 어둠을, 창밖을 바라본다. 적막 위로 눈 내리는 소리가 들린다.

내가 태어나려 요동치던 겨울밤에도 이리 눈이 왔다고 했다. 긴 겨울밤 중에서도 밤이 가장 길다는 동짓날 아침, 지금 창밖을 바라보고 서 있는 이곳에서 내가 태어났다. 산골 소녀라는 낭만적인 말과는 아주 거리가 멀었던 유년시절, 나는 이곳을 떠나고 싶어 안달이 났었다. 그래서 시도한 가출도 몇 번이었던가. 돌이켜 생각하면 웃음이 절로 나지만 그 시절 나는 끔찍이도 이곳을 싫어했다.

하지만 나이 60을 한 해 앞두고 고향으로 다시 돌아와 집을 짓고, 거실 책상에 앉아 밤이 깊도록 글을 쓰고 있다. 어쩌면 나는 떠도는 삶 중에도 안심했으리라. 다시 돌아갈 곳이 있음을 뒷배 삼아 맘껏 노 젓고 항해했으리라. 그러니 인생의 마지막 종착지로 엄마의 자궁 속 같은 고향으로의 회귀를 택했을 것이다.

돌아온 고향 앞에 내가 글 쓰는 사람이라서 부끄럽지 않고 뿌듯하다. 그러니 나는 오늘까지 글 쓰는 사람의 도리로 글을 마감해야 한다. 눈이 금세 우수수 쏟아지고 있다. 오늘 밤, 내 글에도 눈 같은 단어들이 내리기를 바라며 커피 한잔을 내려 들고 다시 책상 앞에 앉는다. 짙은 겨울밤이 찬 어깨를 덮는다.

좋은 사람이라는 가면

....

직장을 옮길 때 자기소개서나 면접에 빠지지 않는 질문 중 하나가 '자신의 성격적 장점'에 관한 것이다. 그럴 때면 나는 늘 '밝고 활달한 성격'이라는 키워드를 현수막처럼 내걸었다. 사실 그렇게 밝고 활달하지 않아도, 그렇게 써야만 조직이 나를 원할 것 같았고, 사회적응자로 보일 것 같았다. 스스로 성격을 조작했던 시기였고, 실제로 그렇게 행동하려 했다.

요즘 성격유형을 분석하는 MBTI가 사회적으로 큰 반향을 일으키고 있다. 그래서인지 조직이나 대인관계에도 영향을 미치고 있는 것 같다. 나도 일전에 테스트를 해봤다. 내가 알고 있던 외향적 성격, 즉 E형이 아닌 내향적 성격인 I형으로 나와 잠시 당혹스러웠다. 절대적일 수는 없지만, 그렇다고 아주 무시해 버릴 수도 없는 테스트였다.

성격은 고정된 것이 아니었다. 나이가 들어가면서 변하기도 한다. 나는 유년기와 청소년기에는 활달하고 명랑한 편이었다. 부모와 떨어져 지내던 공허함을 친구들이 대신 채워주었고, 외로움을 견디는 것은 사람을 만나는 것뿐이었다. 그래서 친구들과 있을 때 분위기

메이커 역할을 하며 과장된 말이나 몸짓을 보였다. 그런 면이 활달하다는 성격으로 굳어진 듯하다. 직장 생활에서도 그 성격은 어느 정도 연장되었다. 하지만 눈치라는 감각은 활달함과 명랑함이 지나치면 '나댄다'라는 왜곡된 평가로 이어질 수 있다는 걸 감지하게 했다. 그러면서 나는 다중의 성격을 갖게 되었다.

나는 상황과 사람에 따라 활달하기도 하고 조용하기도 하다. 또 이기심에서부터 이타심에 이르기까지, 다양한 페르소나가 내면에 존재한다. 누군가에게는 밝은 사람으로 기억되는 반면, 다른 누군가에게는 까칠한 사람으로 평가되기도 한다. 상황에 따라 변하고 달라진다. 그러니 현재 내가 어떤 성격의 소유자이며 어떤 장점이 있는지 객관화하기는 어렵다. 다만 오늘 내가 만난 누군가에게 상처를 주는 말이나 행동을 하지 않았는지 되새겨 본다. '나는 좋은 사람인가'에 대한 끝없는 질문을 통해 스스로 성찰하는 시간을 가지며 반성한다.

성격 형성 과정에서 환경은 큰 영향을 끼친다. 나는 의도하건 의도하지 않았건 많은 경험을 하고 자랐다. 학창 시절 먼 길을 걸어 다녀서인지 대중교통에 대한 불편함이 없다. 노동을 해보았기에 땀의 가치를 알고, 안타까운 죽음을 가까이서 목도했기에 생명의 소중함을 안다. 그리고 사람에게 가장 무서운 존재는 결국 사람이라는 것도 알게 되었다. 그래서 주위 사람들이 감당하지 못 하는 일이 나에게는 넘을 수 있는 허들과 같은 것이기도 하다. 아무것도 아닌 것,

다 지나가는 것이기에 부정이 아닌 긍정적인 상황을 먼저 말해줄 수 있게 된다. 적어도 나보다 경험이 적은 사람들에게는 말이다.

만약 경험이 없었다면, 나는 지금의 내가 추구하고자 하는 사람이 되려 하지 못했을 것이다. 그리고 좋은 사람이 되려고 노력하지도 않았을 것이다. 사람들을 이해하고 공감하며, 그들과 공생하며 살아가는 것. 내가 어떤 사람인지 나조차도 가끔은 알 수 없지만, 좋은 사람이 되기 위해 페르소나는 필수이다.

오늘도 가면 쓰고 있는 나를 보며, 사람들이 편안하고 즐겁기를 바란다.

예쁜 말씨가 피워 내는 예쁜 말의 꽃

* * * *

산등성이 듬성듬성 청매 빛으로 변해가고 있습니다. 서정주 시인의 '무등을 보며'라는 시가 떠오르는 풍경입니다. 산기슭 연한 연두색 잎을 가진 나무가 눈에 띄면, 다시 봄을 만난 듯 반갑습니다. 계절은 내 마음 아랑곳없이 여름을 향해 갑니다.

어제는 오랜만에 미국에서 온 동생 내외와 당신과 나는 강원도 속초로 여행을 다녀왔지요. 동생이 한국에 머무는 3주 동안 우리 집에서 기거해야 한다는 건, 첫째 언니인 내가 해야 할 일이고, 당신은 내 뜻을 기꺼이 따라주었습니다. 셋째 동생도 우리를 편안해했으니, 당신 마음 씀이 크기 때문일 것입니다. 육 남매의 첫째인 나와 결혼한 대가로 당신은 큰 형부 노릇을 덤으로 얻게 되었지요. 가족이 많다는 건 더러는 좋을 때도 있지만 속 시끄러운 일도 그만큼 있는 것인데 그럴 때마다 싫은 내색 하나 없이 그저 웃어주니 참 고맙습니다.

사회가 아무리 변하고 남녀가 평등을 외치지만 나는 어떤 일인지 '부부유별(夫婦有別)'은 있고, 있어야 한다고 생각하지요. 남녀의 차이를 깎아내리는 것이 아니라, 서로 다름이 있다는 뜻이지요. 우리는 결혼 후 맞벌이로 가정 경제를 함께 꾸렸지만, 나이가 들고 몸이 아파지면서 당신 혼자 외벌이하게 되었고, 자연스럽게 나는 집안 살림을 맡게 되었습니다. 그러면서 당신은 경제활동을, 나는 집안 살림을 하는 쪽으로 자연스레 역할이 분담되었습니다. 당신은 기계나 가전 같은 문제에 능하고, 나는 살림에 익숙하니 각자의 역할을 인정하고 존중하는 것이 오히려 마음을 편하게 해주었습니다. 그리고 부부 사이일수록 말에도 예의를 갖춰야 한다는 걸 알게 되었지요.

처음 살림만 하게 되어 집에 있을 때, 나도 직장 생활의 고단함을 알기에 당신이 집에 돌아와 긴장 없이 온전히 쉴 수 있게 해주고 싶었습니다. 하지만 말이 곱게 나오지 않더군요. 당신이 소파에 앉아 간식을 먹으며 TV를 볼 때면, 속에서 미운 마음이 쑥 치밀어 눈꼬리가 올라가고 말이 사나워졌습니다. 무딘 눈치라도 있는 당신이라 말 온도가 달라지는 걸 느끼면 그제야 슬금슬금 주방으로 와 "도와줄까?" 한마디 해주었지요. 그러면 나는 또 "괜찮아, 쉬어" 하고 퉁명하게 말했고, 당신은 다시 소파에 앉아 간식을 먹었지요. 나는 또 열을 받았지요. 결국, 눈치에 지친 당신도 화가 났고 기어이 말다툼으로 번졌습니다. 온종일 일하다 온 당신에게 집안일 하지 않는다며 피해의식을 느끼던 시절이었습니다. 말마다 가시를 박아 당신을 찔렀지요.

어느 날은 지방에서 집으로 돌아오기 위해 고속도를 달렸지요. 밤이었습니다. 당신은 내비게이션이 알려주는 집 방향이 아닌 다른 길로 잘못 들어섰습니다. 여러 번 있는 일이었지만 그날은 나도 피곤했던지 "내비도 제대로 못 봐"라며 화를 냈지요. 당신도 피곤하고 민망했던지라 덩달아 화를 냈고 이내 "아내라면 걱정을 해줘야지 왜 화만 내느냐?"라고 했습니다. 그 말에 얼마나 미안하던지요. 실수는 당신이 한 것 같은데 잘못은 내가 해버린 꼴이 되었지요.

어제 강원도에서 집으로 돌아오는 환한 낮에도 당신은 또 다른 길로 들어가 버려 동생 앞에서 민망해졌지요. 그 옆에 나는 "드라이브하고 좋네, 길이 헷갈리게 되어 있네"라며 당신 편을 들었지요. 당신은 어째 더 민망해하더군요. 그 덕에 차 안 분위기는 좋아졌습니다.

언젠가 집으로 돌아오는 길, 택시 안에서 당신과 통화를 마친 뒤, 택시 기사 아저씨가 결혼한 지 얼마나 되었냐기에 10년 차라고 했더니, 말씨가 예쁘다며 남편이 참 부럽다고, 자기도 반성했다면서 칭찬을 해주었지요. 종종 내가 당신과 통화할 때면 주위 사람들로부터 "가식적이다"라는 핀잔을 들었던 터라 그 칭찬이 참 기분이 좋았지요. 당신에게는 나도 모르게 '도레미파 솔' 중에 '미'로 말하여지고, 예쁜 말씨가 나오는 건데 그것을 왜 가식이라고 생각하는지 모르겠어요.

당신과 내가 함께 어울리는 부부 중에도, 한자리에서 밥을 먹을 때 보면 사이좋은 부부는 서로에게 말을 참 예쁘게 합니다. "고마워", "부탁해" 같은 말을 빼놓지 않지요. 서로를 존중하고 아끼는 모습은 분위기를 훈훈하게 만들고, 그런 부부와는 또 만나고 싶고 여행도 가고 싶어집니다.

반대로 서로를 비난하고 불평만 늘어놓는 부부도 있지요. "쟤는 어쩌고, 지는 어쩌고." 우리에게 하소연하는 것이지만, 서로를 향한 반말과 무시의 말투 앞에서는 누가 더 잘하고 못하고를 판단할 수가 없었지요. 둘 다 똑같아 보이니까요. 어떤 타이름도 소용없고 들으려 하지도 않은 그들 앞에서 당신과 나는 기가 빨려 기진맥진해집니다. 돈 쓰고 시간 낭비가 따로 없고, 만남도 꺼려지게 마련이지요. 그러면서 말씨가 얼마나 중요한가를 다시금 깨닫게 됩니다.

말은 어떻게 하느냐에 따라 '설참신도[48](舌斬身刀)'가 될 수 있고, '청언영어[49](靑言盈語)'가 될 수도 있습니다. 칭찬은 고래도 춤추게 한다고 했고, 천 냥 빚도 갚는다고 선조들은 말의 힘을 우리 속담으로 전해주었지요. 예쁜 말씨에서 예쁜 말의 꽃이 피는 겁니다. 특히 인생의 동반자로 함께 살아야 하는 부부들에게는 말씨가 참으로 중요한 덕목이지요.

심장에 꽂힌 사랑의 큐피드 화살이 더는 황금이 아닐지라도, 녹슬지 않게 하기 위해서는 노력이 필요합니다. 그 노력의 처음은 말씨입니다. 말씨는 꽃을 피워 서로를 바라보게 할 것입니다.

---

48 설참신도(舌斬身刀): '혀는 몸을 베는 칼이다'라는 뜻인데, 말 한마디가 자신에게 큰 해를 끼칠 수 있다는 교훈을 담고 있다.
49 청언영어(靑言詠語): 맑고 고운 말과 시처럼 아름다운 언어를 뜻하는 표현으로 인용했다.

당신과 나는 15년을 함께 살고 있지요. 요즘은 백세시대이니, 앞으로 욕심 없이 40년만 더 살았으면 합니다. 그리고 먼 훗날 이생을 등질 때는 당신이 하루 먼저 갔으면 좋겠습니다. 살림하던 아내의 솜씨로 당신을 단정히 보내주고 싶습니다.

우리에게 앞으로 몇 번의 봄이 남아 있을지는 모르겠습니다. 우리 사랑이 처음 만났던 날처럼 봄의 연둣빛은 아닐지라도, 겨울 숲처럼 마음 골짜기 훤히 볼 수 있는 사랑이어도 좋습니다. 오늘도 무사히 집으로 돌아와 "나왔어" "수고했어"라고 말할 수 있게 해주세요.

- 인생의 저녁 길 발걸음 맞춰 걷는 동반자가

마음대로 사는 여자

....

한 여자가 두 개의 문 앞에 서 있다. 왼쪽 문에는 '마음대로 사는 인생'이, 오른쪽 문에는 '현재의 인생'이 적혀 있다. 여자는 잠시 망설이는가 싶다가 왼쪽 문 앞에 선다. 살아오면서 이런 순간을 얼마나 상상했던가. 여자는 왼쪽 문 앞에 서서 손 내민다. 여자는 여태의 인생길에 제일 미련이 남은 부분을 떠올렸다. 떠남.

가방 하나 들쳐 메고, 가고 싶었던 곳을 여행한다. 파키스탄의 혼자 마을에서 봄을 맞이하고, 마다카스카르의 바오바브나무 사이로 찢어지는 태양과 함께 여자도 찢어져 본다. 그리고 알래스카의 눈 쌓인 숲속에 앉아 우주의 무한함 속 신묘한 마술 오로라를 탐닉한다. 그렇게 돌고 돌아 프랑스의 개선문을 지나, 한 달이건 일 년이건 영화 「미드나잇 인 파리」의 주인공처럼 거리를 걷는다.

상상만으로도 얼굴이 상기되고 두 발이 동동거려진다. 그러다 여자는 내민 손을 툭 떨어뜨린다. 다시 걸음을 뒤로 물린다. 생각해 보면 지금의 인생에서 여자가 마음대로 하지 않은 것이 있었던가. 지금 상상하는 것들도 여자가 용기만 낸다면, 가능한 일일 것이다. 남편을 설득하는 데 애는 먹겠지만 말이다.

진학, 직장, 결혼, 인간관계 지나온 인생의 길에 선택은 모두 여자의 것이었다. 우매하고 어리석은 행동과 책임의 회피. 그로 인해 생겨난 고통의 골짜기 역시 여자가 선택한 결과의 흔적이고 상흔이었다. 여자의 타고난 운명은 외딴섬이었다. 섬은 섬을 보지 않았다. 그 안에 무수한 가능성과 무한한 미래를 보지 않았다. 그저 풍파에 깎여지는 대로 깎여질 뿐이었다. 모든 것은 여자의 선택이었다. 그 생각이 치받치자, 여자는 부끄러워 제 얼굴을 두 손으로 쓸며 감쌌다.

신은 감당할 만큼의 시련을 준다고 했다. 신의 것 중 여자가 믿는 몇 안 되는 가르침 중 하나였다. 바닥없는 고통의 시간을 기어 나와 인생의 어느 구간에 이르면, 부드러운 봄바람에 꽃잎 날리는 길이 열렸다. 그렇게 생은 덤덤히 생의 길을 걸어간다. 겨울을 지나지 않는다면 어찌 봄을 알겠는가.

태어남은 곧 행복을 찾는 고독한 항해이다. 사람마다 행복의 기준이 다르고 행복의 크기도 다르다. 여자는 굽이굽이 돌아치는 인생 길에서 다양한 형태의 행복을 보았다. 겉보기에는 윤이 나고 번쩍이지만, 속이 썩은 것도 있었고, 특별할 것 없이 작은 것들 안에 땡땡한 행복이 여물어 있는 것도 보았다. 행복은 결국 마음의 문제였다.

여자는 생각했다. 마음대로 하는 인생을 산다면 여자는 더 행복해질까. 더 행복해진다는 것은 또 무엇인가. 오늘, 여자가 마음대로 하지 않은 게 있었던가. 그래서 지금 여자는 행복한가. 때론 그렇고 때론 그렇지 않다. 행복과 불행은 상대적이며, 불행이 없다면 행복도 없다.

'마음대로 사는 인생'의 문 뒤에도 '희로애락애오욕(喜怒哀樂愛惡欲)'
이 있을 터, 그것들은 지금과 다르지 않을 것 같았다. 여자는 게으
름의 환멸, 우매함의 매질, 책임에 대한 반성을 통해 현재 자신이 가
지고 있는 인간 본성의 무게를 알고 있다. 그것으로 여자는 여자를
객관화할 수 있었다.

인생은 후회와 참회, 눈물과 아림, 무지와 깨달음을 알아가는 수
행이다. 그 과정이 없다면 작은 꽃의 위대한 생명력을, 파란 하늘의
감사함을, 일상의 행복을 알지는 못했을 터다. 과연 선택한 문 뒤에
지금과 같은 인생의 깨달음이 있을까, 그것은 불확실했다.

이제 여자는 과거에 얽매이지 않는다. 지나온 날은 앞으로 살아
갈 퇴비가 될 것이고, 어느 길이 좀 더 후회가 적을지에 대한 나침반
이 될 것이다. 중요한 것은 앞으로의 날들을 어떻게 쓸 것인가에 대
한 고민만 있다. 그래서 여자는 인생 마지막은 나눔의 삶을 사는 것
을 꿈꾼다. 그런 위대한 삶을 살기에는 더 배워야 하고 부족한 것이
많다는 것을 안다. 시작은 쉬우나 책임의 무게를 알기에 아직은 준
비가 더 필요하다. 그러나 잊지 않고 인생의 초로에 나눔을 마음대
로 마음껏 할 것을 마음대로 인생에 하나 넣어본다. 여자가 깊은숨
을 들이쉬고 문 앞으로 다가간다.

종을 치시오!

김서영

••••

나는 당신을 살릴 수 없습니다.
나는 신의 귀가 없으며 유희의 말도 하지 못합니다
나는 당신을 잘 알지 못합니다.
어떤 하루를 살아냈는지 어떤 시련에 굴복했는지 모릅니다
그래서 이해해 보려 합니다

누구보다 열심히 살아온 당신이 죽음 앞에 서기까지는 이유가 있
을 겁니다.
신에게 왜라는 질문을 수없이 외쳤을 것이며
내일이면 괜찮아질 거라는 희망을 향해 달렸을 것입니다
게으르지 않게 부끄럽지 않게 말입니다

나는 무력합니다.
생의 벼랑 끝에 서서
눈물 흘리는 당신을 위해
나는 아무것도 하지 못합니다

모든 선택은 당신의 것이며
생과 죽음 또한 당신의 것입니다.
그리하여 기어이 죽음에 이르겠다고 맹세했다면
당신은 다 가진 자입니다

그러니
아픈 아이들이 살고자 온 힘을 다해 내쉬는 생명의 숭고함을
죽음이 무엇인지도 모른 채 사라져 간 아이들의 비명을 더럽히지
말아 주십시오

지금 무한히 무능한 당신이여
죽음을 이용 말고 죽음을 장식 말고
차라리 조용히 종을 치시오!

성장통(成長痛)

＊＊＊＊

　내가 생각하는 성장통은 하나의 가치관이 무너지고, 새로운 가치관이 아직 자리를 잡지 못해 혼란스러워할 때 느끼는 통증으로 정신세계가 커지면서 겪는 고통이다. 이른 새벽 아파트 산책로를 걸었다. 여름철 후덥지근하던 열기도 이 시간대엔 잠시 숨을 돌린다. 회화나무들 사이를 걷다가 위쪽으로 힘차게 뻗은 나뭇가지에서 나무껍질을 부풀리며 자리 잡은 옹두리를 보았다. 신기한 마음에 근처 다른 회화나무도 세심하게 보았다. 어떤 나무는 아래 그루터기에 큰 구멍이 나 있고, 어떤 나무는 나무줄기가 갈라지는 곳에 베인 상처가 있었고, 어떤 나무는 나뭇가지끼리 사랑이라도 나누듯 감싸안아 주며 있었다. 같은 산책로를 수없이 다녔는데 이제야 나무들의 이야기를 보고 듣게 되었다. 그동안 내 눈과 귀는 다른 세상에 있었던 모양이다. 인간도 나무와 같아서 저마다 이야기가 있다. 인간인 나는 내 옹두리 3개를 이야기해본다.

5월 5일

태어나서 자기가 자기 존재를 깨닫는 계기는 사람마다 다르다. 타인의 죽음을 경험하고 나를 알게 되었다. 어느 날 갑자기 인생이란 무대 위에 던져진 우리는 처음엔 그곳이 무대인지, 자기가 어떤 배역인지 모르고 눈앞에 보이는 상대역의 말과 몸짓에 반응할 뿐이다. 5월 5일의 기억은 누군가 무대 위에서 사라질 수 있음과 나도 언젠가 사라진다는 사실을 처음 경험한 때이다. 초등학교 2학년일 때이다. 5월 5일이면 집이 가난해서 어디 놀러 가지는 못했지만, 어머니는 맛있는 간식을 만들어 주시곤 하셨다. 그날도 그러려니 하고, 집안에서 뒹굴었다. 그런데 이웃 아주머니가 어머니를 부르시고 두 분은 어디론가 가셨다. 몇 시간 후 어머니가 돌아오셨다. 얼마나 많이 우셨는지 두 눈두덩이가 붉게 부풀어 있었다. 그렇게 우신 모습을 그동안 보지 못해서 당황스러웠다. 물 건너간 간식을 아쉬워하며 밖에 나가려는데 어머니가 말렸다. 이유를 알 수 없는 적막과 슬픔이 집안에 내려앉았다. 저녁이 돼서야 이유를 알 수 있었다.

KBS 9시 뉴스에 우리 마을이 나오는 걸 신기하게 쳐다보았다. 당시 마을 한가운데로 철길이 지나갔다. 그날 철길 건널목에서 사고가 발생했다. 젖을 못 뗀 아이가 건널목 옆에 있는 자기 집 기둥에 아기띠로 묶인 채 놀고 있었다. 그 시절 농번기에 어른들은 다 그렇게 젖먹이를 묶어 두고 밭일 논일 나갔다. 그런데 아기띠가 풀렸다. 아이는 건널목까지 기어나 와 놀았다. 이때 마침 그곳을 지나던 아주머니가 아이를 봤다. 아주머니는 어린이날을 맞아 아이들에게 과자를 사주려고 철길 건너편에 있던 작은 매점에 갔다가 오시던 길이었다. 기차는 달려오고, 아이는 철길 위에 있고, 다급해진 아주머니는 딸아이 둘을 길가에 두고, 등에 업힌 젖먹이와 태중 아이와 함께 건널목 위 아이를 구하려고 뛰어들었다. 하지만 그들 모두 변을 당하고 말았다. 방송을 마치며 아나운서가 한 마무리 말이 기억에 남는다. "요즘 세태에 5월 5일 어린이날의 의미를 다시 한번 생각하게 하는 사건입니다."

다음날 건널목을 건너서 학교에 갔다. 철로 옆 자갈은 짚으로 만든 쌀가마니로 덮어씌워 있고, 밑으로 사고 흔적이 남아 있었다. 선명한 사진처럼 뇌리에 남게 된 기억은 오래도록 지워지지 않았다. 그 이후 한동안 악몽을 꾸었다. 꿈에서 느낀 두려움은 생활에서 이상한 행동으로 나타났다. 길을 가다가 검은 돌을 밟고 사라지는 꿈을 꾸고는 길바닥에 검은 돌을 피해 갔다. 통조림 캔에 넣어져 뚜껑이 닫히고 어디론가 보내지는 꿈을 꾸고, 캔에 담긴 음식은 먹지 않았다. 주변 사람들 눈에 얼빠진 놈이었다. 하지만 어떤 감정이든 다른 감정이 쉽게 지워버리는 어린 시절이었다. 얼마 후 나는 부모님께 꾸중 듣고, 동생들에게 심술을 부리고, 동무들과 노는 아이로 돌아왔다.

인간은 이성으로 접근하는 명제로만 살아갈 수는 없다. 모든 인간은 죽는다. 이 삭막한 참(眞) 앞에 한 개인이 처음 섰을 때 어떤 생각을 할까. 정교한 사유체계도 없고, 믿음도 없는 상태에서 할 수 있는 건 그저 머리를 흔들며 생각이 지워지길 기다릴 수밖에 없다. 죽음에 대한 공포감을 이겨내는 최고의 약은 망각이다. 신이 주셨는지 살기 위해 스스로 개발한 건진 알 수 없지만, 인간에게 망각은 살아가기 위한 필요조건이다. 안수정등(岸樹井藤)[50]우화에서 나그네가 받아먹던 꿀물이 망각의 힘을 발휘해 죽음의 공포를 이겨냈다면 나는 타인과 맺은 농도 깊은 친밀감으로 이겨냈다.

서울여행

나는 환상에 젖어 살았다. 살고 있던 ○○지역은 탄광 경기가 활황이어서 인구가 폭발적으로 늘어나고 있었다. 외지인 많이 유입되면서 원주민과 외지인 문화가 뒤섞이며 여러 마찰음을 일으키기도 했다. 다니던 초등학교에서도 비슷한 일이 일어났다. 그때 학교 다

---

50 불교경전 아함경에 수록된 우화로 내용은 다음과 같다. 망망한 광야에 한 사람이 길을 가는데 뒤에서 무서운 코끼리가 나타나 사람을 잡아먹으려고 쫓아오고 있었다. 생사를 눈앞에 두고 정신없이 달아나다 보니 언덕 밑에 우물이 있는데 등나무 덩굴이 그 속으로 축 늘어져 있었다. 그 사람은 등나무 덩굴을 하한 붙들고 우물 속으로 내려갔다. 겨우 숨을 돌려 아래를 내려다보니 우물 밑의 샘에는 독룡(毒龍)이 입을 벌리고 쳐다보고 있었고, 우물 중턱 사방에는 네 마리의 뱀이 혀를 날름거리고 있었다. 어쩔 수 없이 등나무 덩굴을 생명줄로 삼아 공중에 매달려 있자니 두 팔은 아파서 빠질 것만 같았다. 그런데 설상가상으로 매달려 있는 그 등나무 위에는 흰쥐와 검은쥐 두 마리가 나타나 그 등덩굴을 쓸고 있지 않은가! 그 경황 중에 얼핏 머리를 들어 위를 쳐다보니 등나무 위에 벌집 속에 달콤한 꿀물이 한 방울 두 방울 떨어져 입속으로 들어왔다. 그 사람은 꿀물을 받아먹는 동안에 자기의 위태로운 처지도 모두 잊고 황홀경에 도취되어 버렸다.

니는 아이들은 어미에 '~여'를 자연스럽게 붙일 수 있는 '여'무리와 그렇지 않은 무리로 나뉘었다. '여'무리는 알맞은 상황에 알맞게 '여'를 잘 붙였다. '그래이여', '안그래이여', '맹그래이여' 등 어미에 '여'를 붙이는 상황은 수없이 많고 다양했다. 외지에서 온 아이들이 흉내는 냈지만, 그 맛을 살리지는 못했다. 이런 아이들은 다수를 차지하고 있던 '여'무리의 놀림감이 되었다. 특히, 서울에서 내려와 좋은 옷을 입고 좋은 신발을 신고 다니던 아이들은 '여'무리의 주 공격대상이었다. '감히 우리보다 좋은 것을 가져.' 하는 고약한 마음이 '여'무리를 자극했다. 나를 포함해 이곳 토박이들 내면에는 우리 무리에 대한 우월감을 가지고 있었다. 하지만, 우월감은 열등감의 다른 이름이다. 집단에 서열은 정하고 질서를 부여하다 보면 아래가 있으면 위도 있는 게 당연하다. 상위집단에 대한 시기를 보상받기 위해 자기보다 못한 집단을 만들고 차별하는 것이다.

서울여행은 착각이 무너지는 계기가 되었다. 초등학교 5학년 여름방학 외할머니와 외사촌 동생과 함께 서울에 살고 계시던 막내 이모에게 놀러 갔다. 시외버스를 타고 서울까지 가는 길은 다섯 시간 걸렸다. 버스 창밖으로 보이는 산과 강과 마을 풍경은 신기하고 아름다웠다. 그러나 구불구불한 고개를 넘어가는 버스 안에서 차멀미가 났다. 이화령고개와 조령고개의 풍경은 아름다웠지만, 내 전정기관은 위장 속 모든 걸 토해내도록 심술을 부렸다. 차멀미는 마장동 시외버스터미널에 도착할 때까지 이어졌다. 외할머니는 나를 불쌍히 여기시면서도 멀쩡히 잘 타고 가는 사촌 동생을 보시곤 형 노릇 못한다고 나무라셨다. 도착 후 막내 이모가 우리를 반갑게 맞아 주셨다. 택시를 타고 이모가 살고 있던 강동에 있는 아파트까지 갔다. 처음 보는 한강 모습과 도로의 많은 차는 멀미의 메스꺼움도 잊게 했다. 이튿날부터 버스를 타고 지하철을 타고 평화시장으로 어린이대공원으로 놀러 갔다. 지하철은 신선한 충격이었다. 표를 사고 개찰구를 지날 때 표를 넣으면 스윙 게이트가 열리고 반대쪽에서 표가 나오는 모습, 지하로 내려가는 에스컬레이터, 전철이 미끄러지듯이 오는 모습, 사람으로 붐비는 열차 안 풍경은 나에게 부러움이었다. 편하고 신기한 것을 서울 사람들은 아무렇지 않게 타고 다닌다는 것에 촌놈 배알은 뒤틀리기 시작했다. 많은 사람으로 붐비고, 넓은 평화시장은 소도시 시장과 비교되지 않았다. 어린이대공원의 화려한 분수, 회전목마, 아름드리 나무숲 아래에서 캔버스에 그림을 그리는 모습은 생경했다. 여행을 마치고 시외버스를 타고 집으로 돌아올 때는 차멀미를 하지 않았다.

여행 후 세상에 대해 더 궁금해졌고, 그때까지 별 관심 없던 학교 공부에 관심을 가졌다. 이곳을 벗어나 서울에 가려면 공부 잘해서 대학에 입학하는 거 말고 딱히 방법이 없었다. 아들의 이상한 변화에 부모님은 미심쩍게 후원했다. 초등학교 5학년이면서 구구단도 겨우 외우는 실력으로 무슨 공부를 한다는 건지 학습지를 사주시면서도 별 기대 안 하셨다. 워낙 공부와 거리 있게 살아와서 공부법을 몰라 처음엔 헤매었지만, 2년이 지난 후에 작은 성과를 내었다. 서울을 향한 열망은 이런 식으로 나를 변화시켰다.

첫술

아버지는 술을 많이 드셨다. 가끔 드셨는데 그때 많이 드셨다. 기뻐서 슬퍼서 화나서 술을 드셨다. 술자리가 아버지에겐 감정을 소화하는 방법이었다. 혼자서 술을 드시는 모습은 본 적이 없다. 항상 어울려 함께 취하고 함께 노래하고, 함께 싸우고, 함께 우셨다. 특히 아버지가 화나서 술자리를 가진 경우 조심해야 했다. 언제 무엇이 날아올지 몰랐다. 아버지는 미장 기술자셨다. 아침 일찍 나가셨고, 날이 어슴푸레 저물 때 돌아오셨다. 그날도 그즈음 술에 취해 집에 오셨다. 품삯을 제때 못 받으셨는지 화가 나 계셨다. 어떤 이유인지 기억나지 않지만, 나무 몽둥이로 엉덩이를 맞았다. 오금이 저리게 아팠다. 구정 전날 고향에 오신 친척과 술 한잔 드시고 또 화가 나셨다. 화난 이유는 몰랐다. 얼음에서 놀다 부츠며 바지가 젖어있는 걸 보시고 싸리 빗자루를 던지셨다. 기분을 잘 살피며 지내야 했다. 내심 '나는 커서 절대 술은 입도 대지 않겠다'고 다짐했지만, 다른 한편으로 '도대체 술이 뭔데 사람이 저렇게 바뀔까' 궁금해했다.

중학교 시절 내가 살던 동네에는 형들과 누나들이 많았다. 겨울방학이 되면 그들은 마을 가운데에 적당한 밭을 골라 비닐하우스를 쳤다. 비닐하우스 안에 연탄난로를 놓고 함께 모여 공부하고, 중학교 올라가는 동생들에게 영어를 가르쳐 주고, 함께 놀기도 했다. 형들과 누나들은 국기 게양대를 만들어 국기를 게양하고, 뒷산에 철봉, 역기, 줄넘기, 아령을 두고 운동했다. 가장 재미있던 기억은 초여름에 하던 마을 잔치였다. 해가 질 무렵 동네 공터에 무대를 설치하고, 부녀회 어머님들이 음식을 차려놓았다. 마을 사람이 모두 모여 형들과 누나들이 하는 노래와 공연을 보며 즐거워했다. 그때 형들과 함께 각설이 분장을 하고, 각설이 타령을 한 기억이 난다.

이런 추억으로 형들과 누나들을 동경의 대상으로 바라보게 되었다. 중학교 3학년 겨울방학을 보내고 있을 때였다. 그들이 불쑥 불렀다. 모임 정회원으로 인정하는 거 같아 놀랐지만, 그것보다 더 놀란 건 모임 장소 한가운데 차려진 조촐한 술상이었다. 마른오징어, 종류를 알 수 없게 수북한 과자 무더기, 그리고 소주, 맥주가 보였다. 고등학생이 되는 통과의례처럼 이야기하는 형과 누나들의 강권에 쓴 소주는 못 마시고 맥주를 홀짝였다. 건배를 하며 몇 순배가 돈 다음 얼굴이 타올랐다. 알 수 없는 기쁨이 밀려왔다. 처음 접하는 술자리 분위기에 흥에 겨워 재잘거렸다. 그리고 눈 떠보니 다음 날 아침이었다. 분명 저녁에 나가 술 마신 기억은 있는데 그 뒤 기억은 없었다. 아침에 본 부모님의 눈초리는 싸늘했다. 나중에 사촌 형에게 어떻게 된 것인지 들었다. 형 말에 따르면 나는 흥에 겨워 많이 마셔 취했고, 사촌 형이 집에 데려왔고, 내가 아버지에게 "술 한 잔 먹고 왔습니다. 잘게요." 하고 쓰러져 잤다고 했다. 술 취한 아들을 본 아버지의 심경이 어떠셨을지 모를 일이다. 이상하게도 다음날 어머니에게 등짝 스매싱을 당하긴 했지만, 아버지는 아무 말씀이 없으셨다.

며칠 후 아버지에게 정식으로 술을 배웠다. 어머니가 정육점에 가보라고 하셨다. 정육점에 가보니 아버지가 앉아 계셨다. 정육점은 고기도 팔고 식당도 겸했다. 삼겹살이 불판 위에 맛있게 구워지고, 옆으로는 가지런히 차려져 있는 술상이 보였다. 아버지는 "술은 어른한테 배워야 한다." 하시면서 자리에 앉으라고 하셨다. 상추 위에 파 겉절이, 그 위에 갓 구운 삼겹살 한 점과 함께 마시는 맥주 한잔, 어른의 맛이었다. 시원한 맥주를 달게 마시며 어른 대접받음에 기분이 달떴다. 지금 생각하면 그때 아버지는 불쑥 자란 아들이 대견하기도 하면서, 아들의 앞날이 자신과 다르길 기원하셨을 것이다. 가장의 밥벌이가 주는 고단함과 세상이 주는 소외를 달래주던 술, 쓴 세상을 술과 함께 마시던 아버지의 울분을 앞에 앉아 있는 아들은 겪지 않길 바라셨으리라.

　어느덧 내 나이가 그때 술 사주시던 아버지 나이를 넘었다. 그렇게 되고 싶었던 어른이 나는 되었는지 스스로 질문해본다. 어디를 가도 이젠 아버님 소리를 듣고 다니는 걸 보면 겉모양은 어른이라 할만하다. 근데 내면은 어른이라 할만한가 싶다. 어른이란 단어는 무겁다. 어리면 시도하다 안 되어도 어리다는 이유로 용서될 수 있고, 주변에 응석이라도 부릴 수 있다. 어른은 무엇 하나 하려고 해도 걸리는 것이 많아 시도하기도 힘들고, 만약 시도가 실패하면 책임은 오로지 본인이 감당한다. 책임감이 주는 부담은 잠시라도 현실 밖에 있고 싶어지게 한다. 그러나 다시 돌아와 현실 앞에 서면 자신 등 뒤에 있는 가족을 위해 세상 풍파 받아 안아가며 산다. 홀로 책임지고, 이겨내며, 나아가는 게 어른이다. 그런 면에서 나는 아직 어른이 아닌가 보다. 나아가지 못하고 주저주저하고 머물기만 하려 하니 말이다. 현실에 안주하며 성장을 거부하는 모습이 어른의 모습은 아니다. 얼마 전 TV에서 6시 내 고향이란 프로그램을 보았다. 리포터가 버스를 타고 다니며 탑승객들과 인터뷰하는 내용이다. 인상 깊었던 장면은 90세 넘은 어르신이 흐린 눈으로 흔들리는 버스 좌석에서 영어단어를 외우고 계시던 모습이었다. 인터뷰에 응해 주신 어르신은 자신이 어려서 배우지 못해 초등학교 졸업도 못 했다고 하셨다. 공부에 맺힌 한을 풀고 싶은 마음에 몇 년 전부터 공부하서 작년에 초등검정시험을 통과하셨고, 지금은 중등검정시험을 준비하신다고 하셨다. 나이와 상관없이 새로운 세계를 향해 나아가는 성장통을 마다하지 않는 어르신의 모습에서 진짜 어른을 본다.

책은 도끼다

....

　제목은 내 인생 터닝 포인트가 된 책이다. 저자는 박웅현으로 10년 전에 읽었다. 그때 난 인생의 링 위에서 코너에 몰린 형국이었다. 10년 이상 다니던 회사를 듣기 좋은 명예퇴직으로 그만두었고, 친척 권유로 시작한 쇼핑몰 사업도 본궤도에 오르지 못하고 있었다. 무엇보다 10년 사귀던 연인과도 헤어져 있었다. 쇼핑몰 사업을 하며, 기획하고, 상품홍보 일도 있었지만, 매출이 많지 않아 포장 택배도 직접 하고 있었다. 반복 작업의 무료함을 달래기 위해 팟캐스트 '빨간책방'을 주로 들었다. 팟캐스트에서 언급된 책이 『책은 도끼다』이다. 지금은 책 내용 중 기억나는 게 미미하다. 저자는 톨스토이의 저작, 밀란 쿤데라의 저작을 언급하며 책 읽기의 중요함을 독자에게 알려 주었다. 책이 인생의 터닝 포인트가 된 것은 책 내용이 아니라 책 제목이다. 광고 기획자로 유명한 저자의 책 제목은 깊이 각인되었다. '책은 도끼다'라는 짧은 문장은 많은 생각을 불러온다. 책이라는 물성이 도끼라는 물성과 만나 동등한 지위가 된다. 책은 무엇인가. 도끼는 무엇인가. 이 둘의 공통점은 무엇인가. 그것은 인간이 만든 도구라는 것이다. 구석기인들에게는 주먹도끼가 책이었을 것이다. 세월 속에 축적된 기술이 주먹도끼를 만들었고, 우리는 이것을 오늘날 박물관 유물로 마주한다. 주먹도끼를 사용하기 전과 후는 최초 사용자에게는 신세계로의 첫 발디딤, 마치 닐 암스트롱 달착륙에 비견될 것이다. 구석기 시대 첨단문물을 오늘날로 가져와 책과 대비하며 유용성을 자세히 일갈한 저자의 혜안이 놀라웠다. 내가 주목한 것은 이렇게 헌신한 책의 도구로서 가치였다.

나를 둘러싼 환경을 극복하기 위해 책을 도끼처럼 휘둘렀다. 사업성이 의문시되는 쇼핑몰 사업이 앞으로 계속될 수 있을지 책을 뒤지기 시작했다. 각종 쇼핑몰 운영 관련된 책, 아이템의 전망에 관련된 책, 블로그 글, 잡지, 경제동행을 살피며 고민했고 사업을 접었다. 10년 사귀던 연인과는 헤어졌지만, 가끔 만났다. 우린 연인이기 이전에 친구이기도 해서 서로 허물없이 고민을 나누었다. 이야기가 오가는 와중에 서로 지금 사귀고 있는 상대에 대한 고민도 오갔다. 옛 연인이 내뱉는 상대 남자와의 연애담은 안타까웠다. 과거 사랑하던 사람이 누군가에게 이런 대접을 받고 있다는 게 내가 무시당한 것 같았다. 그녀 안에 남아 있던 내 존재를 느꼈다. 그녀와 헤어질 때 그녀가 좋아하는 이의 사랑을 듬뿍 받기 바랐다. 물론 이 마음 뒤엔 나도 너보다 더 잘난 여자를 만나고 말겠다는 생각이 있었다. 화가 나고, 측은했지만 용기 내지 못했다. 이때 도구가 된 책이 밀란 쿤데라의 『참을 수 없는 존재의 가벼움』이다. 책을 읽고 가벼운 사랑과 무거운 사랑의 의미를 맛볼 수 있었고, 무거운 사랑을 위해 헌신할 수 있겠다는 용기를 낼 수 있었다. 물론, 사업을 접거나, 연애에 용기를 내는 일이 전부 책 때문이라 할 수 없다. 주변 지인에게 듣거나, 각종 매체를 통해 다른 이들 경험담을 경청했다. 하지만, 책은 선택하는 데 당위성, 즉 '나는 이 행동을 이런 이유로 했어'라고 자신에게 말할 수 있는 논리를 주었다. 기본 논리에 다른 경로로 더해진 정보나 느낌을 더해 결정에 도달했다.

스스로 생각하며 읽기 시작한 책은 대학 입학 후 읽은 사회과학 서적이다. 그전까지는 학습서만 읽었다. 인문학이나 자연과학 관련 서적을 보기도 했지만, 요약본만 보았다. 대학 입학 후 선배들이 권해준 사회과학 서적, 소위 운동권 책을 본격적으로 읽기 시작했다. 함께 하는 독서 토론과 각종 활동은 내 대학 생활에 많은 부분을 차지했다. 그러나 책보다 사람에게서 많은 영향을 받았다. 그들과 독서, 술자리, 사회활동 등을 하며 책의 내용은 잘 모르지만, 함께 하는 사람들이 길잡이가 되어 주었다. 현실은 모임이 지향하는 바와 동떨어져 있었음에도 이들과 함께라면 건너갈 수 있다는 신념이 있었다. 신념은 사람에 대한 믿음, 뜻을 같이하는 이에 대한 믿음에 기초한 것이었지, 직접 세상을 바라보고 길을 찾고자 하지는 않았다. 결과는 좌절이었고, 도피였다. 군대를 다녀온 후 모임에서 선배 행세하는 나를 보며, 스스로 치열하게 고민하지 않은 어설픈 논리와 지향이 후배라는 이름으로 앞에 있는 꽃 같은 이들에게 강요되고, 그게 당연한 듯 행동하는 내가 싫었다. 그래서 모임에서 도피했고, 모임의 책과 사유와 관련된 책과 이별했다. 회사에 입사한 후에는 맡은 업무와 관련된 실용서를 읽었다. 책들은 회사생활의 아웃라인만 대략 잡아주었다. 회사생활의 실재적 문제는 신기하게도 주로 술자리에서 풀었다. 사유보다 감정에 호소해 문제가 풀리는 분위기는 책을 읽고 고민하는 걸 무용하게 했다. 그러다가 2008년 금융위기가 닥쳤다. 다니던 회사는 실제 금융위기와 관련된 기업들과 직접적인 관계도 영향도 없었다. 하지만 떡 본 김에 제사 지낸다고 회사의 경영진은 평소 회사 내 무익하다고 자의적으로 판단한 해고자 리스트에 내 이름을 올렸다. 억울했지만 받아들였다. 지금 생각하면 감언이설이었지만, 밥벌이가 끊어지지 않게 납품업체에 자리를 마련해 주었기 때문에, 또 꽤 큰 명예퇴직금도 주었기에 나는 명예퇴직서에 사인했다.

이런 경험들을 통해 직관에만 의존해 사는 게 얼마나 위험한 건지 알았다. 집단 속에 있을 때 리더의 입과 행동에 주목했다. '생각하기 귀찮은데, 믿음직하게 행동하고 원하는 결과도 얻어내고 이런 사람 따라가면 못해도 중간은 가겠지.'라는 마음을 품고 살았다. 집단 안에서 그들과 감정선만 적당히 맞추면 삶은 평안했다. 그러나 세상은 변하고, 집단도 변한다. 변한 세상에서 생존하기 위해 집단은 제 살을 깎아 내고, 변화 적응 모드로 돌변한다. 개인이 살기 위해서는 예리한 직관력뿐 아니라 개념 이해를 할 수 있는 통찰력이 필요하다. 직관은 스스로 세계와 부딪치며 감각 기관을 통해 느끼는 것이다. 개념은 타인 직관을 가지치기해 만든 생각 덩어리이고, 인간 사이에서 공유될 수 있다. 직관과 개념 사이 관계는 자동차 운전에 비유할 수 있다. 내비게이션이라는 남이 만든 개념들이 표기된 지도를 보고 운전자는 운전한다. 근데 실제 운전상황은 내비게이션과 다를 수 있다. 이때는 상황을 잘 판단하고 대처할 직관이 필요하다. 모든 운전상황을 담고 있는 내비게이션은 없다. 그렇다고 내비게이션 없이 운전하면 처음 가는 길이 힘들어진다. 목적지에 잘 가려면 내비게이션도 보고 눈과 귀로 앞을 잘 살펴야 한다. '책은 도끼다.'라는 문장은 직접 나의 언어로 세상을 사유하고, 개념적 이해를 통해 세상을 해석하고, 현실에서 도구로 사용하도록 도와주었다. 이런 이해 위에 내린 선택은 이전의 선택들에 비해 일관성이 있었고, 문제가 발생할 때 수정하기가 쉬웠다.

'책은 도끼다.'라는 문장을 만난 후 책이란 도구를 더 잘 다듬고 싶었다. 처음엔 그냥 닥치는 대로 읽었다. 하는 일이 종일 트럭 몰고 다니는 것이어서 조용한 곳에서 종이책 읽을 형편이 되지 못했다. 종일 이어폰을 귀에 꽂고 살았다. 전화통화 하거나, 회사에서, 집에서 누군가 대화할 때를 제외한 모든 시간을 책 듣는 데 쏟았다. 주말이면 도서관이나 카페에서 종이책을 읽었다. 많은 책을 읽고 내용을 머릿속에 담길 원했다. 하지만, 이런 독서는 한계가 있었다. 분명 오디오북을 몇 번씩이나 듣긴 했는데 머리에 정리되지 않았다. 그래서 음료 도매업을 그만둔 후에는 제대로 많이 읽기 위해 집중했다. 스마트폰 타이머에 15분을 맞추고, 그 시간 동안 온 정신을 종이책에 집중했다. 그리고 5분 휴식 그리고 다시 15분 집중, 이런 식이다. 뭔가 성과가 나오는 것처럼 보였다. 더 욕심을 냈다. 이번엔 오디오북과 함께 이 루틴을 적용했다. 오디오북을 2배속으로 재생한다. 15분 동안 눈과 귀가 책에 집중된다. 5분 휴식, 다시 15분 집중 이런 식이다. 이 방식은 놀라웠다. 300페이지 정도 자기계발서는 1시간이면 읽었다. 계산해 보면 하루에 3권 4권은 읽었다. 기뻤다. 도끼가 예리하게 빛나리라 믿었다. 그런데 뭔가 아쉬웠다. 도끼는 허술해 어디 써먹을 데가 없었다. 짧은 시간 안에 쇳물을 끓여 거푸집에 붓고, 쇳덩이를 자루에 끼운 꼴이었다. 담금질 되지 않은 도끼는 무용하다. 이런 독서는 무용했다. 도구로 기능하지 못하는, 즉 생산하지 못하는 도끼는 그냥 자기만족일 뿐이었다.

그 후 독서방법을 바꿨다. 책에 질문하고, 책이 하는 질문에 대답하는 방법으로 책을 읽었다. 이 과정은 단단한 도끼를 만들기 위한 담금질과 같았다. 담금질은 대장장이가 겪는 수고로움을 도끼가 가지는 견고함으로 바꿔 가는 작업이다. 쓸 수 있는 도끼를 만들기 위해서는 시간이 필요하다. 나의 시간에 맞추어 도끼를 견고하게 만들기로 했다. 아날로그 방식으로 돌아가 책을 읽었다. 읽을 책에 던질 질문을 먼저 적어둔다. 책에서 답을 찾는다. 답이 아니더라도 새로운 앎이나 질문에 대한 새로운 시각이 있으면 필사한다. 필사한 내용에 다시 내 생각을 글로 적는다. 책 내용과 생각을 취합해 보고, 새로운 질문을 발굴해 낸다. 굳이 읽은 책이 답을 주지 않아도 질문이 가다듬어지고 길들여지는 과정에서 좋은 질문 하는 법을 배우게 된다. 좋은 질문은 생각의 벽을 부수고, 미지의 신세계로 갈 수 있는 유용한 도끼가 되었다.

책은 귀한 손님이다. 세상의 모든 책을 읽을 수 없다. 책도 손님처럼 왔다 가는 것이고, 마음 맞아 오래 머물면 친구가 되는 것이다.

나이 들면 친구가 별로 없다. 옛 추억을 되살리기 위해 가끔 학교 친구, 고향 친구, 옛 회사 동료를 만나긴 하지만 이제 속 깊은 이야기를 할 사람은 몇 되지 않는다. 모두 어느 정도 자신만의 가치관으로 편하게 살고 있는데 내 엉뚱함을 받아줄 친구는 몇 없다. 대신 책이란 친구가 있다. 처음에 도구로 생각했던 책이 이제 친구가 되어 있다. 책과 대화하고, 책과 과거를 회상하고, 책과 문제를 해결하고, 책과 미래를 그린다.

얼마 전 국립 중앙박물관에 간 적이 있다. 3층에 그리스 로마 시대 유물이 있었다. 그곳에서 내 눈길을 사로잡는 유물이 있었다. 그리스인들은 석물을 만들고 시신을 그 안에 안치했다고 한다. 그래서 석물 바깥쪽에 조각이나 문자로 그 사람의 인생사를 구현한 유물이 꽤 있다. 그날 본 석물에는 벗들과 어울려 즐겁게 보드게임 하는 망자 모습이 조각되어 있었다. 석물 제작자는 망자가 게임 고수임을 세상에 알리기 위해 석물에 이 모습을 조각했다. 석물이 발견된 곳은 사람들이 잘 지나다니는 길옆이라고 한다. 죽어서도 사람들 속에서 자기 모습을 표현하고 싶은 사람들이 많아 길 근처에 있는 자리가 가장 비쌌다고 한다. 이 석물도 길옆에 있었다고 하니 꽤 비쌌다. 나라면 어떤 석물을 조각했을지 생각해보았다. 나는 책이라는 친구와 함께 펜을 들고 고민하는 모습을 조각하고 싶다.

구상(構想)

••••

오늘 아침도 배곧 앞바다를 달리며 하루를 시작한다. 아침 바다 풍경은 언제나처럼 나에게 바다로 향하는 설렘을 안겨준다. 설렘을 연료 삼아 내 언어는 대양으로 나아가 보물을 건져 올린다. 10년 전 이 해변을 달리며 나는 생각했다. 이 바다를 닮은 글을 써야겠다. 당시 읽던 김훈 저 『허송세월』, 이경자 저 『시인 신경림』을 보면 작가의 글이 그가 사는 공간에 많은 영향을 받았다는 걸 알았다. 김훈의 글에서는 일산 근처 한강 하구의 무장함, 호수공원의 인간미 넘침이 느껴졌다. 신경림 자서전에 그려진 신경림은 북한산 자락 정릉의 올곧음과 길음시장 주변의 사람 냄새가 느껴졌다. 나는 배곧 앞바다를 바라보며, 달과 함께 차고 빠지는 바닷물, 무수히 많은 생명 품은 갯벌, 노을 진 해변을 바라보며 위로받는 애잔한 인간사, 좁은 수로 지나 바다로 나아가는 물길의 서사를 글로 쓰고 싶었다. 인정받기 위해 글쓰기 하지 말자는 다짐으로 작품활동을 해왔다. 오직 내 인생을 관통하는 사유와 인간을 대하는 엄숙한 태도로 글 속에 인간애를 담고 싶었다. 요즘 과학기술 발전과 인간이란 주제로 책을 출판하려 구상하고 있다.

달리며 내용을 구상하고 있다. 현재 쟁점이 되는 신경망 링크칩 의무 삽입법에 관해 글을 쓰고 싶었다. 이 법은 초소형화된 컴퓨터 칩을 국민 모두의 뇌에 삽입하는 행동을 강제한다는 내용을 담고 있다. 칩은 다양한 기능이 있다. 약간의 눈 깜박임으로 인터넷에 접속할 수 있다. 인터넷에서 누리던 모든 기능을 이 칩이 대신한다. 또한 사용자의 동의로 생명 유지 활동이 실시간 검사되고, 유해 암세포의 발생 여부도 저렴한 비용으로 검사할 수 있다. 문제는 운영처가 지금까지 상상할 수 없을 정도의 개인 정보를 가진다는 것이다. 기존 개인 정보 보호법의 적용 범위를 강화하면 이 기술의 기능을 제대로 사용하지 못하고, 느슨하게 적용하면 개인 정보가 노출될 수 있다는 것이 쟁점이다. 나는 이 이슈를 보고 '인간다움을 침해하는 문명 발전이 정말 발전인가?', '그럼 이 기술을 인간답게 사용할 방법은 있는가?'라는 의문을 가졌다. 더욱 빨라진 기술발전 과정에서 인간다움을 묻는 윤리문제는 사회적 합의를 모으는 게 더뎌서 항상 사후적이다. 기술과 윤리가 가지는 시차는 같은 시대를 살아가는 인간들 사이에 많은 혼란과 오류를 만든다. 나는 대표적인 사례를 구한말 의병항쟁에서 찾았다.

나의 고향에는 태봉이라는 마을이 있다. 태봉은 왕족의 아기씨가 태어날 때 배꼽에서 떨어진 태를 모시는 봉우리라는 의미이다. 이 이름을 가진 마을은 전국에 꽤 있다. 같은 이름의 마을들은 넓은 들판 가운데 홀로 우뚝 솟은 봉우리를 가졌다는 공통점이 있다. 구한말 을미년의 변과 단발령에 이 지역의 유림이 분개하였고, 의병운동이 일어났다. 일본군은 의병을 제압하기 위해 조선왕조의 아기씨 중 한 명의 태가 모셔진 이곳 태봉에 주둔하였다. 나는 이 사건을 문명의 급격한 변화가 초래한 균열이라고 생각한다. 외국에서 신문물과 제도를 습득한 인재들이 과격하고 강제적인 방법으로 외세까지 동참시키는 방법으로 조선을 개혁하려 했다. 그들의 힘이 미약했다면 더 설명하고, 더 인내해야 했다. 조급함이 실패로 귀결되었고, 이것이 외세 침탈의 문을 열어준 것이었다. 변화 주체의 태도는 여기까지 생각하자. 내가 주목하는 것은 을미개혁의 내용 중 단발령에 대한 유림의 반응이었다. 신체발부(身體髮膚), 수지부모(受之父母)라 믿던 유림은 부모한테 물려받은 머리카락을 자르고 나온 고종도 그것을 강제하기 위해 가위 들고 설치는 군졸들도 이해되지 않았다. 멀쩡한 머리에 칩을 심겠다고 법을 만드는 정부의 조치와 그 당시 상황은 묘한 기시감이 든다. 태봉에 주둔한 일본군은 앞선 물리력으로 의병을 제압했고, 의병은 국외로 가 독립운동을 했다. 그리고 많은 이가 머리카락을 잘랐고, 또 많은 이는 상투를 틀었다. 세월이 흘러 상투 트는 이는 점점 줄어들었고, 지금은 특정한 신념을 가진 몇몇 이만이 상투를 틀고 있다. 문명은 서서히 스며든다. 기존 가치관이 가진 거부감은 문명의 효용성이 크다면 점점 줄어든다. 오늘 목격하고 있는 칩 삽입법도 훗날 21세기 단발령으로 회자될까.

'아니야. 뭔가 향기가 없다.' 이지선 작가님의 말씀처럼 '글 쓰는 이는 꽃이 아니라 향기여야 한다.' 글이란 상처받는 인간이 치유될 수 있게 하는 항상 열려 있는 향기 같은 존재여야 한다. 꽃은 아름답지만, 향기 없는 꽃은 자기만족일 뿐이다. '과학이란 미몽에 상처받지 않을지 모를 개인을 위한 치유의 향을 만들자.'

다시 구상해 본다. 10년 전 나주 박물관에 가서 점뼈 유물을 보았다. 해남 군곡리 조개 무지에서 출토된 유물이었다. 사슴이나 돼지 등의 어깨, 갈비, 아래턱 뼈 등이 재료이며, 불에 달군 도구로 뼈를 지져 여러 개의 구멍을 만들고, 구멍 사이로 난 모양을 보고 점을 쳤다고 한다. 아득한 선사시대 먹을 것 입을 것 구하기 빠듯했을 그때에도 미래는 환희와 공포 두 얼굴로 찾아왔을 것이다. 살아가기 위해선 불안을 잠재울 믿음체계와 믿음을 뒷받침해줄 신화, 즉 세계관이 필요했을 것이다. 오늘날 점뼈 역할은 과학이 하고 있다. 우리는 '과학적'이란 어두가 붙는 무엇을 신뢰하며, '과학'이 말하는 세계관에 기대어 미래 불안을 잠재우려 한다.

과학은 과연 믿을만한 것인가. 과학의 바탕이 되는 법칙, 원리 중 실재 측정 가능한 사실은 그다지 많지 않다. 나머지 부분은 개념적, 철학적 논증을 통해 메워진다. 갈릴레오와 아인슈타인의 법칙들도 처음 발표했던 시기에는 기존 세계관에 너무 배치되는 것이어서 잘 받아들여지지 않고, 심지어 적대적이었다. 시간이 흘러 측정 가능한 공학적, 기술적 발전이 있고, 실재 측정이 이루어진 후 세계관을 변화시킬 수 있었다. 그러므로 과학은 경험치와 논리체계란 두 기둥 위에 세워진 믿음체계이다.

문제는 경험치도, 논리체계도 변할 수 있다는 것이다. 점뼈를 쳐 보았더니 평온한 파도 모양이 나와 오늘 바다로 나가면 물고기 많이 잡을 수 있다는 점괘가 나왔다고 하자. 그런데 예상치 못한 큰 파도 에 고기잡이배가 휩쓸려 버렸다면, 점쟁이는 뭐라 변명할까. 경험치 가 바뀌었으니, 새로운 논리체계를 구성해야 살 수 있다. 예를 들면 "점괘는 맞는데 바다신에 대한 신심이 부족해서 그런 거야. 조개를 더 가져와야 해." 현재 과학이 개인에게 요구하는 게 이런 게 아닐까.

이런저런 생각이 뒤엉키는 오늘 뭐가 나오긴 나올 것 같은 느낌이 다. 좋은 느낌 잘 살려 제대로 써봐야겠다.

집터를 정하고 어떤 집을 지을지 머릿속으로 기둥도 몇 개 세웠다 가 지워보고, 지중해 스타일로 할까 한옥 스타일로 할까 고민하는 단계가 구상일 것이다. 10년 후 나는 이런 구상을 하며 살고 있을 것이다. 구상 단계의 것을 글로 공개하는 건 집도 없이 집터만 덩그 러니 있는 모습을 보여주는 것 같아 면구하다. 파스칼은 시는 완성 된 세계를 보여주는 거라고 한다. 집에 비유하면 공사 중인 집을 보 면 질서도 없고, 아름다움도 없고, 어수선하고, 불쾌하기까지 하다. 잘 지어진 집은 방문자에게 새로운 세계를 보는 듯한 느낌을 준다. 파스칼 입장에선 완성형의 느낌을 주는 집이 집이다. 나는 좀 다르 다. 그곳에 집을 지으려는 의지, 집 짓는 과정, 집에서 바라보는 안 과 밖의 풍경, 완성될 집의 형태, 집에서 행복한 일상을 보낼 사람 들, 그리고 사람들이 떠나고, 낡고 무너져, 다시 자연으로 돌아가는

전 과정이 아름다움이다. 시 또한 시어의 발아, 완성, 사멸 과정이
주는 울림이 아름다움이다.

사랑 덩이

....

자신이 겪은 상처나 불운을 성찰의 메시지로 담아 쓴 글을 볼 때마다 스스로 질문한다. '개개인이 마주한 인생 상황은 제각각인데 불행 자랑하기 경쟁하는 것도 아니고, 상처를 훈장처럼 이야기하는 게 맞는가.' 성찰 메시지는 일테면 이런 내용이다. '난 이런 불행도 이겨냈는데 너희 읽는 자는 뭐 그리 삶이 어렵다고 투정 부리는 거냐. 내 말 믿고 한 번 따라 해봐. 인생 확 달라질 거야.' 물론 마음이 꼬여있는 독자이거나, 공감대를 가지지 못한 독자가 하는 생트집일 수 있다. 이와 같은 온갖 억측에도 불구하고 저자가 글을 남기는 이유는 무엇일까. 그것은 사랑이며, 사랑의 시작이 용기이기 때문이다. 낯부끄럽고 소소하고 아린 이야기가 누군가에게는 절절하고 사무치고 삶을 뒤흔들 수 있는 방아쇠이다. 이들을 사랑하기에 용기 내 글을 남기는 것이다. 나는 아직 사랑에 대해 정의를 내리거나, 이러쿵저러쿵 훈수를 둘 주제가 되지 못한다. 다만 내가 느낀 사랑 덩이를 남겨 뒷사람 중 누군가의 마음에 공명을 일으킨다면 글의 부끄러움도 조금 씻겨질 거라 믿는다.

덩이 1. 인공지능

인공지능 로켓은 목적지 없는 우주를 향해 순식간에 발사되었다. 직장을 그만두고 택시 운전을 해보려고 했다. 경비도 알아보고 시험을 봤다. 근데 자격증을 준비하며 예상치 못한 장애물이 보였다. 자율주행 자동차가 머지않아 상용화될 거란 보도가 많이 나왔다. '사람이 운전하지 않는 자동차를 안심하고 탈 수 있을까?' 의문을 가졌지만, TV나 SNS에 나오는 동영상을 보면 정말 그렇게 될 거 같았다. 당장은 아니더라고 몇 년만 지나면 무인 택시가 도로를 활보하리라 봤다. 자율주행에 필요한 핵심기술은 인공지능이다. 그렇게 인공지능 시대가 도래될 걸 우려해 결국 택시 면허를 포기했다. 인간이 인공지능을 두려워해 무엇인가 하려고 할 때 고민해야 하는 시대에 벌써 와 있다. 우연한 기회에 글쓰기 수업을 듣게 되었다. '글쓰기에도 인공지능이라니.' 글쓰기를 배우며 속으로 되뇐 말이다. 운전하는 행위에서 감성을 느끼는 분들도 있지만, 운전은 깊은 생각보다 순간 판단력이 중요한지라 인공지능이 해도 안전이 보장된다면 별 거부감이 없다. 하지만 마음을 담는 글쓰기는 운전과 다르다고 본다. 자기 생각과 느낌을 전달하는 행위를 인공지능에 의탁하면 진정성이 담긴 글을 얻지 못한다. 혹자는 이렇게 이야기할지 모른다. "내가 표현하지 못하는 감동을 인공지능이 대신 만들어 다른 사람에게 주는 게 뭐가 잘못이죠. 시나 소설이나 어차피 저자가 쓴 가공된 감동을 다른 사람에게 전달하는 거니까. 그 역할을 인공지능이 대신 해주니 얼마나 좋아요." "글재주 없는 사람이 어떻게든 타인에게 효과적으로 마음을 전달하기 위해 인공지능 도움을 좀 받는 게 무슨 대수인가요." "글 잘 쓰는 이도 축시를 써주거나 헌사를 대신 써주거나 하지 않나요. 그런 거 인공지능이 대신해주니 얼마나 좋아요." 맞다. 문학은 타인이나 자신이 만든 표상에 작가가 의미를 부여하고 가공해서 독자에게 세계관을 전달해 감동을 선사하는 거다. 하지만, 진정한 글에는 인간에 대한 존중이 담겨 있다.

택시 운전도 글쓰기도 점점 효용을 추구하는 풍토에서 아날로그 인간은 설 땅을 잃고 있다. 얼마 전 딸아이가 물었다. "아빠는 직업이 뭐냐?" "△△이 아빠는 □□회사에서 일하신대. 아빠 어떤 회사에서 일해?" 책을 읽고 생각하고 쓰는 모습이 아이 눈엔 노는 거로 보인 모양이다. "어, 우리 집은 엄마가 밖에 나가 일하고, 아빠 ○○이 돌보고 집안일 하고 있어." "다른 집이랑 다를 수 있지만, 다른 집 아빠랑 비교하면 아빠 억울해." "'△△이 엄마한테 직업이 뭐예요, 어떤 회사 다녀요'라고 물어보면, 아마 나랑 같은 말을 하실 걸." 이런 대화를 하며 생각했다. '앞으로 인간의 일이 줄어들면 나와 같은 이가 많아지겠구나.' 많은 일을 기계가 해 주면 인간은 뭘 하고 살까. 기계가 하면 돈이 안 되는 허드렛일 하면서 기계와 공존하며 살까. 인공지능 시대, 할 일을 찾기 힘든 인간이 할 수 있는 일은 '인간존중'을 외치며 최소한의 기본 인권은 보장해 달라며 요구하는 것일까. 인간이 기술을 가지지 못했다고 기계보다 못한 비참한 취급 받고 살아야 하는 건 바람직하지 않다. 유능한 자가 효율적으로 만든 재화나 서비스를 누군가는 소비해야 하지 않을까. 기계가 소비해 주지는 않는다. 유능한 기술을 가지지 못한 다수 인간이 소비해야 한다. 인공지능으로 많은 자원을 가지게 된 자는 기본소득이든 다른 이름이든 어떤 식으로든 최소한 인간다운 삶을 보장할 자원을 다수에게 분배해 주고, 인간만이 할 수 있는 일을 찾아내 그 분야에서 역량을 키워 나아가도록 도와주어야 한다. 그럼 그런 영역으로 무엇이 있을까?

나는 자기 이름이 각인된 창작물을 만드는 일이라 본다. 글쓰기로 예를 들어보면 마음을 담는 글쓰기는 인간만이 할 수 있는 영역이다. 자기 주위를 감싸는 세계와 호흡하며 눈과 귀를 쫑긋 세우며 그 세계의 언어를 건져 올리는 작업이다. 데이터베이스에 쌓인 확률로 계산돼 모니터에 화려하게 검색되거나 그려진 꽃이 아니라 자신이 자기 발로 수고롭게 다가가 인사하며 나눈 꽃과의 대화에서 내 안에 꽃이 피고, 그 꽃이 훌륭하게 자라나 글로 표현될 때, 타인의 가슴에도 꽃이 그려지는 거다. '인공지능을 쓰지 말자' 이야기하는 게 아니다. 글 쓰는 과정에서 모르는 사실을 확인하고 조사해 보는 경우나 자기 생각을 인공지능과 많은 대화를 통해 가다듬을 수 있다. 거기까지는 생각을 구체화하고 검증하는 작업이라 용인할 수 있지만, 인공지능에게 대신 써 달라 요구하는 건 선을 넘는 행동이다. 그 순간 생각의 주도권은 인공지능에 넘어가고 지시자는 자신의 사고와 타인의 사고 모두를 오염시키는 행위를 하는 것이다. 기계언어로 오염된 창작물은 생각의 원산지를 속인다. 출처를 알 수 없는 생각 덩이들은 얼마 지나지 않아 허접쓰레기가 되어 청정한 인간 사고에 고약한 악취를 풍긴다. 왜냐하면 생각 덩이를 제대로 알기 위해서는 사고의 원천에 깊이 있는 질문을 해보고, 반증해 보는 작업이 필요한데 이 작업을 기계언어의 방해로 못 하게 된다. 그래서 창작물이 인간의 것인지 확인하는 작업이 반드시 필요하며, 창작자에게 입증 책임이 따라야 한다.

자기 창작물 입증 방법의 하나는 문답법이다. 소크라테스가 제자들을 가르칠 때 썼던 이 방법이 '앎'을 입증한다. 스승이 묻고 제자가 답하기, 반대로 제자가 묻고 스승이 답하기 이런 과정은 굳이 글을 통하지 않아도 얼마든지 할 수 있다. 그래서 소크라테스가 책 만들기를 거부했는지 모르겠다. 직접 만나 대화하지 않고 글로 남기게 되면 의미를 제대로 소통할 수 없고, 심지어 오용 남용하는 경우가 생길 게 우려되었을 것이다. 한자의 알 지(知)는 화살 시(矢)와 입구(口)의 합성어이다. 인간이 무언가를 안다는 걸 확인할 길은 입에서 화살이 나올 정도로 내용을 설명할 수 있어야 한다. 인공지능 사용이 불가능한 전기가 통하지 않은 곳에서 타인이 이해하도록 설명할 수 있어야 자기 창작물이다. 전기에 의존해야만 생각의 결과물을 만들어낼 수 있는 인간은 생각이 거세된 '인공지능 아바타'일 뿐이다.

인공지능 아바타로 사는 자가 인공지능의 첫 희생양이 된다. 많은 일도 인공지능과 함께 잘 할 수 있는 기술에 능통한 사람은 소수에 불과하다. 그들에게 많은 권력이나 부가 집중되는 건 자본주의 세상이니 인정할 수 있다. 그럼 이들에게 필요한 게 무엇이고, 불필요한 게 무엇일까. 기껏해야 내놓은 결과물이 인공지능 아바타의 그것이라면 지금이야 테스트 모드로 써먹을 수 있지만, 인공지능이 완성형에 가까워질수록 아바타의 가치는 없어지고, 인공지능이 가지지 못하는 생각을 생산해 내는 인간이 더 가치 있게 될 것이다.

'인공지능으로 인류는 더 살기 좋은 새로운 세상을 만들고, 시대 흐름에 뒤처지지 않게 인공지능을 활용하자.' 시대를 관통하는 문장이다. 이걸 일명 '인공지능 만능주의'라 부를 수 있겠다. 인공지능 만능주의는 모든 게 인공지능만 잘 활용하면 해결된다는 사고방식이다. 인공지능 만능주의자들은 인공지능이 본격적으로 활용된 지 몇 년 되지도 않아 검증하기도 힘든 결과지를 펼쳐 들고 광고에 열을 올리고 있다. 이런 이상한 이데올로기를 만들어 누군가는 이득을 보겠지만, 그들에게 말한다. "그만두어라! 공포 심리를 활용해 자신들 주머니 채우려는 행위를 당장 멈춰라!" 한 개인에게 뒤처짐은 공포이다. 새로운 문명이기(利機)가 출현할 때마다 이런 달뜬 사회 분위기가 조성된다. 그러나 얼마 지나지 않아 득(得)과 실(失)은 드러나고 예상치 못한 실이 발생하는 경우가 많았다. 우리는 근래에 스마트폰 보급과정에서 인터넷 보급과정에서 뒤처짐이 어떤 의미인지 피부로 느꼈다. 뒤처짐의 악몽은 스마트폰 사용을 자유자재로 하지 못하면 석기시대 사람 취급받는 것으로, 인터넷 모르면 바보 취급받던 기억으로 되살아난다. 물론 스마트폰이나 인터넷 보급으로 생활상이 나아진 것도 있지만, 폐해도 있다. 스마트폰 장기 사용은 인간 사고능력의 현격한 후퇴와 덤으로 눈과 목이 부실해지고, 주의력을 방해하는 각종 신호음과 메시지는 생각의 호흡을 가빠지게 했다. 인공지능이 어떤 폐해를 발생시킬지 아직 속단하긴 이르다. 하지만, 인간이 만든 창작물을 무단 데이터베이스화해 패턴을 찾아내는 과정을 보면, 자기 생각을 공유하는 걸 꺼리게 만드는 건 분명해 보인다. 개인 차원에서 창작물이 제 가치를 정당하게 받기 위해선 생각의 원산지 표기를 하고, 생각에 적정한 가격을 책정해 주는 저작물 관련법이 인공지능에 한해선 더 엄격하게 적용되어야 한다고 생각한다. 그리고 아직 사용기준이 법제화되지 않았다고 오남용하지 말고, 스스로 본인과 타인을 위해 인공지능 사용상 기본적 윤리는 지켜야 한다.

인공지능을 활용하는 인간과 그렇지 않은 인간의 경쟁은 축구 경기에 비유하면, 상대 팀 11명과 나 혼자 시합하는 거나 마찬가지이다. 인공지능을 활용한 팀은 우월한 경기력을 자랑할 수 있다. 그런데 11명 선수의 결정적 약점이 있다. 그들은 배터리가 있어야 경기를 뛸 수 있다. 배터리 온/오프 전원 스위치는 아직 인간 손에 있다. 1900년대 미국 뉴욕 거리는 도로 위 10센티미터 높이의 말똥으로 뒤덮여 있었다. 뉴욕시 최대 행정과제가 말똥의 효과적인 처리였다. 도시화와 산업화로 물자 이동이 많아지면서 말을 통한 운송이 절정을 이루고 있었다. 10년 후 1910년대 관광용 몇 마리 말 외 많은 말들이 사라졌다. 자동차의 등장으로 말이 사라졌다. 만약 그때 말 한 마리당 1표의 투표권이 있었다면 어떻게 되었을까. 말이 완전히 사라지진 않고, 어떤 형태로든 말과 자동차의 공존을 모색하지 않았을까. 인공지능~인간과의 관계에서 아직 인간이 온/오프 스위치라는 투표권을 가지고 있기에 우린 인공지능과 공존을 모색할 수 있다. 그런데 인공지능이 창작한 것을 자기 것인 양 하며 인공지능의 아바타 행세를 하면 스위치를 인공지능에게 맡기는 거나 다름없다.

덩이 2. 아무것, 자전거

2년 전 아파트 공고란에 방치 자전거 폐기처분을 알리는 글이 올라왔다. 더운 여름 저녁 식사를 마치고 아파트단지 사이를 거닐고 있을 때 비가 오는 중에도 방치 자전거를 모아 둔 관리사무소 앞에 몇몇 어른과 아이가 자전거를 고르고 있었다. 마침 자전거 한 대 있었으면 하던 차여서 사람들 속에 들어가 쓸 만한 자전거를 골랐다. 수년 전 자전거 공유사업을 하다 망한 업체가 운용하던 공유 자전거가 눈에 들어왔다. 차를 몰고 거리를 주행하다 보면 도로 옆 후미진 곳, 공원 울타리 사이 등 여러 곳에 방치되어 있던 자전거와 같은 모델이었다. 핸들을 부여잡고 단지를 돌아보니 겉보기와 달리 잘 굴러갔다. 자전거가 가지는 본래 기능인 몸의 운동에너지를 이용해 이곳에서 저곳으로 위치를 이동시키는 데는 문제가 없었다. 아직 할 수 있는 일도 하고 싶은 일도 많은데 나이 들고 볼품없다는 이유로 회사에서 집에서 '잉여 인간' 취급받는 기분이었던 나는 자전거가 지금 고물상 고철로 사라지기보다 좀 더 달리게 해 주고 싶었다.

사람이 사용하는 모든 도구가 그러하듯 자주 사용하다 보면 제 힘줄과 땀과 호흡이 자전거에 녹아들고 자전거는 누군가 태우고 달릴 때 자전거임을 스스로 알기에 우린 서로 얽히어 흥에 겨워질 때가 많았다. 소들소들 풀더미에서 연초록 새순이 돋아 오던 어느 봄날 매화나무 꽃 보러 갈 때, 마음이 텅 비고 허기져 책 밥 먹으러 도서관 갈 때, 보면 힘들고 안 보면 걱정인 딸아이 등하교시킬 때 우리는 함께 달렸다. 특히 딸아이가 자전거 태워 달라고 졸라 안장을 낮추고, 아이를 보듬어 앉히면 딸아이는 막혀있던 시선이 시원스레 뚫리는 느낌과 아빠와 같아진 눈높이에 웃음이 났다. 그 웃음에 나도 자전거도 흥겨워 함께 웃는다. 짧은 다리가 페달에 닿지 않아 버둥거리는 모습을 보면 웃음이 나면서도 한쪽으론 다리가 닿을 때쯤 낡은 자전거와 나이 많은 아빠를 웃음으로 기억해 줄까 걱정도 해보지만 그럴수록 자전거와 나는 이 순간이 애달프고 소중했다.

> "아무것도 아닌 것들이 아무것이고, 아무것이라고 생각했던 건 아무것도 아닙니다. 아무것도 아닌 것을 주목할 필요가 있어요."
>
> — 박웅현, 『여덟 단어』 p.123

저자의 말을 빌리면 아무것도 아닌 낡은 자전거가 내게 와 '아무것 자전거'가 되었다. 내가 '아무것 자전거'에 대해 글을 남기는 이유는 혹시 모를 세상 편견에 딸아이가 상처받을까 염려되어 예방주사를 맞히기 위함이다. 우리는 근원을 알 수 없는 '사회적 시선'이라는 것으로 자전거든 사람이든 판단하고 말하려 한다. 사회적 시선이란 어쩌면 '아무것'을 '아무것도 아닌 것'으로 바꿔 사람들 공통의 무엇이 있는 것처럼 대상을 배경으로 만드는 것이다. 배경 만들기는 필요하다. 왜냐하면, 배경 정의를 잘해 두어야 대상에 집중할 수 있기 때문이다. 하지만 여기엔 함정이 있다. 먼저 '아무것도 아닌 것'으로 만들어 가는 과정에서 사회를 지배하는 계층이나 그들 문화의 입김이 많이 포함될 수 있다. 이들이 만드는 배경을 그냥 받아들일 때 우리는 막연히 '그럴 것이다' 또는 '그러해야 해'라고 생각하며 먹고살기 귀찮은데 '그럼 그런 거지' 하고 넘어가려 한다. 생각해야 한다. 그렇지 않으면 개인의 삶이 자신의 동의 여부와 관계없이 사회적 시선이라는 이름으로 누군가의 배경을 전락하고 만다. 개인의 삶은 자신에게 배경이 아니라 대상이 되어야 하고, 누군가 이를 무시할 때 자신이 아무것임을 주장할 수 있어야 한다. 그렇지 않으면 그냥 '아무것도 아닌'으로 생을 살아가는 것이다. 두 번째 대상에 집중해 일이 잘 굴러가면 모르겠지만 문제가 발생했을 때 원인을 살펴보면 언제나 원인은 대상에 있지 않고 배경에 있다는 것이다. 자신이 미처 살펴보지 못한 '아무것도 아닌 것'이 어느 날 자신의 발목을 잡는 것이다. 그래서 우리는 항상 '아무것도 아닌 것'에서 '아무것'을 만들어 가야 한다. '아무것'이 많아질수록 우리가 선택할 수 있는 삶의 자유가 많아진다.

다리가 길어진 딸아이에게 나와 자전거가 이야기한다. "대상에게 해를 끼치지 않는 한 아무것도 아닌 것을 아무것으로 만드는 게 사랑이야. 그 과정에서 때로 상처받을 수 있지만 그건 네 사랑이 커지고 있기 때문이야. 용기를 내어 네 귀와 가슴을 열고 아무것도 아닌 것을 마주하렴. 그 속에 아무것은 항상 네게 열려 있단다."

늘어짐

....

내 맘대로 되는 인생이라면 나는 늘어질 것이다. 처음엔 들뜬 흥분으로 꿈꾸던 일을 시도하고, 모든 일이 다 잘 되는 만족감이 다시 나를 흥분시킬 것이다. 그런 삶이 계속되면 만족감이 점점 줄어들 것이다. 욕망하면 채워지는 삶은 권태롭다. 모든 게 하찮고, 귀찮게 여겨지면 의미를 둘 수 있는 대상을 찾을 수 없을 것이다. 변화되는 모습을 그려보기 위해 일상을 쓴 일기가 내 맘대로 세상에서 어떻게 바뀌는지 적어 본다.

20○○년 ○○월 ○○일 날씨 맑음

현재시간 12시 30분이다. 아침 9시경 딸아이 등교시키고, 천천히 걸어 아파트단지를 지나 집으로 왔다. TV를 켜고 이런저런 음식을 먹고, 정신 차려보니 12시이다. TV를 끄고 샤워를 하고 컴퓨터 앞에 앉아 있다. 아무 생각 없음의 상태, 유사최면상태, 무의식 상태, 어떤 이름이든 그런 상태에서 한참을 보냈다. 나를 대상화시키지 않은 본연의 상태, 내가 나를 지켜보지 않은 상태, 마음의 심연이 움직이게 그냥 내버려두는 상태, 그 모습이 이런 모습이다. 아내가 주말에 스마트폰으로 게임을 하고, 패드로 유튜브 시청하며 하루 통으로 보내는 모습에 싫은 티를 내던 나, 딸아이가 멍하니 유튜브 보며 시간 보내는 것을 못마땅하게 쳐다보던 나, 나는 그런 말과 행동을 할 자격이 있는가.

유튜브가 없던 시절 다른 한눈팔 거리를 찾았다. 기억을 되돌려 보면 PC게임으로 한눈팔았고, PC게임이 없던 시절에는 비디오를 보면서 한눈팔았다. 게임 속 세상에서 나는 영웅이고, 구원자였다. 당장 내일 시험준비를 해야 했고, 주말 내내 사업계획서를 작성해야 했다. 그런데도 맥주 한잔과 게임 또는 비디오 시청이 위로가 되었다. 부담감을 덜어주는 유희는 다시 시험공부를 하고, 회사 다닐 힘을 주었다. 이런 생각이 든다. 목표를 정하고 그걸 이루려는 의지가 계속 유지되기 위해서는 많은 시간과 에너지가 들 수밖에 없다. 특히, 뇌는 이런 혹사를 견디는 게 힘들다. 참다가 견디기 힘들 때 뇌가 '그냥 나 좀 놔둬, 내 맘대로 할 거야' 한다. 유희의 시간이다. 유희를 못 하면 어떻게 될까. 한때 비슷한 경험을 했다. 아침 6시 출근 아침 1시 퇴근하는 생활을 1년 6개월 했다. 24시간 운영되는 공장에서 생산계획 짜는 일을 했다. 아침 6시 출근해 야간작업자의 생산량을 라인별로 기록하고, 진척도를 확인했다. 교대시간 9시 전까지 오전 생산계획을 라인별로 돌려야 했다. 오전 시간 내내 오더를 확인하고 수정했다. 오후에는 생산목표 대비 실적을 보고서로 작성해야 했다. 저녁 교대시간 오후 7시까지 야간 생산계획을 생산 라인별로 내려주었다. 오후 7시에서 오전 1시까지는 대기였다. 문제 발생 시 바로 대응했다. 처음엔 이런 일이 당연하고, 재미도 있었다. 어려서부터 익숙했던 산업역군이란 영예가 나를 통해 현전하게 돼 기뻤다. 전장에 나가 싸우는 병사처럼 하루하루 일과 싸웠다. 싸우는 중 직장동료는 전우가 되었고 그들과 함께 즐거웠다. 근데 착각이었다. 여기저기 몸에 이상징후가 나타났다. 바쁜 와중에도 연애도 하고, 술 마시며 친구와 어울리기도 했지만, 아마 유희의 총량이 부족했던 것 같다. 약에 의존하게 되었다. 마취 통증 주사를 맞고, 위장 장애약을 먹었다. 결국, 무너진 몸과 정신으로 회사를 그만두었다.

유희는 필요하다. 다만 적당해야 한다. 최소 에너지만 사용하려는 뇌를 어쩔 수 없다고 방관하면 어떻게 될까. 지나고 나면 허무하게 느껴지는 시간을 계속 보낼 수밖에 없다. 어떤 행위를 하고 돌아봤을 때 좀 뿌듯해야 살았다는 느낌이 들지, 이런 허무한 시간은 자괴감만 들게 한다. 정신 놓음을 외기의 자극 없이 해보자. 오감을 최대한 닫고 자신의 마음에 집중하자. 조용히 자기 마음을 들여다봄, 이게 명상이다. 무자극의 세계. 뇌리를 스치는 생각을 일렁이는 파도처럼 바라보다 보면, 어느 순간 파도가 잠잠해진다. 고요한 바다, 고요한 마음, 고요한 나를 마주하자.

일기 내용 중에 유튜브 시청에 대한 반성이 있는데 내 맘대로 된다면 이렇게 반성할 필요가 없다. 내 맘대로 세계는 내가 구성하면 그만이다. 그 세계에서 주위 사람은 하나의 캐릭터에 불과하다. 필요에 따라 바꿀 수 있는 것이 된다. 사람을 목적이 아니라 수단으로 대할 수 있는 세계가 내 맘대로 세계이다. 가족에게 어떤 의미도 부여되지 않는다. 세상에 하나뿐이고 다른 무엇으로도 바꿀 수 없는 소중하고 사랑스러운 존재인 딸과 아내가 내 맘대로 세계에서는 점점 그 의미가 희미해진다.

시간을 그냥 유희로 보낸 것을 후회하는 내용이 있다. 내 맘대로 세계에서는 내게 주어진 시간이 무한하다. 시간을 아껴 쓸 이유가 없다. 마냥 늘어지게 게을러져도 상관없다. 시간에 대한 소중함이 없으면 바라는 것이 있을까 싶다. 인생은 태어나는 순간부터 시한부 삶을 살아가는 건데 길게 늘어지는 시간에 뭘 하고 싶을까. 뭘 하려고 해도 시간 많은데 '뭐 다음에 하지'라고 생각할 것이다. 평소 좋아하던 일도 시간이 무한해지면 계속 좋아질까 싶다. 책을 읽고, 어울려 놀고, 공부하고 이런 활동 중심엔 호기심이 있다. 시간을 무한히 사용할 수 있음은 호기심을 사라지게 한다. '뭐 시간 많은데 그런 걸 알려고 해'라고 내면이 말한다.

제대로 쉬기 위해 명상을 해보자는 내용이 있다. 외부에서 느껴지는 영향을 잠시 닫고, 온전히 자신에게 집중하는 시간을 가진다. 내 맘대로 세상에 이런 명상이 필요할까. 꼭 필요하다. 자기 마음을 모르는데, 어떻게 자기 마음대로 하며 살 수 있을까. 명상, 기도, 몰입 등은 모두 자기 마음과 하는 대화라고 생각한다. 마음과 대화하면서 마음을 손님처럼 잘 모신다. 손님의 감정이 어떤지 물어본다. 감정의 근원과 강도를 물어본다. 손님은 말하고 나는 듣는다. 실컷 말하신 손님은 말하면서 감정이 풀린다. 감정이 풀린 손님의 모습이 본래의 내 마음이다. 손님과 나는 본래 하나라는 느낌에 흥겨워진다.

삶을 살아가는 데는 늘어짐과 당김이 필요하다. 내 맘대로 세계는 삶을 이루는 한쪽 축을 잃어버리게 만들어 인생을 극단으로 늘어지게 한다. 살려면 두 종류의 힘을 적절히 활용해서 마치 자전거 핸들을 이리저리 움직여 균형을 잡고 앞으로 나아가듯이 늘어짐과 당김을 오가야 한다. 내가 가진 자연 본능과 이성의 중간 어디쯤에서 행동을 결정할 것이고, 사랑과 미움의 중간 어디쯤에서 행동을 선택하고 나아가는 것이다. 이처럼 극단이 아닌 세계에서 나는 살아갈 수 있다. 심지어 나는 존재의 있고 없음 사이 희미한 경계 속에 살고 있다. 친구들이 나를 어떤 무엇으로 기억한다면 나는 그들의 기억 속에 산다. 육신은 사라져도 그들의 가슴에 나는 여전히 살아있다. 내가 그들의 인생에 지대한 영향을 미치는 가르침을 주었다면 나는 그의 말과 글을 통해 천년 후 사람들에게까지 영향을 미칠 수도 있다. 반대로 친구들이 나에 대한 기억을 집단으로 망각한다면, 나는 살아있지도 죽지도 않은 상태이다. 어쩌다가 친구의 망각을 뚫고 그가 나를 기억해 줄 때 나는 그의 머릿속에 생존하며 또 다른 기억의 파편을 만들 것이다. 그럼 어디쯤에서 늘어지고 어디쯤에서 당겨야 할까. 그것은 누구도 말해 줄 수 있는 게 아니다. 삶의 지향점, 즉 의미가 모두 다르기에 각자 찾아야 한다. 세상에서 어떻게 해볼 수 있는 유일한 것이 마음이 아닐까. 내 맘대로 세상의 끝이 '의미상실'이라면 첫 출발지로 다시 돌아와 마음에서 삶의 의미를 찾아보는 게 어떨까.

인류 최초 자결자로부터

. . . .

자결은 자살의 한 범주이다. 의분을 참지 못하거나 지조를 지키기 위해 스스로 목숨을 끊는 행위이다. 스스로 생각하는 대의가 무너지거나, 무너지려고 할 때 스스로 세계를 마감하는 행위로 다른 자살과 구분되는 점은 죽음을 통해 자기 뜻을 세상에 알리고자 한다. 달리 생각해보면 자결이란 자신의 모든 것을 걸고 만든 페르소나가 본연의 자아를 집어삼키는 것이다. 페르소나는 아직 살아남아 있는 자에 의해 그들의 교리나 이념을 강고하게 할 수 있다는 암묵적 합의로 미화되고 추앙된다. 자결에 대한 숭배는 살아남은 자에게 일종의 부채감을 안겨준다. 부채감의 강도는 자결한 자와 본인 사이 정신적 연결고리가 가진 두께에 따라 좌우된다.

부조리는 자결자를 잉태하고, 나의 침묵은 부조리를 키웠다. 2024년 12월 3일 계엄령의 밤 국회의사당 앞에 나는 없었다. 딸아이 잠자리를 봐 주고, 동화책을 읽어주며 스르르 잠들었다. 아침에 일어나 늘 하던 대로 로이터 통신 인터넷판을 읽었다. 충격이었다. 1면 첫 내용이 대통령 윤석열의 계엄에 관한 것이었다. 내 기억의 저편에 아직 웅크리고 있던 연결고리가 나를 광장으로 나아가게 만들었

다. 돌이켜 생각한다. 만약 내가 딸아이와 잠들지 않고, 속보로 계
엄 소식을 접했다면 어떻게 했을까? TV에 나오는 국회의사당 앞 시
민들처럼 총구에 막아서는 용기를 가질 수 있었을까? 젊은 시절 전
경에게 맞아본 나로서는 군대에서 총기가 어떻게 순식간에 생명을
앗아갈 수 있는지 아는 나로서는 용기를 내 국회의사당 앞으로 간
다는 것은 예비자결 행위이다. 불법 계엄에 동원된 군경의 총칼이
계엄 선포자의 명령에 복종했다면 그들이 발사한 총알이 국회 앞에
모인 시민에게 발사되는 순간 시민은 자결자가 된다. 계엄 이후 벌어
질 엄혹한 세상을 살아갈 수 있을까? 내 본능은 말한다. 살 수 있
어. 너는 불의를 잘 참을 수 있어. 네가 뭐라고 그들도 인간인데 아
무것도 하지 않는 일개 시민에게 어떤 위해를 주겠어, 그냥 적당히
그들의 심기 건들지 않고 살면 그냥저냥 살 수 있을 거야. 일단 살고
봐야지. 살고 봐야지, 살고 봐야지. 이 살고 봐야지 하나하나가 모
여 거대한 부조리 사회를 만들어 낸다.

사회의 부조리함을 깨닫게 된 때는 대학교 입학 후부터다. 고3일
때 3당 합당 이후 대학가에 자결이 빈번하게 일어났다. 주요 신문사
는 학생운동권 내 생명경시 풍토가 낳은 비극이라며 운동권을 비난
했다. 경상도 소도시에서 나고 자란 나는 '이건 빨갱이들의 농락에
불쌍하고 한편으로 어리석은 대학생들이 의식화 교육을 당해 일어
난 비극이야'라고 생각했다. 입학하고 자결행위의 경위를 실제 목격
자들에게 듣고부터 생각이 바뀌었다. 전혀 다른 세계관을 가지게 되
었고, 그 속에서 새로운 이상사회를 꿈꾸게 되었다. 노력하면 그런

세상이 올 줄 알았지만, 이상사회는 오지 않았다. 현실과 끝없는 타협은 점점 부조리 사회를 수용하는 방향으로 나아갔다. 그래야 살 수 있었다. 부조리를 인정하지 않고 온몸으로 표현하는 순간 부서져 버리는 모습을 옆에서 지켜보게 되었다. 두려웠다. 살고 싶었다. 상처를 마주하지 않고 덮어버리며, 부끄러워하며, 눈치 보며 지금까지 살아왔다. 그 세계를 떠나고 외면하던 때에도 여전히 그곳을 지키고 있는 이들이 있었기에 희생된 이의 외침이 마음 한 곳 항상 자리했기에 학생운동에 대한 옛 추억을 술자리 안줏거리로 감히 말하지 못했고, 일하던 산업 현장에서 불의의 산업재해로 사람이 희생될 때 침묵했고, 존경하는 정치인이 외롭게 자결할 때 아픔을 함께하지 못했다. 동지의 숭고한 죽음을 팔아 높은 자리에 올라 잘난 체하는 이에게 분노하지 못했다. 부끄럽고 수치스러운 내가 어떻게 그들에게 손가락질할 수 있겠는가.

인간 DNA 어디에도 자폭하라는 유전자는 없다. 생존하기 위해 위험을 회피하는 것이 인간에게 자연스럽다. 내 행동은 자연스럽다. 그런데 부끄러움의 정체는 무엇인가. 자연스럽게 행동하지 않은 자, 즉 총 칼 앞에 맨몸으로 맞서는 자는 자연의 섭리를 거스르는 돌연변이인가. 아니면 허구의 이념, 교리에 가스 라이팅 당한 희생양인가. 질문을 생각하면 떠오르는 기념물이 있다. 바로, 조선 시대 전국 방방곡곡에 세워진 열녀각이다. 유전자의 돌연변이가 자살원인이라면 조선 시대를 살았던 수많은 사람 중 어떻게 양반가 아낙네에게만 돌연변이가 일어나겠는가. 그럼 수많은 열녀는 유교 교리에 가스 라이팅 당한 희생양인가. 오늘날 시점으로 과거를 해석하면 가스 라이팅이 맞다. 그럼 조선 유교사회가 지금까지 존속하고 있다고 생각해 보자. 우리 모두 유교 외 다른 가치관을 접하지 못한 사회에 살고 있다면 어떨까. 첫날밤도 보내지 못한 신랑이 전장에 나가 죽음으로 돌아왔다면 어떤 선택을 할 것인가. 물론 자신들 가문의 가치를 더 높이기 위해 미망인의 죽음을 종용하는 사악한 무리도 있을 것이지만, 이들을 포함해 당사자도 그런 윤리의식에 살아왔다면 자결이 당연할 것이다. 계엄령의 밤 국회의사당으로 향한 시민과 남편을 따라 저세상으로 가려고 낭떠러지에 서 있는 열녀, 이들은 돌연변이도 아니고 가스 라이팅 당한 것도 아니다. 그럼 무엇이 그들이 그렇게 행동하는 것을 당연하다고 스스로 생각하게 했는가. 각각 다른 시공간과 세계관 속에서 의식의 발달 과정을 거쳤지만, 성향은 비슷하다. 이들은 그 시대가 원하는 가치가 무엇인지 다른 이들에 비해 깊게 공감한다. 공감능력이 자기보존 본능을 뛰어넘는 수준으로 발전한 것이다. 이들은 언제든 자신이 추구하는 가치를 위해 자결할 준비가 돼 있다. 자결할 용기가 없는 나는 이기적이다. 이기적이면 악한 건가. 이기성과 이타성은 상대적이다. 어디까지 자기를 희생해야 이타적일 수 있는지 측정할 수 없고, 어디까지 자기를 보존해야 이기적인지 측정할 수 없다. 다만 상대적으로 자결한 이에 비해 나는 이기적이다. 이기적이면 악인 건가. 선악은 이기성, 이타성과 개별 문제이다. 보는 관점에 따라 선한 걸 수도 악한 걸 수도 있다. 예를 들어 아돌프 히틀러가 4살 때 강물에 빠져 익사할 뻔한 적이 있었다. 지나가던 수도사가 그를 극적으로 구해 주었다. 수도사는 이타심을 발휘했지만, 인류 관점에서 보면 최악의 행동을 한 것이다. 상대적 기준으로 흔들릴 수 있는 이기성/이타성에 얽매이지 말고, 공감의 틀로 바라본다면 세상은 바뀔 수도 있다. 우리는 12월 3일 이것을 경험했다. 총구에 맞선 자와 총을 쥐고 있는 자 사이에 흐르던 시대의 바람이 그들을 구했다. 예비 자결자의 애절한 손을 칼 쥔 자가 칼을 버리고 잡아준 것이다. 이들을 묶어준 끈 중 하나가 '대한민국은 민주공화국이다.'라는 헌법 조문이라 생각한다. 시대의 바람인 '민주주의 지속발전'이 불행한 사태를 막아 주었다.

자살이라는 문제를 생각할 때 나는 최초로 자결한 인류에게 찾아가 물어보고 싶다. 그래서, 그가 자결하기 직전 가진 나와의 인터뷰를 상상해 본다. (이하에서 A는 인류 최초 자결자, Q는 나이다.)

Q: 당신의 그 선택으로 후세에 많은 인간이 자신에게 밀려오는 상실감을 만회하는 최후 수단으로 자살이라는 선택지를 가지게 됩니다. 자결의 목격자는 그 죽음의 중력으로 평생 부끄러움을 가슴에 안고 살아가게 되었습니다. 원래 유전자에 없는 자폭 버튼을 당신이 인류에게 만든 것입니다. 이 점을 어떻게 생각하십니까?

A: 내가 아니더라도 인간이 인간인 이상 자폭 버튼을 가질 수밖에 없다. 인간이 살아가는 삶의 과정은 생물 진화의 과정을 복제해 놓은 모습이다. 최초 생식세포에서 시작해 진핵세포의 세포

분열 과정을 거쳐 유전자 지도에 따라 성체가 되고, 정점에서 노화 과정을 거치는 일련의 생명현상은 최초의 세포에서 시작해 오늘날 인간의 모습에 이르기까지의 생물 진화의 축소판이다. 일련의 과정 중 자의식을 가지는 진화 단계가 진정한 인간이라 할 수 있다. 즉, 있음과 있지 않음을 구분할 수 있는가에 따라 진화의 방향은 호모사피엔스와 다른 종으로 분류된다. 있음과 있지 않음은 이성을 기반으로 하고, 자신이 있지 않음을 상상하고 그 행위를 하는 게 자살이다. 자살 중 자기 죽음에 합목적성을 부여하는 게 자결이다. 그러므로 자살은 인간이 이성을 가지게 되면서 당연히 함께 짊어질 숙명과도 같은 것이다. 이성의 힘으로 발달한 문명의 모습엔 항상 그 그림자처럼 자살이 함께했다. 자살은 선택하고 하지 않고 문제가 아니다. 인간에게 자살은 그냥 받아들여야 할 숙명이다.

Q: 존재와 비존재를 구분하며 발생한 이성이라 해도 죽음을 의사 표시 도구로 사용하는 건 너무 지나친 것 아닙니까?

A: 자결이 많이 발생하는 때가 언제인지 생각해라. 인간이 만든 세계관과 세계관이 충돌할 때와 세계관 속에 녹아 있는 죽음에 대한 미화가 있을 때가 아닌가.
예를 들어 구한말에 벌어진 서구 세계관과 조선의 유교 세계관의 충돌로 어느 한쪽도 실질적 헤게모니를 가지지 않은 상황에서 얼마나 많은 자결이 있었는가. 이들은 순교자로, 역적으로,

변절자로 기록되어 있지만 결국 자신이 믿는 가치를 지키기 위해 스스로 죽음을 마다하지 않았다. 당신이 알고 있는 독립열사, 참전용사들 모두 국가와 민족이라는 가치 아래 한 개인의 희생을 미화하고 있지 않은가.

Q: 지금 다시 시간을 되돌려 자결한 그 순간으로 돌아가도 같은 선택을 하실 건가요. 후회되는 면은 없습니까?

A: 그 순간으로 가도 같은 선택을 할 것이다. 모든 가능성이 없는 막힌 상태에서 유일한 탈출구는 죽음으로 나아가는 한 점뿐이니까. 후회는 된다. 가정이라지만 역사시대를 돌이켜보면 물적 토대가 풍성한 세계관이라고 해서 자살자가 적은 것은 아니다. 오히려 나치 치하 유대인 강제수용소에서 자살률이 낮았다고 하니까. 내가 만약 다양성을 인정하는 문화에서 실제 인간적 유대를 확인하며 살았다면 그런 선택은 하지 않았을 것이다.

Q: 마지막으로 당신을 따를지도 모르는 후세 인간에게 한 말씀 해 주시겠습니까?

A: 인생과정 중 이성이 등장하기 이전 유전자의 지도에 따라 체계가 제 모습을 갖추기까지 과정을 생각해보라. 흔히 자연상태라는 것이다. 인간이기 이전의 상태로 본능만이 남아 있다. 인간은 누구나 이 과정을 거친다. 우리는 인간이기 이전에 우주 속

한 개체이며, 그 개체로서 가지는 생명력이 인간발달의 토대이다. 자살하려는 자 본인은 인식하지 못하겠지만 그의 몸속에서는 수많은 생명 활동이 일어나고 있다. 이 생명은 자살하려는 당신의 소유물이 아니며, 우주 속 또 다른 소우주로서 존재하는 것이다. 자살은 문명의 오만이다. 부디 가슴에 손을 얹고 자신의 심장 뜀과 그 뜀박질에 귀 기울여 보라.

인류 최초의 자결자와 저 사이의 연결고리는 한층 더 두꺼워진다. 부끄러워하거나 수치스러워하지 않고 아픔을 드러내 나누다 보면 과거의 나와 현재 자결자와 최초의 자결자와 어쩌면 화해할 수 있을지 모른다는 희망을 가진다. 이성을 가지며 어쩔 수 없이 가지게 된 '자폭버튼'은 오직 인간 공감이란 덮개로 봉인할 수 있다. 나는 그렇게 할 수 있으리라 믿고 싶다.

노갑렬

육갑(六甲)에 천문(天文)과
천고(天孤)가 들었다

••••

　나의 청소년 시절은 질풍노도의 시기였다. 관심이 많은 편이라 여러 분야에 눈이 갔는데 그중에서도 심령과학에 유독 마음이 끌렸다. 공부하던 중, 어느 학자가 말했던 '선인선보(善人善報) 악인악보(惡人惡報)'라는 말을 접했다. 선업(善業)을 많이 쌓으면 선한 결과가, 악업(惡業)을 쌓으면 악한 결과가 따른다는 뜻이다. 나는 그의 말처럼, 선업을 많이 쌓지 않아선지 삶이 잘 풀리지 않았다. 낙심이 깊어질 때면 모든 세상일을 내려놓고 목사나 스님이 되어야겠다는 생각도 들었다. 그런 마음을 안고, 이번 기회에 어린 시절의 세 가지 일을 떠올려 보았다.

하나, 나의 성품을 고치고 남도 돕자

　나는 어린 시절 지극히 내성적이었다. 초등학교 입학 날도 학교 가는 게 부끄러워서 머뭇거릴 때 어머니께서 한 손으론 내 손을 잡고 또 한 손으론 책가방을 들고 학교에 갔다. 수업 시간에도 선생님이 발표할 사람을 찾으면 손을 들지 않았다. 웅변을 배운 친구가 나가서 발표하면 '저 친구보다 잘할 수 있는데' 하며 속으로만 말했다.

어머니는 이런 나를 걱정해선지 다양한 공부를 하게 했다. 특히 비싼 돈으로 과외공부까지 시켜 주시면서 '갑렬아, 잘 하구와 !' 하며 격려의 눈으로 나를 바라보시던 어머니를 생각하면 지금도 눈물이 떨어진다. 나는 내성적이고 소극적이었던 성격을 바꾸기 위해 노력했다. 그런 마음을 가질 때쯤 '하브루타 토론'이란 것을 알게 되었다. 지금 생각하면 그 토론 때문에 성격의 변화가 생긴 것 같다. 일정 주제를 정하고 여러 사람이 각기 다른 이야기를 주고받으면서 나름대로 발표력이 늘어났다. 그 공부를 통해, '나는 마음 깊이 성찰한다. 내가 우선 솔선수범하고, 남도 도와야 나도 인격자가 될 수 있다.'라는 것을 자연스럽게 배우게 되었다.

둘, 악인의 벗과 인연의 선생님

그 친구와 선생님을 생각하면 환생론이 떠오른다. 나는 7살 때, 신설동에 있는 대광초교에 입학하기 위해 시험을 치렀다. 둥그런 큰 뚜껑 속에 무엇이 담겼냐만 알아맞히면 '합격'을 시켜 주었다. 나는 맞히질 못했다. 그래서 입학하지 못하고 안암동에 있는 종암초교에 입학했다. 3학년 때 유난히 나를 놀리고 괴롭히는 친구가 있었다. 종암초교 대각선 방향에 서울사대 공터가 있었는데, 그 친구가 거기서 '한판 뜨자'고 했다. 다행히 민기영이라는 친구가 와서 말려 주어서 큰 위험을 모면할 수 있었다. 후에, 고교에 진학했는데 싸우자고 했던 친구를 또 만났다. 인연인지 악연인지 그 친구는 나를 불편하게 했다. 또 영적 세계를 가르쳐준, 전직이 역술가인 남자 선생님을 만난 것이다. 유난히 수업 시간에 내 얘기를 많이 하셨다. 나의 관상을 보고 내가 큰 인물이 될 것이라고 말했다. 우연히도 학교 졸업 후에도 여러 차례 만났다. 그 선생님을 만나면 내 운명을 물어 볼까 생각했다. 아무튼 선생님과는 깊은 인연이라고 생각한다.

셋, 나의 등록금을 대주신 회장님

나는 다니던 직장에서 잘못 없이 해고당하고 16년 동안 실업자로 지냈다. 그러던 어느 날, 사회복지학에 관심이 생겨서 서울에 있는 사회복지대학원에 들어갔다. 원우회장을 뽑는데 모 당 소속인 남성 원우가 여성 원우에게 졌다. 당선된 여성 원우가 김서영님이었다. 이분은 내게 등록금을 내주신 고마운 분이다.

당시 학교 등록금이 330만 원이었다. 나는 85만 원만밖에 없어서 학교를 그만두어야 할 처지였다. 그때 김서영 회장님이 나머지 245만 원을 내주셨다. 나는 회장님을 비롯한 여러 학우의 도움으로 사회복지학을 공부해서 지금은 운영 교수이자 요양보호사다. '교수사역과 어르신 돌봄'이란 희망 사항을 갖고 있다.

땀의 결실, 학문 완수

....

나는 성찰의 삶과 학업을 마칠 때마다 그것을 인생의 터닝 포인트라고 말하곤 한다. 지금까지 돌아보면, 내 인생의 터닝 포인트는 크게 세 가지로 정리된다.

'하나, 한국방송통신대학교 국어국문학과를 졸업한 뒤 본격적으로 글쓰기에 몰두하기 시작했다.

둘, 칼빈대학교 사회복지학과 ph.D 논문을 성실히 완성해 우수한 성적으로 졸업했다.

셋, 문학가 이상(李箱)을 깊이 공부한 뒤 문학지 「에세이포레」 공모에 응모해 등단의 기회를 얻었다.

인생이란 무엇일까? 나는 인생을 하숙생, 나그넷길, 벌거숭이 등으로 표현한다. 나의 인생은 굴곡이 심했다. 너무 슬프고 서러워서 목 터지게 울었던 적도 있다. 그러나 사는 동안 지인을 만나면서 그들의 인생도 별 차이가 없다고 생각했다. 그저 만나면 소주나 한잔하면서 인생을 다 그러려니 하면서 보냈다. 사실 나는, 아내도 자식도 없다. 벗도 많지 않다. 남보다 외롭고 괴로운 삶을 살았다고 생각했다. 그래선지 나름대로 '성찰의 삶'을 살려고 노력하고 있다. 모 시인의 시구처럼 '죽는 날까지 하늘을 우러러 한 점 부끄럼 없기를'을 꿈꾸면서 성찰의 삶을 통해 스스로 밝은 쪽으로 나간다.

나는 어린 시절부터 동네 어른들에게 골상(骨相)이 우수하다는 소리를 자주 들었다. 육갑(六甲)을 짚어보니 천문(天文)이 들었다고 했다. 중학교 입학을 앞두고 교복을 맞추기 위해 갔을 때 머리가 커서 1호 모자도 맞지 않아 당황한 적도 있다. 그러나 머리는 크지만 성격은 내성적이고 소극적이었다. 이런 나를 위해 어머니는 많은 고생을 하셨다. 아직도 어머니를 생각하면 눈물 난다. 어려운 형편인데도 어머니는 과외공부를 시켜 주셨다. 어머니는 성격만이 아니라 겁도 많았던 아들을 위해 몰래 불경(佛經) 읽으시면서 우셨다. 그러나 어머니의 기도와 달리 나의 삶은 평탄하지 않았다.

"노갑렬씨, 축하해요. 교육부서 나오는 철학 박사학위입니다. 이 논문은 국회도서관, 국립도서관에 소장될 것입니다." 나는 이 말을 듣고 많이 울었다. 가정 형편 때문에 고등학교도 제대로 다니지 못해서 대학 진학이 어려웠었다. 그러나 늦게 공부를 시작해서 경영학과를 8년 만에 졸업했다. 총 학점 140에서 12점 초과된 152학점에 졸업했다. 이 과정을 써서 읽어주니 경영학과 동창들이 감명받았다고 위로해 줬다. 또 한국방송대 국어국문학과 이야기도 내겐 중요하다. 재학 시절, 코로나 때문에 '학교에 오지 말고, 중간고사 출석수업 기말고사 다 논술로 써내라.'라고 했다. 평소 나의 질문에 답을 잘해 주신 임유경, 이상진, 김신정 교수님 덕분에 학업을 잘 수행할 수 있었다. 김수영의 『시여, 침을 뱉어라』의 비평문. 김종삼의 『김종삼 詩選』을 분석한 비평문 등 과제물을 잘 제출해서 졸업하는 날, 대학 총장님에게 성적우수상 '곰두리상'을 받았다. 이 모든 게 어머니의 눈물이 있었기에 가능했다고 생각한다.

나는 문학가 이상(李箱)을 공부한 뒤 문학지 「에세이포레」에 공모해 등단했다. 등단하기까지 좋은 선생님과 벗들이 함께했었기 때문에 가능했다. 글쓰기는 '격려'에서 시작되는 것 같다. 혼자 쓰기보다는 모임에 함께하며 선생님의 지도와 격려를 받았다. 특히 시흥 예총에서 주최한 '시 창작 교실'에서 이연옥 시인님을 만난 건 내게 행운이다. 시인님은 부족한 나에게 꼼꼼하게 시 쓰는 법을 가르쳐 주셨다. 나의 졸작 '어머님과 緣'을 액자에 담아 선물로 주시기도 했다. 나는 이에 용기를 얻어 늦은 나이에 국문과에 입학하고 적극적으로 활동했으며, 교우지 해윰꼴에 '찹쌀떡', '마침', '연산이 노래하다' 등을 실으면서 등단했던 것이다.

내 나이가 지금보다 열 살이 많다면

••••

나는 피부가 깨끗하고 주름이 거의 없다. 아마도 처자식 먹여 살리느라 진력(盡力)하지 않았던 덕분이 아닌가 싶다. 또 하나, 나는 직장 생활 중 나에게 스트레스를 주었던 사람들을 모두 용서했다. 미운 사람을 다 용서하고 나니, 지금의 삶은 한결 평안하다.

최근에는 조엘 오스틴의 『긍정의 힘』을 감명 깊게 읽었다. 그가 말한 최고의 삶을 사는 7단계 중 하나인 '역경을 통해 강점을 갖는다.'라는 문장이 마음에 남아 있다. 나는 그의 말을 실천하며 살아가고 있다. 또 백대현 강사의 〈마음의 소리〉 프로그램에 참여하면서 나의 내면을 이해하면서 많은 변화가 일었다. 물론 그 전에, 한국방송대 국어국문학과를 졸업하면서 '곰두리상'도 받았고, 「에세이포레」에 '이상을 만나다'를 발표하면서 등단의 기쁨을 누리기도 했다. 이제는 늘 감사하는 마음으로 남은 생을 잘 살아가려 한다. 그렇다면 지금보다 열 살이 더 많아진 나에게는 어떤 변화가 있을까?

나는 지금보다 나은 그림을 그리고 좋은 글을 쓰겠다.

나의 재능은 그림 그리기와 글쓰기다. 유년시절 황금박쥐 타이거 마스크 金一프로레슬링을 많이 보아 그려본 실력으로 즉석에서 잘 그려 낸다. 어릴 적부터 일기 쓰기를 했다. 4b 연필이 몽당연필 되도록 열심히 썼다. 일기는 겉절이, 수필은 묵은지라 한다. 나는 국어국문과 출신답게 윤동주, 정지용, 백석, 김소월, 김수영 등의 근현대 문인들의 이야기를 잘 써볼 것이다.

나는 요양원에 가지 않겠다.

10년 후면 75세. 나는 거동에 지장이 없으면 요양원에 안 간다. 왜냐면, 10년 후 내 나이가 된 분들이 많이 계시는 S 북부복지관을 보면서 생각했다. 나는 이런 복지관이 있어서 행복하다. 그곳의 어르신들은 헬스, 포켓볼, 장기, 바둑, 당구에 인터넷 무료사용, 그리고 안마의자 등 이용 거리가 많다. 복지관 식사도 가격이 저렴하고 맛도 좋다.

나는 노인복지관 등에서 '쉽게 배우는 국문학'이란 제목으로 특강을 열겠다.

소통하는 강사가 되고 싶다. 어르신들에게 '시 지어보기', '윤동주 닮아 보기' 등을 실천해 낼 것이다. '햇빛', '공기', '물', '산', '명상', '기도' 등이 건강회복에 A+ 학점이란다. '다이돌핀 호르몬'을 만들어 낼 것이다.

'나는 건강하다. 나는 행복하다. 나는 좋은 글을 써낸다.'는 마음으로 어르신들과 함께할 것이다.

고난을 겪어도 부끄럼 없는 나의 영혼

····

나의 인생 철학은 '용서의 삶, 섬김의 삶을 살겠다.'이다

인생 철학 하면 안병욱 선생님의 말씀이 먼저 기억난다. 선생님은 〈사랑의 위대함〉에서 '인생에서 가장 위대한 것은 사랑이다.'라고 말씀하셨다. 그럼 사랑의 실천은 어떻게 하는 것일까? 내 아내와 자식을 사랑해야겠지만 나는 미운 자를 사랑하는 것이다.

사명감? 목회사역이 아니더라도 생활 속의 '나의 블루오션'을 갖는 것이다. '용서의 삶'이다.

어머님 말씀도 '다 살게 돼 있다. 염려와 걱정하지 말아라.' 하시지 않았던가.

내 성격의 장점은 '꼼꼼함'과 '외유내강형'이다. 단점은 '말이 없고, 대중 앞에서도 말해본 경험이 적다.'이다. 나는 필사를 잘한다. 성경 구약을 7번, 신약 3번을 해서 상을 받았다. 또 국어국문학과 우리말의 역시(이호권 교수)에서 훈민정음을 손글씨로 써보라 해서 25page를 정성껏 써내서 30점 만점을 받기도 했다.

내 삶의 모토는 '나의 어머니'이다.

당연히 어머니이다. 어머니는 막둥이였던 나를 유난히 챙기셨다.

유난히 편식이 심했던 나를 음식을 준비할 때마다 먹을 수 있게 신경 써주시고 군대 입대 시에는 안쓰러워서 "갑렬아, 잘 받고 와" 하시며 많이 우셨다. '사람은 수억 겹 년의 연(緣)' 맺고 산다는데, 우리 어머님과 나는 몸에 점(點)이 많은 것도 비슷하다.

어머니는 마의상법(麻衣相法)에서 말하는 '방친(放親)', '방부(放夫),' '방자(放子)' 점(點)이 다 있다. 그러니 팔자가 얼마나 사나운가. 그래선지 자식 중에 나에게만은 회초리질 안 하시고 특별히 사랑해 주셨다고 했다.

상자(相者) 점 보는 사람에게 물으니 나는 관인격의 사주로 학교 선생님의 녹을 먹고 살라 한다. 또 육갑에 천문(天文)이 들었다 한다. 벗(朋友)과 맥줏집에 가서 '이 사람 어떻게 보여?' 물으니 '공부(工夫) 잘하는 사람'이라 답했다고 한다.

나는 어머니의 보살핌과 사랑, 그리고 점 보는 사람의 말대로 이 나이에도 공부하기를 좋아한다.

한국방송대 국어국문학과 3학년에 편입했다. 가장 먼저 윤동주, 김수영, 백석, 정지용 작가 등을 알게 되었다. 이상진 교수가 『문학비평론』을 읽고 '작가별 비평을 써보라'라는 과제를 받고 열심히 해서 칭찬을 받은 것이나 김신정 교수의 『시창작론』에서 95점 A+ 받은 것, 임유경 교수의 『북한 문학의 이해』를 100점 만점 받은 것은 기억에 남는다.

나는 '가난으로 복을 짓는다.'란 문장을 좋아한다.

나의 인생은 슬픔의 연속이었다. 그러나 포기하지 않고 '가난은 나의 복이다.'란 문장을 마음에 심고 열심히 살았다. 나는 오래전, 직장에서 문구 영업하면서 특판 영업으로 제약회사와 관공서에 사무용 file을 납품해 좋은 실적을 올렸었다. 그러나 사주가 나를 감정적으로 대해 실업자로 만들었다. 그날의 경험 때문에 좋은 글을 쓰면서 이겨내고 있다. 지금도 순수시인, 저항시인, 민족시인들을 연구해 글을 쓰고 있다. 비록 가난으로 인한 슬픔의 연속에 있었지만 좋은 글을 써서 하늘을 날고 싶다.

내가 생각하는 사랑과
하은 양에게 보내는 편지

....

내가 생각하는 사랑이란?

하나, 우리 세대 황혼기 아닌 '지혜의 성숙기'이다.

질풍노도의 시기 청소년을 지나 갓 대학생 '학부생'이다. 나는 칼빈대 ph d.를 졸업하고, 모든 이에게 사랑을 전하는 사회복지학 운영 교수이다. 해밀과 yh 사이버 학부생들을 첨삭지도 한다. 순수시인 윤동주를 닮고 싶다. 〈어머니〉 '어머니! 그 어진 손으로 이 울음을 달래주시오.' 그렇다. 사회복지 강의와 더불어 '사랑'을 가르친다. 복음가수 손경민의 〈행복〉 '가진 것이 적어도 감사하는 삶'이란다. 에릭 프롬은 〈사랑의 기술〉 '순수한 사랑은 생산성의 표현이고 보호, 존경, 책임, 지식을 의미한다. 순수한 사랑은 누군가에 의해 야기된다는 '감정'이 아니라 사랑받는 자의 성장과 행복에 대한 능동적 갈망이며, 이 갈망은 자신의 사랑의 능력에 근원이 있다.'라 말한다.

둘, '사랑', 이는 남녀 간 사랑보다는 '모든 허물 다 감춰 주시는 부모님'.

그중 어머님 사랑 혹은 '매를 때려서라도 바른길 가라는 선생님 사랑'을 말할 것이다. '낳아 주시고 학교 보내며, 도시락 싸주시고,

과외공부도 시켜 주시며 추운 입시 날 고사장에서 떨며 합격하여라. 후, 장가 시집 밑천 다 대주겠다. 결혼식 날 눈물이 뚝뚝 떨어지신다. 하하하~ 호호호~ 허허허~(욕심 없는 웃음).' 선생님 사랑? 현실이 뒷돈을 갖다 주어야 한단다. 그러니 돈 없는 아이는 서럽단다. 꼰대 왈, 성의니까 받았다. 공자 왈, 맹자 왈, 다 필요 없다. 선생이 연구한 학문을 학생에게 잘 전달하고, 학생은 무수하게 질문을 해야 한다.

니체 명언, 쇼펜하우어 명언 공개 않겠다. '진리는 자신이 체험 때문에 만들어 내고, 인생관 또한 선진 분들(예수 석가 공자)의 말씀을 나의 주관과 연결하는 것이다.'

셋, '사랑은 오래 참습니다.' 의미.

사랑은 '시기하지 아니하고', '자랑하지 아니하며', '교만하지 아니하며' '무례히 행하지 아니하며', '자기의 유익을 구하지 아니하며', '성내지 아니하며', '불의를 기뻐하지 아니하며', '모든 것을 참으며, 모든 것을 바라며, 모든 것을 견디며, 모든 것을 견디나라.' 하련다. "사랑은 실천이다." '어머님 병실 가서 정성껏 간호하라.' '선생님께 카네이션 달아 드리고 프리허그 해보라.' '사랑은 자연스럽게 실천된다.'

(편지) 사랑하는 하은 양에게

내가 하은 양을 처음 지도할 때 청순해 보이는 얼굴에 '이성적 사랑'을 느꼈다오. 즉 '夢精'이오. 떡볶이와 튀김 같이 먹으며 그 부분도 해보려 했다오. 솔직히 말해서 '뽀뽀' 아닌 "키스"라오. 그래서 이를 감추려 만화책 빌려오라 했다오. '이쁜 캔디 캔디.' 그래서 하은이 얼굴을 4b연필로 그려 주었지.

그래요. 하은 양은 장차 훌륭한 남자 만나야지. 소식 들었단다. 하은이 아버지가 '술주정뱅이', 오빠가 '난봉꾼'이라고. 대체 어찌해야 하오. 백수는 하는 일 괴롭게 해~, 그러니 학비를 하은이가 벌어야 하니, 선생님도 전임교수 아닌 '운영교수'여서 돈을 많이 못 번다오. 시간 나면 하은이 지도해 주며, '옛날 이야기'도 해주겠다오. 선생님은 변치 않는다오.

우리는 성인 아니어도 '대중적 작가'에 도움을 받는다오. 나는 장차 '쉽게 배우는 국문학'을 지도할 것이오. 윤동주, 정지용, 백석, 이육사, 김소월, 김수영, 조지훈, 최인호, 박완서, 천상병, 한강 선생 등을 학습해 보겠오. 하은 양, 『토지』, 『일본산고』, 『김약국의 딸들』, 『성녀와 마녀』, 『파시』, 『죄인들의 숙제』, 『시장과 전장』, 『우리들의 시간』 등을 살펴보오. 그리고 '기다림'이란 시를 들어봐 주오.

기다림

노갑렬

. . . .

이제는 누가 와야 한다

산은 무너져 가고
강은 막혀 썩고 있다.
누가 와서
산을 제자리 놔두고
강물도 걸러내고 터주어야 한다.

물에는 물고기 살게 하고
하늘에 새들 날으게 하고
들판에 짐승 뛰놀게 하고
초목草木과 나비와 뭇 벌레
모두 어우러져 열매 맺게 하고

우리 머리털이 빠지기 전에
우리 손톱 발톱 빠지기 전에

뼈가 무르고 살이 썩기 전에
정다운 것들
수천 년 함께 살아온 것

다 떠나기 전에
누가 와야 한다